Informatik – Fachberichte

Band 1: Programmiersprachen. GI-Fachtagung 1976. Herausgegeben von H.-J. Schneider und M. Nagl. (vergriffen)

Band 2: Betrieb von Rechenzentren. Workshop der Gesellschaft für Informatik 1975. Herausgegeben von A. Schreiner. (vergriffen)

Band 3: Rechnernetze und Datenfernverarbeitung. Fachtagung der GI und NTG 1976. Herausgegeben von D. Haupt und H. Petersen. VI, 309 Seiten. 1976.

Band 4: Computer Architecture. Workshop of the Gesellschaft für Informatik 1975. Edited by W. Händler. VIII, 382 pages. 1976.

Band 5: GI – 6. Jahrestagung. Proceedings 1976. Herausgegeben von E. J. Neuhold. (vergriffen)

Band 6: B. Schmidt, GPSS-FORTRAN, Version II. Einführung in die Simulation diskreter Systeme mit Hilfe eines FORTRAN-Programmpaketes, 2. Auflage. XIII, 535 Seiten. 1978.

Band 7: GMR – GI – GfK. Fachtagung Prozessrechner 1977. Herausgegeben von G. Schmidt. (vergriffen)

Band 8: Digitale Bildverarbeitung/Digital Image Processing. GI/NTG Fachtagung, München, März 1977. Herausgegeben von H.-H. Nagel. (vergriffen)

Band 9: Modelle für Rechensysteme. Workshop 1977. Herausgegeben von P. P. Spies. VI, 297 Seiten. 1977.

Band 10: GI – 7. Jahrestagung. Proceedings 1977. Herausgegeben von H. J. Schneider. IX, 214 Seiten. 1977.

Band 11: Methoden der Informatik für Rechnerunterstütztes Entwerfen und Konstruieren, GI-Fachtagung, München, 1977. Herausgegeben von R. Gnatz und K. Samelson. VIII, 327 Seiten. 1977.

Band 12: Programmiersprachen. 5. Fachtagung der GI, Braunschweig, 1978. Herausgegeben von K. Alber. VI, 179 Seiten. 1978.

Band 13: W. Steinmüller, L. Ermer, W. Schimmel: Datenschutz bei riskanten Systemen. Eine Konzeption entwickelt am Beispiel eines medizinischen Informationssystems. X, 244 Seiten. 1978.

Band 14: Datenbanken in Rechnernetzen mit Kleinrechnern. Fachtagung der GI, Karlsruhe, 1978. Herausgegeben von W. Stucky und E. Holler. (vergriffen)

Band 15: Organisation von Rechenzentren. Workshop der Gesellschaft für Informatik, Göttingen, 1977. Herausgegeben von D. Wall. X, 310 Seiten. 1978.

Band 16: GI – 8. Jahrestagung, Proceedings 1978. Herausgegeben von S. Schindler und W. K. Giloi. VI, 394 Seiten. 1978.

Band 17: Bildverarbeitung und Mustererkennung. DAGM Symposium, Oberpfaffenhofen, 1978. Herausgegeben von E. Triendl. XIII, 385 Seiten. 1978.

Band 18: Virtuelle Maschinen. Nachbildung und Vervielfachung maschinenorientierter Schnittstellen. GI-Arbeitsseminar. München 1979. Herausgegeben von H. J. Siegert X, 230 Seiten. 1979

Band 19: GI – 9. Jahrestagung. Herausgegeben von K. H. Böhling und P. P. Spies. (vergriffen)

Band 20: Angewandte Szenenanalyse. DAGM Symposium, Karlsruhe 1979. Herausgegeben von J. P. Foith. XIII, 362 Seiten. 1979.

Band 21: Formale Modelle für Informationssysteme. Fachtagung der GI, Tutzing 1979. Herausgegeben von H. C. Mayr und B. E. Meyer. VI, 265 Seiten. 1979.

Band 22: Kommunikation in verteilten Systemen. Workshop der Gesellschaft für Informatik e.V.. Herausgegeben von S. Schindler und J. C. W. Schröder. VIII, 338 Seiten. 1979.

Band 23: K.-H. Hauer, Portable Methodenmonitoren. Dialogsysteme zur Steuerung von Methodenbanken: Softwaretechnischer Aufbau und Effizienzanalyse. XI, 209 Seiten. 1980.

Band 24: N. Ryska, S. Herda, Kryptographische Verfahren in der Datenverarbeitung. V, 401 Seiten. 1980.

Band 25: Programmiersprachen und Programmentwicklung. 6. Fachtagung, Darmstadt, 1980. Herausgegeben von H.-J. Hoffmann. VI. 236 Seiten. 1980

Band 26: F. Gaffal, Datenverarbeitung im Hochschulbereich der USA. Stand und Entwicklungstendenzen. IX, 199 Seiten. 1980.

Band 27: GI-NTG Fachtagung, Struktur und Betrieb von Rechensystemen. Kiel, März 1980. Herausgegeben von G. Zimmermann. IX, 286 Seiten. 1980.

Band 28: Online-Systeme im Finanz- und Rechnungswesen. Anwendergespräch, Berlin, April 1980. Herausgegeben von P. Stahlknecht. X, 547 Seiten, 1980.

Band 29: Erzeugung und Analyse von Bildern und Strukturen. DGaO DAGM Tagung, Essen, Mai 1980. Herausgegeben von S. J. Pöppl und H. Platzer. VII, 215 Seiten, 1980.

Band 30: Textverarbeitung und Informatik. Fachtagung der GI, Bauerth, Mai 1980. Herausgegeben von P. R. Wossidlo. VIII, 362 Seiten. 1980.

Band 31: Firmware Engineering. Seminar veranstaltet von der gemeinsamen Fachgruppe „Mikroprogrammierung" des GI Fachausschusses 3/4 und des NTG-Fachausschusses 6 vom 12. – 14. März 1980 in Berlin. Herausgegeben von W. K. Giloi. VII, 289 Seiten. 1980.

Band 32: M Kühn, CAD Arbeitssituation. Untersuchungen zu den Auswirkungen von CAD sowie zur menschengerechten Gestaltung von CAD-Systemen. VII, 215 Seiten. 1980.

Band 33: GI – 10. Jahrestagung. Herausgegeben von R. Wilhelm. XV, 563 Seiten. 1980.

Band 34: CAD-Fachgespräch. GI - 10. Jahrestagung. Herausgegeben von R. Wilhelm. VI, 184 Seiten. 1980.

Band 35: B. Buchberger, F. Lichtenberger: Mathematik für Informatiker I. Die Methode der Mathematik. XI, 315 Seiten. 1980.

Band 36: The Use of Formal Specification of Software. Berlin, Juni 1979. Edited by H. K. Berg and W. K. Giloi. V, 388 pages. 1980.

Band 37: Entwicklungstendenzen wissenschaftlicher Rechenzentren. Kolloquium, Göttingen, Juni 1980. Herausgegeben von D. Wall. VII, 163 Seiten. 1980.

Band 38: Datenverarbeitung im Marketing. Herausgegeben von R. Thome. VIII, 377 pages. 1981.

Band 39: Fachtagung Prozeßrechner 1981. München, März 1981. Herausgegeben von R. Baumann. XVI, 476 Seiten. 1981.

Band 40: Kommunikation in verteilten Systemen. Herausgegeben von S. Schindler und J.C.W. Schröder. IX, 459 Seiten. 1981.

Band 41: Messung, Modellierung und Bewertung von Rechensystemen. GI-NTG Fachtagung. Jülich, Februar 1981. Herausgegeben von B. Mertens. VIII, 368 Seiten. 1981.

Band 42: W. Kilian, Personalinformationssysteme in deutschen Großunternehmen. XV, 352 Seiten. 1981.

Band 43: G. Goos, Werkzeuge der Programmiertechnik. GI-Arbeitstagung. Proceedings, Karlsruhe, März 1981. VI, 262 Seiten. 1981.

Informatik-Fachberichte

Herausgegeben von W. Brauer
im Auftrag der Gesellschaft für Informatik (GI)

79

Programmierumgebungen: Entwicklungswerkzeuge und Programmiersprachen

Herausgegeben von
W. Sammer und W. Remmele

Springer-Verlag
Berlin Heidelberg New York Tokyo 1984

Herausgeber

W. Sammer
W. Remmele
Siemens AG, Zentrale Aufgaben Informationstechnik
Postfach 830955, D-8000 München 83

ISBN-13:978-3-540-12921-9   e-ISBN-13:978-3-642-69395-3
DOI: 10.1007/978-3-642-69395-3

2145/3140 − 5 4 3 2 1 0

Programmierumgebungen: Entwicklungswerkzeuge und Programmiersprachen

Vorwort

W. Sammer
W. Remmele

Die Gestaltung von Werkzeugen für die Entwicklung von Software hat - entsprechend dem zunehmenden Verständnis des Entwicklungsprozesses selbst - verschiedene Phasen durchgemacht. Die ersten verfügbaren Werkzeuge orientierten sich vor allem an der Strukturierung des Prozeßablaufes, der selbst wiederum auf die verfügbare Hardware ausgerichtet war. So entstanden meistens singuläre Werkzeuge für jede der einzelnen Phasen des Software-Lebenszyklus. Mit zunehmender Komplexität der zu entwickelnden Software und mit wachsender Erkenntnis der Problematik bei der Entwicklung stellte sich die Schwierigkeit dieser Vorgehensweise sehr bald heraus. Was benötigt wird, sind nicht vereinzelte Werkzeuge, sondern homogene Programmierumgebungen, die darauf abzielen, sämtliche Tätigkeiten der Software-Produktion durch ein aufeinander abgestimmtes Instrumentarium zu unterstützen.

In diesem Instrumentarium spielen die Programmiersprachen und dazugehörigen Compiler eine zentrale Rolle, da sie durch geeignete Konzeption die Entwicklung bereits zu einem relativ frühen Stadium beeinflussen oder die Datenbasis für eine Vielzahl von Werkzeugen einer Programmierumgebung liefern können.

Neben den konzeptionellen Aspekten, ausgelöst durch die Wahl der Programmiersprache und deren Compiler, können auch neuartige Werkzeuge zur Unterstützung softwaretechnischer Verfahren realisiert werden, wenn die modernen Möglichkeiten der Hardware (z.B. Grafik am Arbeitsplatz, lokale Netze von Arbeitsplatzrechnern) genutzt werden.

Das vorliegende Buch behandelt diese Aspekte, wobei in besonderem Maße Wert auf die beiden genannten Aspekte gelegt wird. Die Autoren der einzelnen Kapitel sind Mitarbeiter des Fachgebietes Softwaretechnik der Siemens AG, die alle beruflich mit der Thematik befaßt sind. Dabei wurden die Kapitel aufeinander abgestimmt, ohne jedoch die 'Persönlichkeit' der einzelnen Autoren einzuschränken. Das Buch stellt somit eine Sammlung von einzelnen Beiträgen dar, die - als Gesamtheit gesehen - den Überblick über den heutigen Stand der Technik bei der vorgegebenen Thematik repräsentieren. Wegen dieses Überblickscharakters wurde das Buch als Basis für ein Tutorial gewählt, das eine Einführung zum Thema 'Programmierumgebungen und Compiler' bietet.

Die Herausgeber danken in besonderem Maße den einzelnen Autoren für die Durchführung der schwierigen Aufgabe, unter Termindruck und aus unterschiedlichen Standpunkten heraus eine einheitliche, in sich abgeschlossene und konsistente Darstellung des Themas zu erarbeiten. Speziell möchten wir auch den Herren Dipl. Inf. T. Jell und Dipl. Ing. L. Mandl danken, die das Buch redaktionell überarbeitet haben.

München, im März 1984

Werner Sammer
Werner Remmele

Inhaltsverzeichnis

3   Programmierumgebungen   61
M.Sommer

4   Programmiersprachen   99
W. Hoyer, H. Raffler, M. Stadel. R. P. Wehrum

Inhaltsverzeichnis

1 Anforderungen an Software-Entwicklungsumgebungen und Programmiersprachen

R. Tobiasch

1.1 Die treibenden Kräfte

Das Umfeld, in dem wir uns bewegen, sieht eine große Anzahl von Programmierern damit beschäftigt, vorhandene oder neue DV-Produkte bei erschreckend steigendem Kostendruck zu betreuen. Wir befinden uns heute in einer Situation des Aufbruchs, um die mit dem Schlagwort "Softwarekrise" artikulierten Schwierigkeiten durch ein geschärftes Problembewußtsein, moderne Methoden und Techniken zu überwinden.

Ziel dieser neuen Entwicklung ist es, evolutionsfähige, wiederverwendbare Produkte mit hoher Qualität unter effizienter Auslastung der zur Verfügung stehenden Betriebsmittel zu erstellen. Die Werkzeuge, die diesen Prozeß unterstützen, sind nicht mehr ausschließlich von den Gegebenheiten der Hardware geprägt, sondern zunehmend auf die Erfordernisse der Software-Entwicklung, -Produktion und -Evolution abgestimmt.

Die DV-Landschaft ist heute hauptsächlich dadurch gekennzeichnet, daß zunehmend komplexere Aufgaben unter industriellen Randbedingungen mit mehr oder weniger moderner Technik gelöst werden. Im folgenden werden

- Veränderungen in der Struktur der zu entwicklenden Programme (von kleinen Programmen zu komplexen Programmsystemen)

- Veränderungen der Umgebung und Randbedingungen, unter denen Programme erstellt werden (aus einer Hochschul-/Labor-Umgebung in eine industrielle Umgebung)

- Veränderungen der Technologielandschaft

und die daraus resultierenden Problemfelder bzw. Lösungsmöglichkeiten genauer diskutiert.

1.1.1   Veränderungen in der Struktur der Zielsysteme

Programmieren im Großen

> ”On teaching of programming, i.e. on teaching of thinking”
>
> *E.W. Dijkstra, 1976*

Dem Titel von E.W.Dijkstra ist zu entnehmen, daß das Erstellen von Programmen einem kreativen Denkvorgang vergleichbar ist. Entsprechend ließe sich formulieren, daß das *Programmieren im Großen* [1.8] ein kreatives formales Denken unter Berücksichtigung komplexer Zusammenhänge voraussetzt. Im Hinblick auf die Vielfalt, Komplexität und gegenseitige Abhängigkeit von wirksamen Einflußgrößen ist die Entwicklung großer Programme nicht mehr von einem einzelnen ”Superprogrammierer”, sondern nur mehr in einer organisierten Gruppe von Spezialisten möglich.

Im Rahmen des Tutorials sollen als ”Zielsystem” Programme verstanden werden, die sich etwa im Komplexitätsintervall zwischen Anwenderprogrammen und umfangreichen Systemprogrammen befinden. (Der Komplexitätsbegriff ist hier rein intuitiv zu interpretieren).

Charakteristika großer Systeme

> ”A small program is usually the intellectual product of a single person or of an informally cooperating and communicating team, and the program text rarely serves as a working document for others than its creators. In contrast, we will call software those systems whose dynamics of evolution demands the planned and coordinate activity of a human organizaton, spans many project phases, and last several years. Here, program text and other documents play a significant role of communication within the organization.”
>
> *L.A. Belady, 1981*

Große Programmsysteme sind als erstes gekennzeichnet durch *umfangreiche Mengen von Programmtext (Code)* und *komplexe Daten(-strukturen)*, die von einer großen Anzahl von Programmierern entwickelt und betreut werden. Der Umfang solcher Programme liegt nicht selten bei über einer Million Zeilen Quelltext. Das bedeutet, daß der Adreßraum solcher Programme weit größer als ein Megabyte ist.

Schwartz - zitiert in [1.11] - weist in diesem Zusammenhang auf einen kritischen Punkt bei der Erstellung großer Programmsysteme hin:

> "I must admit that I have frequently asked myself whether these systems require many people because they are large, or whether they are large because they have many people."

In der Tat treten in großen Programmsystemen oft unbeabsichtigte, das heißt ungewünschte Funktionsredundanzen auf. Es ist dann beim Entwurf dieser Systeme versäumt worden, Basisfunktionen und eine Grundmenge von Datentypen in eine allgemein verfügbare Systemkomponente zu packen. Neue Werkzeuge könnten diese Situation durch ihr erhöhtes Leistungspotential positiv verändern.

Bei Programmen findet Alterung und Verschleiß im engeren Sinn nicht statt. Dennoch unterliegen Programme einem Evolutionsprozeß. Durch die raschen Innovationszyklen in der Hardware sind große Programmsysteme an *neue Ablaufumgebungen* anzupassen, da ein Neuerstellen dieser Programme aus technischen und wirtschaftlichen Gründen nicht praktikabel ist. Daneben verändern sich im Laufe der Lebenszeit die Anforderungen an das Programmsystem. Alte Leistungsmerkmale verlieren an Gewicht, *neue Leistungsmerkmale* in Form von notwendigen Erweiterungen der Funktionalität oder Dimensionierung von Datenbereichen sind einzubringen. Darüberhinaus beinhaltet jedes (validierte) Programm eine gewisse Rate an *Restfehlern*, die korrigiert werden müssen.

Aus den genannten Gründen entstehen neue Generationen (*Versionen*) eines Programmsystems. Da die Entwicklung neuer Versionen einen gewissen zeitlichen Vorlauf benötigt, sind zu einem bestimmten Zeitpunkt mehrere Generationen in unterschiedlichen Lebensphasen zu betreuten.

Varianten treten dann auf, wenn anwendungsspezifische Ausprägungen eines Programmsystems produziert werden. Varianten haben entweder einen gemeinsamen Kern, der auf den gewünschten Leistungsumfang erweitert und für die kundenspezifische Konfiguration zugeschnitten generiert wird oder sind - bei gleichem Leistungsumfang - an unterschiedliche Ablaufumgebungen anzupassen.

1.1.2 Industrielle SW-Entwicklung, -Fertigung, -Evolution

Softwareentwicklung wird heute unter industriellen Randbedingung betrieben, das heißt Software wird als Industrieprodukt entwickelt, gefertigt und vermarktet.

Damit sind neben der rein wissenschaftlichen Betrachtung ökonomische, juristische und soziale Aspekte zu beachten. Wesentliches Kennzeichen eines Industrieprodukts ist die Qualität, die der Kunde von dem Produkt zu erwarten hat. Programmsysteme unterliegen dementsprechend gewissen Qualitätsnormen.

Qualitätsbegriffe für Software [1.2] sind im wesentlichen benutzungsorientiert. Deshalb werden die Qualitätsmerkmale in ihrer Auswirkung an der Schnittstelle zwischen Benutzer und System beschrieben.

- Die einzelen Funktionen des Zielsystems müssen allein und im Zusammenwirken mit den Erfordernissen, die an die Problemlösung gestellt werden, übereinstimmen. (*Funktionserfüllung*)

- Innerhalb eines Zeitintervalls muß die Funktionstüchtigkeit des Zielsystems voll garantiert werden. (*Zuverlässigkeit*)

- Der für die Nutzung einer Funktion bzw. eines Systems erforderliche Lern- und Hantierungsaufwand ist zu minimieren, um die Fehlerrate bei der Bedienung des Systems zu reduzieren, damit verbunden die Produktivität und die Akzeptanz des Benutzers zu erhöhen. (*Benutzungsfreundlichkeit*)

- Die Ausführungsdauer spezifischer Funktionen bzw. die zeitliche Nutzung von Betriebsmitteln durch diese Funktionen ist so zu gestalten, daß sich die Antwortzeiten und Durchsatzraten des Systems im Rahmen fest definierter Randwerte bewegen. (*Zeitverhalten*)

- Der Gebrauch oder Verbrauch von Betriebsmitteln, das heißt die Inanspruchnahme von Ressourcen, Speicherbereichen und peripheren Einheiten, aber auch der Verbrauch von Material und die Inanspruchnahme von Bedienpersonal, ist zu optimieren. (*Verbrauchsverhalten*)

- Programme müssen wegen ihrer langen Lebensdauer die Eignung besitzen, den Aufwand für das Erkennen von Fehlerursachen und ihre Korrektur sowie die Durchführung von Änderungen im vorgegebenen Rahmen so gering wie möglich zu halten. (*Wartungsfreundlichkeit*)

- Bedingt durch die kurzen Innovationszyklen in der Hardware bekommt die Eignung von Programmen für den Einsatz mit ähnlicher Aufgabenstellung oder in geänderter organisatorischen oder technischen Umgebung ein wesentliches Gewicht. (*Übertragbarkeit*)

Wird Software als Ware vermarktet, dann sind *gesetzliche Bestimmungen* und *technische Normen* zu beachten.

Haben Softwareprodukte nicht die Qualität, die der Kunde erwartet oder der Hersteller garantiert, kann der Kunde Gewährleistungs- und Nachbesserungsansprüche geltend machen. Etwas differenzierter ist die Situation, wenn ein Auftraggeber-Auftragnehmer-Verhältnis vorliegt: hier wird das von beiden Vertragspartnern akzeptierte Pflichtenheft als Vertragsgrundlage herangezogen. Oftmals ist der Auftraggeber aber nicht in der Lage, die Leistung des gewünschten Produkts in Form eines Pflichtenheftes präzise zu artikulieren. Für diesen Fall müssen andere Grundlagen für eine Vertragsgestaltung gefunden werden. Die vertragsrechtlichen Aspekte werden in zunehmenden Maße um patentrechtliche Fragestellungen erweitert werden.

Produkte, die in den Geltungsbereich des Datenschutzgesetzes fallen, müssen im Entwurf und in der Realisierung die gesetzlichen Bestimmungen berücksichtigen.

Software zu normen ist wegen der Vielfalt der Einsatzfälle ein äußerst schwieriges Unterfangen. Dennoch sind einige Institutionen bestrebt, in ihrem Wirkungskreis Hilfsmittel und (Teil-)Produkte zu standardisieren. Beachtenswerte Beispiele hierfür sind

- das US Department of Defense, das mit der Programmiersprache *Ada* [1.3] einen Standard geschaffen hat, um damit kompatible und wiederverwendbare Programmbausteine mit geringstmöglichem Aufwand einem breiten Anwendungsbereich zur Verfügung stellen zu können,

- das CCITT mit der "Empfehlung" von *CHILL* [1.1] für die Programmierung von rechnergesteuerten Telefonvermittlungssystemen.

Ada ist von der amerikanischen Normungsbehörde bereits standardisiert (ANSI/MIL-STD 1815 A). Darüberhinaus müssen sich alle Compiler einer Validierung unterziehen, um das Zertifikat "Ada-Compiler" zu erhalten. Damit wird eine einheitliche und vollständige Implementierung gewährleistet.

Bei CHILL wird zur Zeit lediglich die einheitliche Anwendung der CHILL-Sprachmittel empfohlen, wobei auch die Implementierung von Teilmengen (*subsets*) zulässig ist.

Softwareprodukte werden oftmals aufgrund ihrer Verbreiterung und Akzeptanz zu de-facto-Standards.

Software als Ware bedeutet für den Hersteller, daß *kaufmännische Überlegungen* eine ganz wesentliche Rolle spielen. Die in den letzten Jahren dramatisch gestiegenen Kosten für die Entwicklung, Produktion und Wartung von Programmen haben dazu geführt, daß nach neuen Techniken und Fertigungsmethoden geforscht wird, um die Kosten zu reduzieren. Wesentliches Ergebnis der Kostenanalyse war die Feststellung, daß Fehler, die in der Entwurfsphase gemacht werden, einen exponentiellen Aufwand bei ihrer Beseitigung in späteren Phasen beanspruchen. Aus diesem Grund wurden und werden Methoden und Werkzeuge speziell zur Unterstützung der Entwurfsphase entwickelt.

Die Entwicklung innovativer Programmsysteme verlangt von jedem Hersteller ein großes Maß an Risikobereitschaft. In jedem Fall sollte beachtet werden, daß nicht der Aufwand für das Erstellen eines Produktes, sondern der Aufwand bei Einsatz des Produkts im Verhältnis zum gewünschten Nutzen zu kalkulieren ist.

Softwareerstellung im industriellen Bereich geschieht in den meisten Fällen in einer organisierten Gruppe von Personen mit unterschiedlichem Ausbildungsniveau und Erfahrungshorizont und persönlichen Interessen und Eigenheiten. Qualitativ gute Ergebnisse lassen sich nur bei entsprechender *Organisation und Führung* der Gruppe erzielen. Voraussetzung für eine reibungslose und erfolgreiche Zusammenarbeit der Gruppe ist neben der persönlichen Kommunikation eine projektspezifisch institutionalisierte Kommunikationsform auf der Grundlage einer Informationsbasis, die allen Mitgliedern der Gruppe zugänglich ist.

> "Das Erstellen von Software erfordert eine relativ hohe
> Ausbildungshöhe und wird immer eine Domäne der
> Intellektuellen bleiben. Die "Rohstoffe" des Software-
> Entwicklers sind neben einem ausgeprägten analyti-
> schen und synthetisierenden Denken vor allem Intui-
> tion, Kreativität und Erfahrung."
>
> *F.L. Bauer, 1983*

1.1.3   Veränderungen der Technologie-Landschaft

Die Werkzeuge des Software-Entwicklers sind Methoden und Organisations-
hilfsmittel. Sie bilden, zusammen mit einer adäquaten Technik das Rüstzeug für
ein ingenieurmäßiges Vorgehen beim Erstellen von Programmen. Transparente
Methoden, ausgereifte Werkzeuge und das Wissen um die verfügbare Technologie
sind die Voraussetzung für ein erfolgreiches Vorgehen beim Lösen von Problemen.

Software Engineering

> "We built systems like the Wright brothers built air-
> plains: built the whole thing, push it off the cliff, let it
> crash, and start over again."
>
> *R.M.Graham, 1968*

Die Software-Krise der sechziger Jahre hat ihre Wurzeln in mangelnder Technik
und fragwürdiger Fertigungsmethodik. Die zu bewältigenden Probleme wurden
durch die gestiegenen Anforderungen immer umfangreicher. Dabei hat sich das
Bewußtsein um die Vielfalt, Komplexität und gegenseitige Abhängigkeit der
wirksamen Einflußgrößen enorm verstärkt. Dieses Bewußtsein und die Erkenntnis, daß die Kosten für Software die für Hardware bei weitem dominieren hat eine
methodologische Entwicklung herausgefordert, die sich unter dem Begriff Software-Engineering zusammenfassen läßt. Dabei ist die Methodik der Software-Entwicklung, das heißt die technische Gestaltung von Systemen einerseits und die
Planung und Steuerung des Problemlösungsprozesses andererseits in den Mittel-
punkt des Interesses gerückt. Software-Engineering behandelt also gleichermaßen
die technische Gestaltung von Zielsystemen und die organisatorische Gestaltung
des Projektablaufs (Projektmanagement).

Die *technische Gestaltung von Zielsystemen* geschieht durch das Umwandeln von abstrakten, allgemeinen in konkrete, problemspezifische Lösungsmodelle unter Zuhilfenahme ausgewählter Techniken.

Im Rahmen des Tutorials werden diese Techniken zusammen mit den zugehörigen Hilfsmitteln und unter spezieller Berücksichtigung von Programmiersprachen und Compilern genauer vorgestellt.

Die Konkretisierung von Zielsystemen geschieht durch schrittweises Verfeinern und dem damit verbunden Einengen des Betrachtungsfeldes. Zum Systemgestaltungsprozeß gehört auch die kritische Prüfung der Problemlösung im Hinblick auf die Einhaltung von Vorgaben, Funktionstüchtigkeit, Vollständigkeit und Verträglichkeit mit der Umwelt. Letzteres geschieht im Rahmen von Qualitätssicherungsmaßnahmen.

Das *Projektmanagement* behandelt die Organisation und Koordinierung des Problemlösungsprozesses. Dazu gehören alle planenden, überwachenden, koordinierenden und steuernden Maßnahmen, die bei der Um- und Neugestaltung von Systemen erforderlich sind. Durch ein leistungsfähiges Projektmanagement können sowohl die Abläufe bei Erstellen von Programmen beschleunigt als auch die technische Güte der Produkte verbessert werden.

Das Phasenmodell

Für den Problemlösungsprozeß gibt man sich ein Regelwerk vor, nach dem vorgegangen werden soll. Ein solches Regelwerk ist das Phasenmodell (*life cycle*), u.a. beschrieben in [1.7]. Obwohl sich die einzelen Abschnitte innerhalb des Phasenmodells und ihre Bezeichnungen abhängig von Organisation und Projekt unterscheiden, so hat sich - nicht ganz unumstritten [1.6, 1.9, 1.12] - eine Vorgehensweise eingebürgert, die dem folgenden Modell, dargestellt in Bild 1.1, entspricht.

In der *Planungs- und Requirementphase* wird das Problem vollständig beschrieben. Die Forderungen an das Zielsystem werden festgelegt, wobei das System als "black box" betrachtet wird. Es wird festgelegt, *was* gemacht werden soll. In dieser Phase wird außerdem die Projektplanung durchgeführt. Die Verabschiedung des Pflichtenheftes (Lastenheftes) beendet die Definitionsphase.

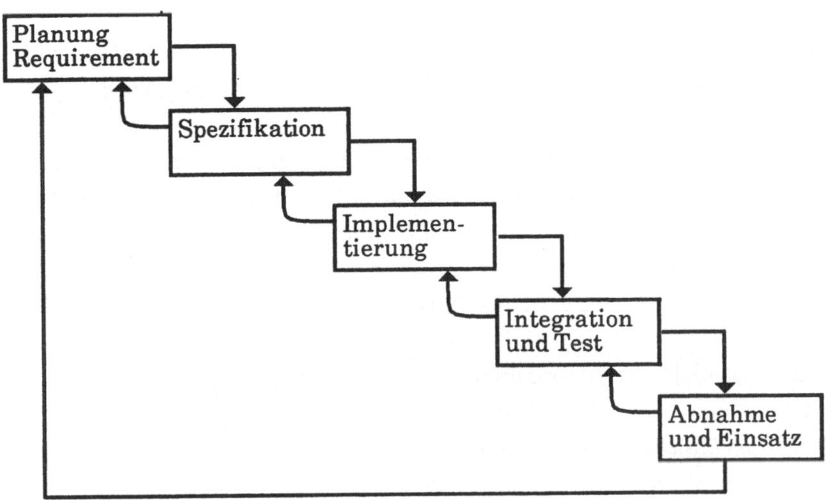

Bild 1.1: Die Phasenorganisation (*software life cycle*)

In den Folgephasen werden die Architektur des Zielsystems und die Programmstruktur - das heißt das *Wie* - festgelegt.

Während der *Spezifikationsphase* werden mehrere Modelle zur Lösung des technischen Problems diskutiert. Die Modelle werden im Hinblick auf die vorgegebenen Randbedingungen bewertet und ein Ansatz ausgewählt. Die getroffene Entscheidung ist zu begründen. Der Lösungsansatz wird danach schrittweise verfeinert. Die einzelenen Bestandteile des Entwurfs werden detailliert dargestellt.
Durch die Auffächerung des Problems entsteht eine modulare Struktur. Die Spezifikation wird mit einer ausführlichen Beschreibung des Systems abgeschlossen.

Die Umsetzung des vorliegenden Entwurfs in eine algorithmische Sprache geschieht in der *Implementierungsphase*. In dieser Phase werden keine grundlegenden Entscheidungen über die statische und dynamische Struktur des Zielsystems mehr getroffen. Der Einzeltest von Programmbausteinen ist Bestandteil
dieser Phase.

Die Integration der verschiedenen Systemteile und der (inkrementelle) Test des
Systems werden in der Phase *Systemintegration/-test* durchgeführt. Während

dieser Phase soll der Nachweis erbracht werden, daß das Zielsystem den Vorgaben und Anforderungen der Definitionsphase genügt.

Den Abschluß des Systemtests bildet die *Abnahme* durch den Auftraggeber, mit der die Erfüllung der Systemanforderungen schriftlich bestätigt wird.

Nach erfolgter Abnahme wird das System in Betrieb genommen. Es schließt sich die *Einsatzphase* an. In dieser Phase ergeben sich oft in Folge eines fortgeschrittenen Erkenntnisstandes des Anwenders Änderungs- und Erweiterungswünsche. Vielfach erfolgt durch die Erfahrung, die mit dem installierten System gemacht wurde, ein erneuter Einstieg in die Phasen des Phasenmodells.

Das Phasenmodell besteht also im wesentlichen aus drei Teilen:

- *Entwicklungsphasen*, in denen das Zielsystem entworfen wird,

- *Realisierungsphasen*, in denen das Zielsystem komponentenweise erstellt, zusammengebaut und geprüft wird,

- der *Nutzungsphase*, in der das Zielsystem an sich wandelnde Randbedingungen anzupassen ist.

Wie obiges Modell zeigt, läuft der Softwareentwicklungsprozeß nicht linear ab, sondern mit Iterationen, da es oft vorkommt, daß während des Entwicklungsprozesses Entscheidungen aus Vorgängerphasen revidiert werden müssen. Zwischen den einzelenen Phasen kann es also zu Rückkopplungen kommen.

In einer phasenorientierten Projektorganisation gibt es Vorschriften, was innerhalb der einzelnen Phasenabschnitte zu tun ist, welche technischen Ergebnisse am Ende der Phasevorliegen müssen und welche Dokumente zu erstellen sind. In vielen Organisationen ist es üblich, das Erreichen des Phasenendes durch Entscheidungsinstanzen begutachten und dokumentieren zu lassen. Die (verabschiedeten) Ergebnisse einer Phase bilden den Ausgangspunkt für nachfolgende Phasen.

Zum Erreichen des Phasenzieles gibt es vielfache Unterstützung durch Methoden, Ausdrucksmittel, Werkzeuge und Menschen, die helfen, führen und kontrollieren. Dabei sind gewisse methodische Sprünge und Lücken für den Erstellungsprozeß unvermeidbar. Ein kritischer Punkt bei phasenorientierter Betrachtungsweise ist die Tatsache, daß die einzelnen Phasen als weitgehend abgeschlossene Einheiten betrachtet werden. Methoden, Ausdrucksmittel und Werkzeuge sind dem entsprechend phasenspezifisch ausgeprägt. Damit kann es bei dieser Betrachtungsweise zu methodischen "Bruchstellen" kommen.

Technische Konzepte

Die Technologie-Landschaft der Informatik hat sich in den letzten zwanzig Jahren dramatisch verändert. Durch die Rückbesinnung auf Grundlagen der Logik, durch systematisierte Ansätze und durch den zunehmenden Einsatz intellektueller Kräfte wurden in relativ kurzem Zeitraum wesentliche, neue Erkenntnisse erarbeitet.

Unter Technologie-Landschaft [1.10] verstehen wir ein dreidimensionales Schema, in das sich Sprachen, Techniken und Programmierumgebungen einordnen lassen. Ein solches Schema wird deshalb gewählt, weil die Phasenorganisation als Vergleichsbasis zu wenig Differenzierungsmöglichkeiten bietet und die Zuordnung von Methoden zu den Phasen für eine Bewertung nicht ausreichend erscheint.

Abstraktion

Die erste Dimension der SW-Technologie-Landschaft charakterisiert im wesentlichen die zum Problem hin orientierte Abstraktion von expliziten Maschinendetails. Programmentwürfe sollen damit schon auf abstraktem Niveau so weit wie möglich formalisiert und dabei noch unabhängig von maschinen-spezifischen Repräsentationen gehalten werden. Wesentliches Hilfsmittel zur Abstraktion sind Sprachen. Sie ermöglichen eine maschinenunabhängige Darstellung von Problemlösungen und Lösungsbeschreibungen. Jede Programmiersprache repräsentiert - stark vergröbert - ein bestimmtes Intervall auf der Achse zwischen (konkreter) Maschinensprache und (abstrakter) problemorientierter Darstellung (i.e. der Programmebene). Die Umsetzung von Programmierebene auf die Maschinenebene (Konkretisierung) wird vom Compiler geleistet.

Das von Programmiersprachen abgedeckte Intervall hat sich vor allem in den letzten Jahren unaufhaltsam in Richtung Abstraktion ausgedehnt. Während man sich früher mit Abstraktion von Steuerflußanweisungen begnügte, können heute bereits Parallelismen und allgemein gültige Verfahren und Vorgehensweisen in Form sogenannter Programmschemata abstrahiert werden.

Mehr über Programmiersprachen im Kapitel 4 (Programmiersprachen).

Formalisierung und Validierung (Darstellung, Test)

Die zweite Dimension charakterisiert die sprachliche Freiheit, in der Dokumente abgefaßt sind. Sie ist dadurch motiviert, daß neben den eigentlichen Programmen, die formal eindeutig abgefaßt sind, vor- und nachbereitende Dokumentation wesentliche Hilfsmittel zur Kommunikation sind [1.5]. Die Formalisierung der Formulierung reicht dabei von informellen Ideen bis hin zu eindeutigem Code.

Abstraktionsspektrum und Formalisierung in der Formulierung spannen die Programmentwicklungsebene (PEE, siehe Bild 1.2) auf. Eine nähere Betrachtung der beiden Kriterien zeigt, daß sie kaum korreliert sind, d.h. daß formale und informelle Vorgehensweisen und Darstellungen auf allen Abstraktionsebenen möglich sind.

Die Erweiterung der zweiten Dimension durch Spiegelung an der "Abstraktionsachse" (siehe Bild 1.3) liefert die Validierungskomponente, die projektbegleitend konstruiert werden muß. Eine Spiegelung ist möglich, weil Beschreibungsverfahren und Überprüfungsverfahren zueinander fast dual sind: eine Beschreibung ist umso "prüfbarer", je formal eindeutiger sie ist.

Automatisierung (Generierung, Produktion)

Zu Beginn der siebziger Jahre stand die Entwicklung einzelner, isolierter Techniken für die Bewältigung spezieller software-technischer Probleme im Vordergrund. Heute wird eine von methodischen "Bruchstellen" freie Unterstützung des gesamten Software-Produktionsprozesses angestrebt.

Die dritte Dimension der Technologie-Landschaft ist eng korreliert mit der Abstraktionskomponente. Texte lassen sich umso eher automatisch analysieren und verarbeiten, je formaler die Sprache ist, in der sie abgefaßt sind.

Die reine Textverwaltung betrachtet dabei ausschließlich die textuelle Einheit als zu manipulierendes Objekt. Die Textaufbereitung erkennt bereits Strukturrudimente wie Zeilen und Abschnitte und kann signifikante Zeichen von nicht sig-

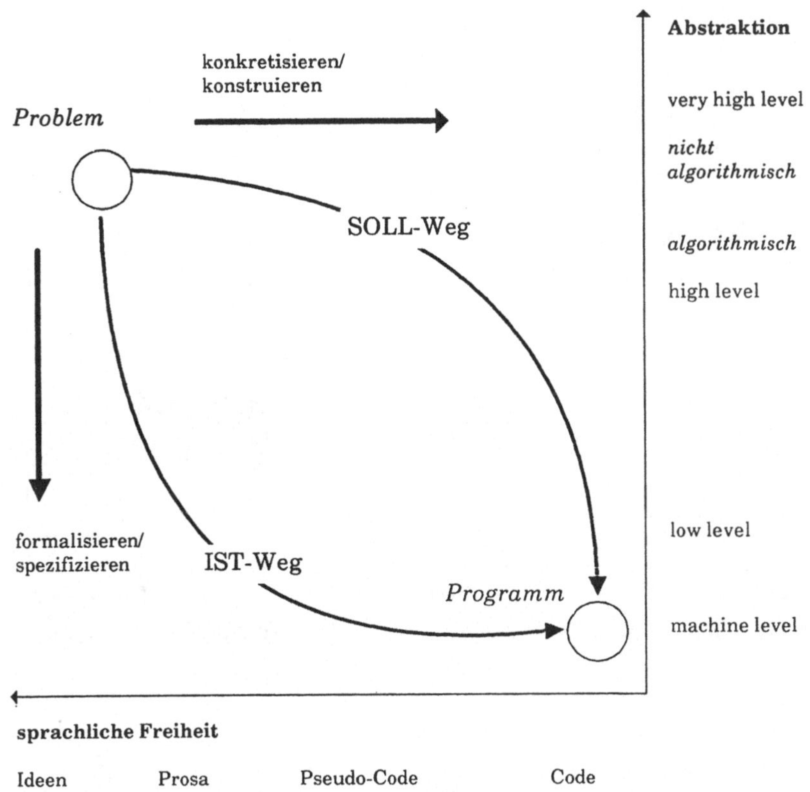

Bild 1.4: Die Programmentwicklungsebene (PEE)

nifikanten Zeichen unterscheiden. Die einfachste Form von Textanalyse ermöglicht Statistiken - z. B. über die Verwendung bestimmter Zeichen oder über Satzlängen etc. - und das Überprüfen von formalisierten Texten wie Tabellen und Formularen. In den genannten Fällen ist es unbedeutend, ob es sich bei dem vorliegenden Textstück um ein Gedicht, eine Rechnung oder um ein Programm handelt.

Texte, die nach genau festgelegten Formgesetzen einer formalen algorithmischen Sprache abgefaßt sind, können gegen diese Formgesetze überprüft und als syntaktisch korrekte Programme erkannt werden. Umgekehrt lassen sich aus der Beschreibung der Formgesetze Analysatoren automatisch erstellen. Das Abprüfen nach vollständigen und widerspruchsfreien Bedeutungsinhalten eines Textes ist dann möglich, wenn vorher die Funktionalität und Aussagen über Ausdrücke, die

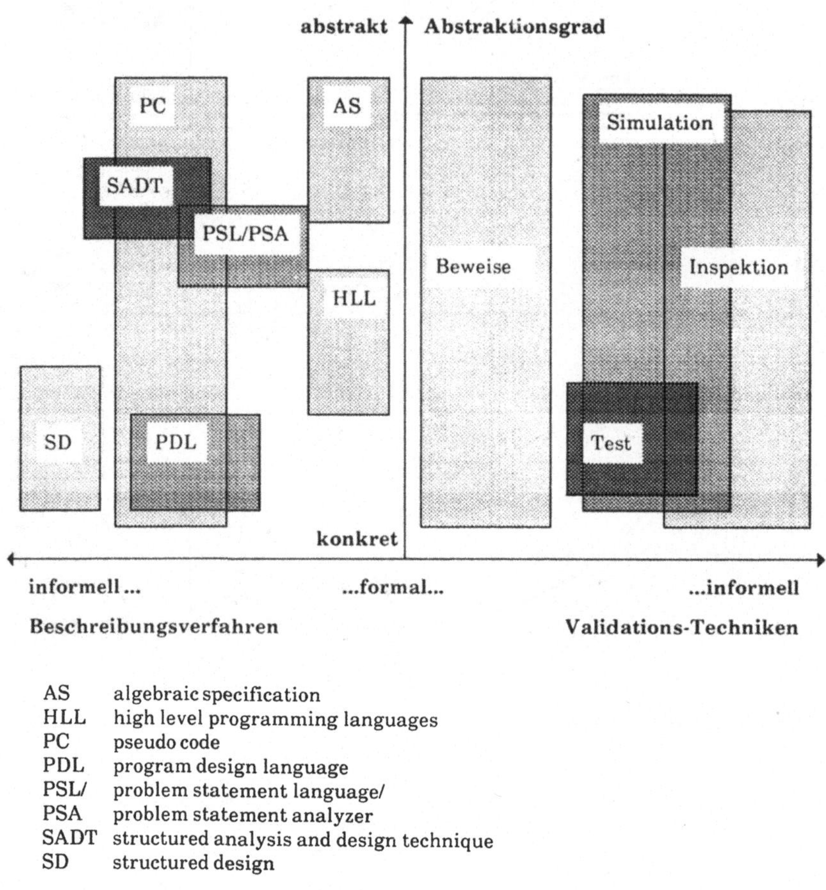

AS	algebraic specification
HLL	high level programming languages
PC	pseudo code
PDL	program design language
PSL/	problem statement language/
PSA	problem statement analyzer
SADT	structured analysis and design technique
SD	structured design

Bild 1.3: Die um Validierungstechniken erweiterte PEE

sich mittels der Funktionen bilden lassen, formal eindeutig beschrieben worden sind. Beschreibungsmittel dazu basieren in den meisten Fällen auf Kalkülen der mathematischen Logik.

Systemeinbettung

Programme werden heute meist auf dem Rechner entwickelt, auf dem sie auch ablaufen, das heißt Entwicklungsumgebung und Ablaufumgebung sind identisch. Im Bereich der Prozeßautomatisierung (*embedded systems*) und der Mikroprozessorsoftware wird die Trennung der beiden Umgebungen (*host-target-Prinzip*) schon länger praktiziert. Dieses Vorgehen ist darin begründet, daß für die Entwicklung komplexer Programmsysteme Entwicklungssysteme nötig sind, die funktionell und apparativ auf die Erfordernisse der Programmentwicklung abgestimmt sind. Die Ablaufumgebungen können damit ihren Aufgaben entsprechend systemtechnisch und apparativ konfiguriert werden.

Die Trennung von Entwicklungs- und Ablaufumgebung bringt neben organisatorischen und technischen Vorteilen auch Nachteile und Probleme in Bezug auf Test, Fehlerdiagnose und Fehlerbehebung der Zielsysteme mit sich.

Die Thematik wird in den Kapiteln 3 (Remote Debugging) und Kapitel 7 (Einbettung von Programmierumgebungen in Rechensysteme) genauer diskutiert.

1.2 Problemfelder und die daraus resultierenden Forderungen

1.2.1 Organisatorische Probleme

Divergenzen zwischen Kundenwunsch und Produkt

Wesentliches Ziel beim Entwurf und der Realisierung von Programmsystemen besteht darin, daß das Programmsystem das Verhalten zeigt und die Qualitätsmerkmale besitzt, die der Auftraggeber von dem Produkt fordert. Dazu ist eine genaue Spezifikation der gewünschten Leistung und der Randbedingungen nötig. Je formaler eine solche Beschreibung ist, desto leichter kann diese Spezifikation als vertragliche Grundlage und als Maßstab für den Nachweis der Produktqualität herangezogen werden. Oft ist aber der Auftraggeber außerstande, die Leistung des gewünschten Produkts in Form eines Pflichtenheftes präzise zu artikulieren. In anderen Fällen wirken vorgegebene technische Randbedingungen lösungshemmend oder zumindest -beeinträchtigend. Daneben können wirtschaftliche Gründe ebenso Ursache für unvollständige und qualitativ mindere Lösungen sein.

Die Methode der Modellbildung des geplanten Zielsystems (*rapid prototyping*) könnte einen Ausweg aus dem Dilemma weisen. Der Auftraggeber kann anhand eines ohne großen Aufwand erstellten Prototypen seine Zielvorgaben überprüfen und präzisieren.

Projektsteuerung und -verwaltung

Zum Projektmanagement gehören alle Planungs- und Steuerungstätigkeiten, die notwendig sind, ein Projekt in Gang zu bringen und zu halten. Für diese Tätigkeiten sind Stell- und Regelgrößen nötig, die den gewünschten und aktuellen Projektstand repräsentieren. Neben diesen Projektkenngrößen sind insbesondere Regeln, Richtlinien und Konventionen a priori anzugeben, gegen die z. B. konkrete Vorgehensweisen, Dokumente und Produkte geprüft werden können.

Methoden und Werkzeuge, die - in einem *Managementinformationssystem* zusammengefaßt - das Projektmanagement unterstützen, sind nicht Betrachtungsschwerpunkt des Tutorials.

Produktivität

Unabhängig von der apparativen Gestaltung (zeichenorientierter Bildschirm oder Rasterbildschirm mit Zeigehilfe (Maus) sollte die *Bedienoberfläche* der rechnergestützten Hilfsmittel nach folgenden Zielen konzipiert werden:

- Die angebotene Schnittstelle sollte leicht erlernbar und für alle Hilfsmittel in einheitlicher Form dargeboten werden, um die Bedienfehlerrate zu reduzieren. Eine Hilfsfunktion (*HELP, ?*) sollte in jeder Situation dem Benutzer den aktuellen Zustand, und die zulässigen Folgeaktionen aufzeigen.

  Steht keine rein graphische Schnittstelle mit Zeigehilfe zur Verfügung, so bilden Menues und Masken einen ersten Schritt in diese Richtung.

- Die Bedienfunktionen der rechnergestützen Hilfsmittel sollten orthogonal und frei kombinierbar sein, um aus den Grundfunktionen komplexere (Standard-)Bedienfunktionen konstruieren zu können.

Komplexe Bedienfunktionen sollten soweit perfektioniert werden können, daß bestimmte Produktionsabläufe ohne helfende Einflußnahme von außen und eingeteilt in unabhängige, das heißt zeitlich parallel ausführbare Tätigkeiten vom

Rechner ausgeführt werden. Das *Automatisieren von Produktionsabläufen* ist insbesondere für gewisse Standardtätigkeiten während Entwicklung, Produktion und Wartung eine wesenliche Arbeitshilfe.

1.2.2 Technische Probleme

Erstellen großer Programmsysteme

Programmsysteme sind unter verschiedenen strukturellen Aspekten zu betrachten. Strukturierung im Hinblick auf die dynamische Ablaufstruktur erfordert ein Modellieren des Zielsystems in kommunizierende parallele Prozesse. Neben der Modellierung und von Systemen spielt die statische Zerlegung in Teileinheiten, die Definition der Schnittstellen und die Beziehung der Teileinheiten untereinander eine wesentliche Rolle. Modellierung und Zerlegung lassen sich unter dem Begriff "Strukturieren im Großen" zusammenfassen.

Modellierung

Die Modellierung von Zielsystemen hinsichtlich ihrer Ablaufstruktur ist vor allem für Echtzeitanwendungen und verteilte System bedeutungsvoll. Die erforderliche Wirkungsweise und der Aufbau derartiger Systeme ergeben sich grundsätzlich aus der Dualität von automatisiertem technischem System und automatisierendem Steuer- und Regelsystem. Die Modellierung von Systemen umfaßt einerseits das Festlegen der Funktionalität und Lebensdauer der i.a. unabhängig voneinander (parallel) ablaufenden Programmeinheiten (*Prozesse*), andererseits sind für den Fall von Abhängigkeiten die *Kommunikationsstrukturen* festzulegen. Wesentlich für die Modellierung von großen Programmsystemen ist das Einplanen von *Synchronisationsmechanismen* für die Benutzung gemeinsamer Betriebsmittel und für externe Ereignisse.

Zerlegung in Teilaufgaben

Neben der Modellierung der Ablaufstruktur ist das Aufspalten des Zielsystems in Teileinheiten (*Bausteine*) eine wesentliche Tätigkeit des Systemgestaltungsprozesses. Das Aufspalten in Bausteine liefert eine rein statische Gliederung des Zielsystems.

Die Bausteine sind disjunkt und logisch unabhängig zu konzipieren. Dennoch wird es zwischen den Bausteinen Beziehungen geben, die auf programmtechnischen Ordnungskriterien beruhen. Beispiele sind die *geschachtelt*-Relation und die *benutzt*-Relation. Bausteine sind abgeschlossene Teileinheiten, daß heißt, sie sind neben der zu repräsentierenden Funktionalität Träger von Entwurfsentscheidungen und -dokumentation.

Programmiersprachen und Compiler

Für die Programmierung großer und komplexer Systeme müssen in Programmiersprachen Konzepte ausgeprägt sein, die das Modellieren und Zerlegen ermöglichen.

Für die Modellierung ist ein tragfähiges *Prozeßkonzept* zur Definition der Funktionalität, der Einplanung von Synchronisationszuständen und externen Ereignissen und für die Kommunikation notwendig.

Die Zerlegung erfordert ein *Modulkonzept*, das es ermöglicht, die statische Struktur des Systems zu beschreiben. Das Zerlegen eines Programmsystems ermöglicht es, den Entwurf und die Programmierung modulweise auf unabhängige Arbeitsgruppen zu verteilen. Dennoch bildet das System letztlich eine textuelle Einheit.

Erst das Konzept der *getrennten Übersetzung* ermöglicht ein wirklich unabhängiges Erstellen von validierten, evtl. wiederverwendbaren Bausteinen. Die getrennte Übersetzung erfordert als erstes das Festlegen der Schnittstellen in Form und Inhalt und ihre strukturelle Einbettung innerhalb der statischen Zerlegungsstruktur. Gegen diese Schnittstelleninformation sind die unabhängig zu realisierenden Bausteine im Bezug auf Vollständigkeit und Konsistenz zu prüfen.

Bibliotheken

Alle zu einem Programmsystem gehörenden Teileinheiten und teileinheitenübergreifende Systeminformationen sind in einer (projektspezifischen) *Projektbibliothek* enthalten. Die Projektbibliothek ist aus diesem Grund die zentrale Kommunikationsbasis für alle am Projekt beteiligten Personen und für alle verwendeten Werkzeuge.

Eine Bibliothek ist eine Menge von Bibliothekselementen, die nach a priori zu definierenden Regeln strukturiert ist. Für die Größe der Projektbibliothek ist ein für das Zielsystem charakteristisches *Mengengerüst* maßgebend. Projektbibliotheken sind projektspezifisch zu organisieren (zentral/dezentral, "flach"/hierarchisch, etc.)

Die Zugriffe zu Elementen der Programmbibliothek sind so zu synchronisieren, daß mehrere Benutzer oder Werkzeuge gleichzeitig Produktbestandteile und Projektinformationen bearbeiten können, sofern sie dazu autorisiert sind. Die Konsistenz der Bibliothek muß dabei zu jedem Zeitpunkt gewährleistet sein.

Konfigurationsverwaltung

> "Every software system used by more than one group evolves into a family of systems consisting of multiple versions sharing a significant number of parts."
>
> *W.Tichy, 1983*

Eine Konfigurationsverwaltung basiert auf der Idee, die Produktentwicklung als eine Abfolge von kontrollierten Änderungen an gesicherten Zwischen- und Endergebnissen (Versionen und Varianten) aufzufassen. Es sollten dabei folgende Aspekte berücksichtigt werden:

- Jedes Programmsystem entwickelt sich nach einer gewissen Lebenszeit in eine Familie von Programmsystemen mit *Versionen und Varianten*. Versionen, das heißt neue Generationen eines Programmsystems, entstehen durch neue Anforderungen und sich ändernde Ablaufumgebungen. Darüberhinaus lassen Fehlerkorrekturen verbesserte Versionen entstehen. Varianten entstehen durch anwendungsspezifische Ausprägungen eines Programmsystems.

  Die Verwaltung der Versionen und Varianten hat im wesentlichen dafür zu sorgen, daß bei Modifikationen alle betroffenen Dokumente in einem konsistenten Zustand bleiben. Insbesondere sind die Auswirkungen von Änderungen auf andere Komponenten des Zielsystemes aufzuzeigen und inkonsistente Objekte ungültig zu setzen.

- Die Synthese von Teillösungen zur Gesamtlösung besteht aus dem Zusammenfügen (*Montieren*) getesteter Bausteine und der gemeinsamen Validierung. Die Integration ist die zum Entwurf duale Tätigkeit. Sie verläuft i.a. inkrementell nach vorgegebenen Integrationsstrategien (top down, bottom up, etc.).

  Die bei der Integration entstehenden (Zwischen-)Bausteine heißen *Subsysteme*. Sie können (müssen aber nicht) mit Komponenten übereinstimmen.

- *Autorisierungsschemata* sollen ein unbeabsichtigtes, ungeprüftes Verändern der Programmstruktur verhindern. Modifikationen sind je nach Art und Umfang an Entscheidungsgremien gebunden. Während für lokale Entwürfe und deren Realisierung der Modulverantwortliche allein die Entscheidungen trifft, sind strukturelle Änderungen der Programmstruktur nur von autorisierten Gremien oder Personen zu entscheiden und durchzuführen. Sensitive Informationen müssen durch entsprechende *Schutzmechanismen* vor unberechtigtem Zugriff geschützt werden.

Softwareprüfung und Qualitätskontrolle

Die technische Güte, das heißt die Qualität von Programmen wird in erster Linie durch Testmethoden sichergestellt. Unter Test soll dabei jede Prüfung des Produkts verstanden werden, die mit Hilfe eines Rechners durchgeführt wird.

Tests sind Bestandteile des Systemgestaltungsprozesses und müssen dementsprechend eingeplant werden. Dabei sind Teststrategien so festzulegen, daß Tests jederzeit reproduzierbar, nachvollziehbar und (maschinell) überprüfbar sind und Testergebnisse für Wiederholungstest (*Regressionstest*) archiviert werden können.

Die Diskussion der Technologielandschaft hat gezeigt, daß ein Dokument umso eher formal vollständig und eindeutig geprüft werden kann, je formaler es ist. So reicht das Intervall der Validierungsmethoden von der Programmverifikation, das heißt der formalen Prüfung mittels eines logischen Kalküls, bis hin zur informellen, nicht automatischen Prüfung durch Gutachter.

Analysatoren

Wie eingangs erwähnt, sind formale Entwurfs- und Validierungsmethoden noch nicht so ausgereift, daß im Rahmen rein formaler Prüfungen die Qualität eines Programmsystems vollständig geprüft werden könnte.

Im Rahmen der Möglichkeiten sind Analysatoren zum Erzeugen von Programmprofilen aus relevanten Programmkenngrößen und zur (statistischen) Überprüfung des Programms hinsichtlich der korrekten Anwendung der Programmiersprache (Syntax, Semantik) und von vorgegebenen Regeln (Konventionen) wirkungsvolle Hilfsmittel zur Qualitätssicherung.

Testumgebungen

> "Program testing can be used to show the presence of bugs, but never to show their absence."
>
> *E.W. Dijkstra*

Trotz der kritischen Anmerkung von E.W. Dijkstra zum Thema Testen ist das Überprüfen des Laufzeitverhaltens eines Programms oder seiner Komponenten in einer wohldefinierten Ablaufumgebung die anerkannteste Methode zum Nachweis der Qualität. Das Testen von Programmen erfordert neben der Versorgung des Testlings mit Testdaten einen Testrahmen und eine Datei-, Daten- und Codeumgebung, die mit der Zielumgebung identisch ist. Ist diese Umgebung nicht im Original vorhanden, so muß sie entsprechend simuliert werden. Die Versorgung des Testlings mit Testdaten hat so zu erfolgen, daß möglichst alle Zweige des zu testenden Programms oder der Komponente einmal durchlaufen werden. Die Testergebnisse sind - soweit möglich automatisch - auszuwerten und bilden einen wesentlichen Bestandteil der Produktdokumentation.

Auf Testmethoden und -werkzeuge wird im Kapitel 2 näher eingegangen.

Fehlerbehebungshilfen

Während beim Testen nach Programmfehlern gesucht wird, ist beim Einsatz von Fehlerbehebungshilfen (*debugger*) die Fehlersituation bereits erkannt. Meist sind sogar Fehlerursachen und Entstehungsort weitgehend bekannt. Fehlerbehebungshilfen sollten dem Entwickler auf dem formalen und abstrakten Niveau der Programmiersprache, in der das Programm formuliert ist, zu Verfügung stehen. Insbesondere sollten implementierungsspezifische Besonderheiten verborgen bleiben.

Sprachspezifische Fehlerbehebungshilfen werden im Kapitel 3 ausführlich diskutiert.

Formalisierte Freigabe- und Übergabemechanismen

Seinem Reifegrad entsprechend wird ein Produkt im allgemeinen von unterschiedlichen Organisationseinheiten bearbeitet und betreut. Durch die Übergabe an eine nachgeschaltete Organisationseinheit wird auch die Verantwortung für das Produkt an diese Stelle übertragen. Bei der Übergabe ist das Produkt folgenden Prüfungen zu unterziehen (*Testschleuse*):

- Sind die für die entsprechende Entwicklungsphase relevanten technischen Ergebnisse vorhanden?

- Genügen diese Ergebnisse den vorgegebenen Qualitätsforderungen?

- Ist die Entwicklung im Rahmen der vorgegebenen Regeln und Konventionen erfolgt?

Sind alle Prüfungen ohne Beanstandungen durchlaufen, dann ist die abgebende Organisationseinheit aus der Verantwortung für das Produkt zu entlassen.

Projektbegleitende formale Dokumentation

Wesentlicher Bestandteil eines Softwareprodukts ist seine Dokumentation, die aus der Beschreibung der Benutzungsoberfläche und der technischen Dokumentation besteht. In der technischen Dokumentation sind alle globalen Entwurfs- und Implementierungsentscheidungen festzuhalten. Lokale Entscheidungen, die nur begrenzte - z.B. modulspezifische - Wirkung haben, können unmittelbar im Programmtext festgehalten werden (*inline*-Dokumentation). Für jede Systemkomponente sollte darüberhinaus eine Kurzbeschreibung über ihren Zweck, ihre Einordnung in das Zielsystem, Angaben über den verantwortlichen Designer und

Programmierer und ein Abnahmeprotokoll mit den Testergebnissen vorhanden
sein.

Programmierstil und Algorithmen

> "Do not teach another programming language,
> teach a new programming style and a new lan-
> guage."
>
> *H. Clausen, 1979*

Die Gestaltung eines Zielsystem vollzieht sich im wesentlichen in der Modellierung und in der Zerlegung in überschaubare abgeschlossene Komponenten
(*Programmieren im Großen*) und dem Entwurf und der Implementierung von Algorithmen, welche die geforderte Funktionalität im Rahmen vorgegebener Randbedingungen und Zielvorgaben realisieren (*Programmieren im Kleinen*).

Zur *Formulierung von Algorithmen* müssen Programmiersprachen eine Grundmenge vordefinierter Datentypen und Operationen anbieten. Darüberhinaus sind
Kompositionsregeln zum Definieren problemspezifischer Typen und Operationen
nötig: Algorithmen werden von den konzipierten Datenstrukturen geprägt. Zur
Steuerung des Programmablaufs sind Sprachmittel für die Sequenz, Selektion und
Iteration von Operationen, die Unterprogrammtechnik - auch für Rekursionen -
und parallele Prozesse anzubieten.

Zu jedem Problem können im allgemeinen mehrere konzeptionell unabhängige
Lösungen gefunden werden. Die *Auswahl des günstigsten Algorithmus* bezüglich
des Zeit- und Verbrauchsverhaltens wird von der vorhandenen Ablaufumgebung
und den Zielvorgaben bestimmt. Zeit- und Verbrauchsverhalten sind Größen, die
vom zugrundeliegenden Algorithmus und nur zu einem geringen Teil durch die
Sprachimplementierung bestimmt werden. Dennoch sollte auf die richtige
Verwendung der Sprache und auf die *Qualität des erzeugten Maschinencodes*
geachtet werden.

Verifikation, statische Programmanalysen und Tests tragen wesentlich zum Sta-
bilitätsverhalten eines Programmes bei. Die *Erstellung stabiler Programme* kann
durch Sprachmittel unterstützt werden. Exemplarisch seien hier genannt:

- Durch die strenge Typbindung (*strong typing*) von Daten kann geprüft werden, ob Daten mit den passenden Operationen manipuliert werden und umgekehrt, ob Funktionen mit den passenden Daten versorgt sind. Die strenge Typbindung ist insbesondere für die syntaktische Prüfung von Modulschnittstellen essentiell.

- Durch die Möglichkeit, Laufzeitfehler des Programms im Programm selbst zu behandeln (*exception handling*), können Programmabstürze vermieden werden. Neben einer Menge von Standardsituationen (z.B. index overflow) sollten auch problemspezifische Ausnahmesituationen und ihre Behandlung definiert werden können.

"παντα ρει"
Heraklit

Bei Programmen findet Alterung und Verschleiß im engeren Sinn nicht statt. Dennoch unterliegen Programme einem Evolutionsprozeß:

- Programme sind an neue Ablaufumgebungen anzupassen, da ein Neuerstellen aus technischen und wirtschaftlichen Gründen nicht praktikabel ist. (*Portabilitätsaspekt*)

- Im Laufe der oftmals langen Lebenszeit verändern sich die Anforderungen. Alte Leistungsmerkmale verlieren an Gewicht, neue Leistungsmerkmale in Form von Erweiterungen der Funktionalität oder der Dimensionierung von Datenbereichen sind einzubringen. (*Evolutionsaspekt*)

- Jedes validierte Programm beinhaltet eine gewisse Rate von Restfehlern, die korrigiert werden müssen. (*Wartungsaspekt*)

Alle drei Aspekte sind bereits beim Entwurf und der Implementierung zu beachten. Die Anwendung des Abstraktionsprinzips im Entwurf, in der Programmierung und Implementierung, eine geeignete Programmiersprache und eine autorisierte, kontrollierende und steuernde Versions- und Variantenverwaltung erhöhen die Übertragbarkeit und Flexibilität und erleichtern die Weiterentwicklung eines Programms.

Für die zielmaschinenunabhängige Formulierung von Programmen sind höhere Programmiersprachen wegen ihres hohen Abstraktionsgrades eine wesentliche Grundlage. Das bedeutet aber nicht, daß jedes Programm, das in einer höheren Programmiersprache formuliert ist, übertragbar ist. [1.13]

Programmodifikationen, die sich in Erweiterungen und Korrekturen äußern, werden durch ein Modulkonzept, die Trennung von Schnittstellenspezifikation und Implementierung, durch Typabstraktion und strukturiertes Programmieren im Kleinen wesentlich erleichtert.

1.3 Betrachtungsschwerpunkt

Nach Balzert [1.4] lassen sich die vorhandenen oder in Entwicklung befindlichen Softwareentwicklungsumgebungen wie folgt klassifizieren:

- allgemein gültige Ansätze
- sprachorientierte Ansätze
- methodenorientierte Ansätze

Der *allgemein gültige Ansatz* unterstützt den gesamten Softwareentwicklungsprozeß und deckt eine möglichst große Klasse von zu erstellenden Software-produkten ab. Dieser Ansatz läßt eine Einbettung vielfältiger Werkzeuge zu und ermöglicht damit die Anwendung unterschiedlicher Methoden, Programmiersprachen und Projektmodelle. Darüberhinaus wird die Konsistenz der projektbegleitenden Dokumentation sichergestellt.

Die Vorteile eines solchen Ansatzes sind die folgenden:

- Der allgemein gültige Ansatz ist für eine große Klasse von Anwendungen geeignet.
- Neue Methoden und Konzepte können durch einfache additive Erweiterungen in diesen Ansatz eingebracht werden.

Als Nachteile sind zu nennen:

- Bei kleineren Projekten wird dieVielfalt der angebotenen Möglichkeiten als verwirrend und unnötig empfunden.

- Die Entwicklungsrechner müssen eine umfangreiche Ausrüstung an Betriebsmitteln und Dienstprogrammen anbieten.

- Die angebotenen Methoden, Ausdrucksmittel und Werkzeuge sind nicht aufeinander abgestimmt, begünstigen damit methodische Sprünge während des Entwicklungsprozesses und erfordern einen nicht unerheblichen Aufwand für Anpassungen und im Ablauf.

Im Kapitel 2 wird der allgemein gültige Ansatz ausführlich diskutiert.

Der *sprachorientierte Ansatz* baut auf den Methoden und Konzepten einer speziellen Programmiersprache auf und integriert sprachenabhängige Werkzeuge im wesentlichen für die Implementierungsphase. Entsprechend den in der Programmiersprache vorhandenen Konzepten werden gewisse Tätigkeiten der Spezifikations- und Integrations-/Testphase durch sprachabhängige Werkzeuge mit unterstützt.

Als Vorteile für einen solchen Ansatz ist zu nennen:

- Die benötigten Werkzeuge sind optimal an die zur Verfügung stehenden Sprachmittel angepaßt.

- Die Werkzeuge sind aufeinander abgestimmt, ermöglichen damit eine einheitliche methodische Vorgehensweise und reduzieren Funktionsredundanzen.

- Der Lernaufwand beschränkt sich weitgehend auf das Erlernen der Programmiersprache und der unterstützenden Werkzeuge, da eine methodisch homogene Umgebung angeboten wird.

Der sprachorientierte Ansatz wird im Kapitel 3 vorgestellt.

Analog zu dem sprachorientierten Ansatz, bei dem eine Programmiersprache Ausgangspunkt für eine Softwarentwicklungsumgebung ist, wird beim *methodenorientierten Ansatz* eine Methode durch methodenspezifische und aufeinander abgestimmte Werkzeuge unterstützt. Ein solcher Ansatz deckt im allgemeinen mehrere Phasen des Entwicklungsprozesses ab, ist also phasenübergreifend.

Der methodenorientierte Ansatz wird als Spezialfall des allgemein gültigen Ansatzes angesehen und wird im Kapitel 2 mit behandelt.

Im Rahmen des Tutorials werden neben dem allgemein gültigen Ansatz der sprachorientierte Ansatz, die Konzepte neuer höherer Programmiersprachen und deren Implementierung detaillierter vorgestellt.

Ausgeklammert werden Methoden und Werkzeuge für die Planungs-, Requirement- und Einsatzphase. Der Grund dafür ist darin zu sehen, daß es für diese Phasen (noch) keine ausgereiften Techniken und Methoden gibt. Vielmehr ist die Unterstützung dieser Phasen ein Ziel aktueller Forschungsaktivitäten.

Gründe für unsere Betrachtungsweise

Bedingt durch die bis dahin unbefriedigende Situation auf methodischem Sektor haben sich in den letzten zehn Jahren eine Vielzahl neuer Methoden, Verfahren und Techniken zur Unterstützung des Softwareentwicklungsprozesses etabliert. Unter Verwendung von allgemein anerkannten Grundtechniken (z.B. top-down-Entwurf, schrittweise Verfeinerung, Abstraktion) haben sich unterschiedliche Denkschulen gebildet, die entweder mehr funktionsorientierte Vorgehensweisen unterstützen, oder sich mehr an Datenflüssen oder an Datenstrukturen orientieren. Viele der heute propagierten Methoden sind nur als Denkschemata, informelles Regelwerk oder gar nur als Sammlung von Ratschlägen ausgeprägt. Die Darstellung dieser Methoden folgt keinen klaren Formgesetzen. Wie in der Diskussion der Technologielandschaft gezeigt, lassen sich aber nur formale Beschreibungen exakt nachprüfen bzw. auch durch Werkzeuge unterstützen.

Es bietet sich deshalb die Einbettung von methodischen Konzepten in formale Sprachen an. Programmiersprachen sind solche Sprachen, die festen Formgesetzen folgen und deren korrekte Verwendung mittels eines Compilers abprüfbar wird. Durch das Einbringen methodischer Konzepte wird neben der lexikalischen und syntaktischen Analyse die semantische Überprüfung des Programmtextes zur wesentlichen Phase in Compilern. Neue Compilerkonzepte verlagern zunehmend die lexikalische und syntaktische Analyse in die Editierphase und konzentrieren sich auf die semantische Programmanalyse und Optimierungen. Darüberhinaus stellen neue Compiler ihre Analyseergebnisse für andere Werkzeuge aus der Programmierumgebung (z.B. in Form der attributierten abstrakten Syntax) bereit.

Modellierung

Programmierumgebungen können im wesentlichen unter vier verschiedenen Perspektiven betrachtet werden:

(1)   *aus Technologiesicht:*
Der Softwareentwicklungsprozeß ist ein kontinuierlicher Pfad durch die Technologielandschaft. Die Werkzeuge sind durch ihre Koordinaten in dem dreidimensionalen Schema gekennzeichnet.

(2)   *aus der Sicht der Phasenorganisation:*
Der Softwareentwicklungsprozeß als zeitliche Abfolge von Phasen mit spezifischen Tätigkeiten und Zielen. Die Entwicklungsumgebung stellt für die Phasen und die Phasenübergänge Methoden und Werkzeuge bereit.

(3)   *aus der Sicht ihres strukturellen Aufbaus:*
Entwicklungsumgebungen haben als oberste Schicht eine Bedienoberfläche als Schnittstelle zum Benutzer. Darunter angesiedelt sind die spezifischen Werkzeuge und eine Sammlung allgemeiner Dienste. Unter den Werkzeugen liegt die Informationsbasis, in der alle projektspezifischen Dokumente abgelegt sind. Diese drei Ebenen sind eingebettet in eine Systemumgebung.

(4)   *aus der Sicht ihrer Systemeinbettung und physikalischen Ausprägung:*
Das Intervall der Betrachtung reicht von zentral organisierten bis hin zu rein dezentral organisierten Ausprägungen. Im ersten Fall sind alle Komponenten der Entwicklungsumgebung in einem zentralen (Groß-)Rechner, im letzteren Fall sind die Komponenten so organisiert, daß jedem Entwickler in seinem (lokalen) Arbeitsplatzrechner die für ihn relevanten Werkzeuge und Informationen zur Verfügung stehen. Die Kommunikation zwischen den Entwicklern wird durch Dienste auf der Grundlage lokaler Netze ermöglicht.

Während (1) im vorliegenden Kapitel genauer dargestellt worden ist, werden die drei übrigen Betrachtungsweisen in den folgenden Kapiteln ausführlich diskutiert.

Literaturverzeichnis

1.1 anonym: CCITT High Level Language (CHILL), Recommendation Z.200, The International Telegraph and Telephone Consultative Committee (CCITT), 1980

1.2 anonym: Qualitätsmerkmale für Software - Begriffe und Definitioen, Siemens-Norm SN 77350, 1983

1.3 anonym: Reference Manual for the Ada Programming Language (ANSI/MIL-STD 1815 A), US Government, AJPO, 1983

1.4 H. Balzert: Die Entwicklung von Software Systemen - Prinzipien, Sprachen, Werkzeuge, BI Wissenschaftsverlag, 1982

1.5 L.A. Belady: Complexity of large systems, in: Perlis et al., Software Metrics, The MIT Press, 1981

1.6 B. Blum: The life cycle - A debate over alternate models, ACM Software Engineering Notes 7 (4), 1982, S.18-20

1.7 B. Boehm: Software Engineering, IEEE Transactions on Computers C-25 (12), 1976, S.1226-1240

1.8 F. DeRemer, H. Kron: Programming-in-the-small versus programming-in-the-large, Proc. Int. Conference on Reliable Software, IEEE Computer Society, 1975, S.114-121

1.9 G.R. Gladden: Stop the life cycle, I want to get off, ACM Software Engineering Notes 7 (2), 1982, S.35-39

1.10 W. Hesse: Methoden und Werkzeuge zur Software-Entwicklung - Ein Marsch durch die Technologie-Landschaft, Informatik Spektrum 4, 1981, S.229-245

1.11 R.C. Linger, H.D. Mills, B.I. Watt: Structured Programming - Theory and Practice, Addisson-Wesley, 1979, S.179

1.12 D.D. McCracken, M.A. Jackson: Life cycle concepts considered harmful, ACM Software Engineering Notes 7 (2), 1982, S.29-32

1.13 J.C.D. Nissen: Guidelines for the portability of Ada programs, Ada-Europe WG Standardisation, Ada-Europe Doc. No. Portability/6/Issue 3, 1981

2   Softwareentwicklungsumgebungen

Christine Stobbe

2.1   Einleitung

Im vorigen Abschnitt wurden alle Probleme aufgezeigt, die bei der Entwicklung großer Systeme entstehen, und Anforderungen an die Werkzeuge genannt, die bei der Lösung dieser Probleme helfen sollen.

Der Inhalt dieses Kapitels sind nun Werkzeuge, die alle, die am Software-produktionsprozeß beteiligt sind - Programmierer und Manager -, bei der Bewältigung ihrer Probleme unterstützen sollen.

Diese Werkzeuge werden als Softwareentwicklungsumgebungen oder Software-Engineering-Umgebungen bezeichnet.

Zunächst etwas zum Begriff "Umgebung". Nach W. Riddle [2.1] ist eine Umgebung eine Umwelt, in der eine bestimmte Aufgabe gelöst wird. Bei dieser Lösung wird nach einer vorgegebenen Methode vorgegangen und es gibt Werkzeuge zur Unterstützung.

Für diese Werkzeuge gilt:

- Sie können auf die Aufgabe zugeschnitten sein, die zu lösen ist.

- Sie können allgemeingültig sein.

- Sie können in Lauf der Zeit durch bessere Werkzeuge ausgewechselt werden.

- Sie sind abhängig von der Art des Produkts, das erstellt wird, und vom verwendeten Material.

Eine Umgebung ist damit die Summe aller Einflüsse, die auf die Erstellung eines Produktes einwirken. Eine Softwareentwicklungsumgebung ist dann die Umwelt mit allen ihren Einflüssen, in der Software entwickelt wird oder gleichbedeutend:

Ein System, mit dem Software produziert werden kann.

In diesem Kapitel wird folgendes behandelt:

- Orientiert am Phasenmodell Werkzeuge innerhalb von Softwareentwicklungsumgebungen

- Anforderungen an die Gestaltung von Softwareentwicklungsumgebungen

- Probleme mit heutigen Softwareentwicklungsumgebungen

- Beispiele für von SW-Entwicklungsumgebungen

2.2 Methoden und Werkzeuge innerhalb von Softwareentwicklungsumgebungen

Basierend auf eingeführten Methoden wie Strukturierung, Abstraktion und Hierarchisierung wurden verschiedene Philosophien entwickelt, wie Systeme zu entwerfen und zu realisieren sind.

Das Ergebnis ist folgendes: Es gibt keine allgemeingültigen Methoden und Werkzeuge. Die Wahl der richtigen Methode und des richtigen Werkzeugs hängt vielmehr ab von:

- Der gestellten Aufgabe.

- Der Umgebung, in der die Aufgabe gelöst werden soll.

- Den Mitarbeitern, die mit der Lösung dieser Aufgabe betraut sind. Maßgeblichen Einfluß auf die Wahl der Mittel üben der Ausbildungsstand und der Vertrautheitsgrad der Mitarbeiter mit bestimmten Methoden aus. Der Einsatz einer Methode, die dem Anwender vertraut ist, ist oft wirkungsvoller als der Einsatz einer besseren Methode, die dem Anwender nicht vertraut ist. Bei der Wahl der Methoden, die verwendet werden können, ist stets der Methode der Vorzug zu geben, die einen möglichst hohen Abstraktionsgrad enthält.

Man kann mit verschiedenen Programmierern über unterschiedliche Entwurfsmethoden diskutieren und wird jedesmal einen Anwendungsfall kennenlernen, für
den die entsprechende Methode die einzig geeignete war.

Im Folgenden wird geschildert, welche Aufgaben in den einzelnen Phasen zu
erledigen sind und welche Methoden und Werkzeuge dazu zur Verfügung stehen
sollten.

Planungsphase

Diese Phase wird oft von Personen durchgeführt, die nicht unmittelbar an der
Softwareerstellung beteiligt sind. In ihr wird der Bedarf für ein Softwareprodukt
ermittelt und ein möglicher Funktionsumfang festgelegt. Diese Phase wird auch
als Anstoßphase bezeichnet. Sie ist hier nur der Vollständigkeit halber aufgeführt
und wird in diesem Umfeld nicht weiter betrachtet.

Requirementphase

In dieser Phase werden die Anforderungen an das System ermittelt, analysiert und
festgeschrieben. Diese Tätigkeiten werden auch als Requirement-Engineering
bezeichnet.

Das Ergebnis ist ein vollständiges Anforderungsdokument, das als Grundlage für
den Vertrag mit dem Auftraggeber dient. In vielen Softwareprojekten endet hier
die Kommunikation mit dem Auftraggeber.

Diese Phase der Softwareerstellung ist heute noch mit vielen Problemen behaftet:

- Es fehlen effiziente Methoden und Werkzeuge.

- Die meisten Anforderungen sind zu Beginn dieser Phase noch nicht konkret.

- Die Kommunikation zwischen Auftraggeber und Programmierern ist
  unzureichend. Auf Grund fehlender formaler Beschreibungsmittel werden
  die Anforderungen informal beschrieben, wobei Auftraggeber und Programmierer unterschiedliche Sprachen sprechen.

- Die Anforderungen können wegen der fehlenden formalen Beschreibungsmittel nicht auf Widerspruchsfreiheit geprüft werden.

Fehler und mißverständliche Formulierungen in dieser Phase sind deshalb eine
der größten Fehlerquellen bei der heutigen SW-Produktion.

Es werden Sprachen benötigt, die speziell für die Beschreibung von Systemanforderungen geeignet ist und die die folgenden Eigenschaften haben:

- Leichte Erlernbarkeit

- Leichte Anwendbarkeit

- Verwandschaft des Sprachvorrats mit dem Gebiet, das beschrieben werden
  soll.

- Formalität, die durch den Rechner geprüft werden kann.

- Unterstützung der schrittweisen Definition der Requirements, da zu einem
  Zeitpunkt nicht alle Anforderungen vollständig vorliegen.

- Konzeptionelle Erweiterbarkeit.

Mit Verbreitung der Arbeitsplatzrechner und der Bildschirme mit interaktiver
Grafik gewinnen hier formale Beschreibungsmittel, die durch Grafik unterstützt
werden, immer mehr an Bedeutung.

Im Forschungsbereich der Universitäten und der Softwarehersteller gibt es zur
Zeit Aktivitäten, die sich mit der Erstellung von formalen Beschreibungs-
methoden befassen.

Grundsätzlich sollten in dieser Phase folgende Werkzeuge zur Verfügung stehen:

- Analysewerkzeuge, die die Widerspruchsfreiheit des beschriebenen Systems
  prüfen.

- Geeignete Editoren für die formalisierten Beschreibungsmittel

- Checklisten für die Vollständigkeit eines Systems

Folgende Anforderungssprachen sind heute schon verbreitet im Einsatz:

SADT,
PSL,
RSL.

Spezifikationsphase

In dieser Phase werden die Anforderungen, die in der Requirementphase festgeschrieben wurden, in einen softwaretechnischen Entwurf umgesetzt mit dem Ziel, die Architektur des Systems mit allen intermodularen Schnittstellen vollständig zu beschreiben.

Dabei sind folgende Tätigkeiten durchzuführen [2.2]:

- Aufteilung des Systems in Teilsysteme

- Strukturierung des Systems durch Anordnung der Systemteile in Hierarchien

- Festlegen der Kommunikationsvorschriften zwischen den einzelnen Systemteilen

- Beschreiben des Funktions- und Leistungsumfangs sowie des Verhaltens der Systemteile

- Festlegen der Teststrategie

Die Qualität des Entwurfs beeinflußt die Qualität des zu erstellenden Systems entscheidend. Ein guter Entwurf verringert die Aufwände, die in den nachfolgenden Projektphasen, besonders in der Wartungsphase, zu erbringen sind.

Es gibt die unterschiedlichsten Vorgehensweisen nach denen der Entwurf getätigt werden kann. Die Wahl ist abhängig von der Art des Problems und der Programmiersprache, die für die Implementierung verwendet werden soll. Es führt aus dem Rahmen dieses Beitrag hinaus, alle Entwurfstechniken im Detail zu schildern. Eine umfassende Zusammenfassung findet man in [2.2]. Es sollen hier nur einige Prinzipien und Methoden aufgeführt werden.

Beim Programmentwurf kann man u. a. nach folgenden Prinzipien vorgehen:

- Spezifikation nach Parnas [2.3]

- Algebraische Spezifikation.[2.4]

- Prinzip der Abstraktion sowohl funktional als auch datenbezogen mit dem Geheimnisprinzip als zugrundeliegende Maßnahme [2.6]

- Prinzip der Modularisierung

- Prinzip der funktionalen und informalen Bindung

- Prinzip der schmalen Datenkoppelung.[2.7]

- Prinzip der vollständigen Schnittstellenspezifikation [2.3]

Grundsätzlich gilt: Je formaler der Entwurf ist, desto wirkungsvoller kann seine Widerspruchsfreiheit und Korrektheit überprüft und verifiziert werden.

Für die meisten der aufgeführten Prinzipien gibt es formale Sprachen, in denen die Ergebnisse formuliert werden. Diese Sprachen können auf unterschiedliche Weise entwickelt werden [2.2]:

- Neue Programmiersprachen mit zusätzlichen Sprachkonzepten, die den Programmentwurf unterstützen. Beispiele sind EUCLID und ADA.

- Eigenständige Entwurfssprachen, die es ermöglichen, Programmentwürfe zu beschreiben. Beispiele sind MIL [2.8] und PLASMA/D der Firma Triumph Adler.

- Formale oder semiformale Spezifikationssprachen zur Beschreibung von Schnittstellen zwischen Moduln und des Verhaltens von Moduln. Beispiele sind SPEZI und SPEZIAL.

- Erweiterung von vorhandenen Programmiersprachen. Hier muß eine Pseudo-Ebene über die Sprachen gelegt werden, die Anweisungen für den Entwurf enthält. Diese Anweisungen müssen dann durch einen Precompiler in Konstrukte der zugrundeliegenden Programmiersprache umgewandelt werden. Ein Beispiel ist das System COLUMBUS der Siemens AG für die Sprachen COBOL und Assembler.

Entwurfsmethoden sind heute erst in Ansätzen vorhanden. Folgende Vorgehensweisen haben sich bereits bewährt: Bottom up oder Top down.

Dabei kann man sich an den Daten orientieren, die verarbeitet werden sollen, oder an den Funktionen, die ausgeführt werden sollen. Man spricht dann von datenorientiertem oder funktionsorientiertem Entwurf.

Wenn es auch viele Prinzipien gibt, nach denen der Entwurf vorgenommen werden kann, so darf doch nicht vergessen werden, daß der Entwurfsprozeß ein kreativer Prozeß ist, der durch diese Prinzipien zwar in gewisse Bahnen gelenkt werden kann, dessen Schwierigkeit jedoch in keinem Fall unterschätzt werden darf.

Implementierungs- und Integrationsphase

In dieser Phase werden die einzelnen Teile des Systems, die Moduln, unter Berücksichtigung der Schnittstellen, die in der Vorphase festgelegt wurden, spezifiziert, codiert und validiert und nach und nach zu einem Gesamtsystem montiert.

Je nach vorliegendem Problem, dem Vorgehen beim Entwurf, Vorgaben durch die Umwelt wird man eine geeignete Implementierungssprache verwenden.

Für die Implementierungsphase gibt es sprachabhangig Werkzeugsysteme, die diese Phase effizient unterstützen, die Programmierumgebungen. Diese sind Inhalt des folgenden Kapitels und werden hier nicht weiter beschrieben.

Werden innerhalb eines Projektes mehrere Programmiersprachen verwendet, was bei größeren Projekten die Regel ist, so kann eine Softwareentwicklungsumgebung mehrere solcher Programmierumgebungen enthalten.

Nachdem die Moduln montiert sind, folgt der Systemtest, in dem geprüft wird, ob das System die geforderten Eigenschaften erfüllt.

Hierzu wird zunächst in einem statischen Test geprüft, ob für alle Module die festgelegten Schnittstellenvorschriften und andere Konventionen, die festgelegt wurden, eingehalten wurden. Dieses wird bei Verwendung einer Programmiersprache, die die getrennte Übersetzung unterstützt, bereits durch den Compiler erfolgt sein. Verwendet man jedoch innerhalb eines Softwaresystems Sprachen, die diese Möglichkeit nicht bieten oder unterschiedliche Sprachen, so muß hier zusätzlich ein Werkzeug zur Verfügung stehen, das diese Prüfung vornimmt. Näheres dazu siehe Abschnitt 2.4, in dem eine Freigabeprozedur als Serviceleistung der zentralen Datenbasis beschrieben wird.

Sind die statischen Prüfungen durchgeführt, so folgen der funktionale Test und der Effizienztest, in denen geprüft wird, ob das System alle geforderten Funktionen ordungsgemäß ausführt und ob sein Zeit- und Verbrauchsverhalten den Anforderungen entspricht, die in der Requirementphase festgeschrieben wurden.

Stellt sich heraus, daß das Verhalten des Systems vom geforderten Verhalten abweicht, so folgen Diagnosetests zur Ermittelung und Lokalisierung der Mängel und der Mängelursachen.

Grundsätzlich ist zum Test zu sagen: Tests sind Bestandteile des Systemgestaltungsprozesses und müssen dementsprechend eingeplant werden. Dabei sind Teststrategien so festzulegen, daß Tests jederzeit reproduzierbar, und (maschinell) überprüfbar sind. Dazu müssen die Testergebnisse für Wiederholungstests archiviert werden können.

Es werden heute vielerorts Testwerkzeuge entwickelt, die den Test vorantreiben und oben geforderte Funktionen haben.

2.3   Anforderungen an Softwareentwicklungsumgebungen

Im vorangegangenen Abschnitt wurden Beispiele für Methoden und Werkzeuge aufgezählt, die den Softwareersteller unterstützen.

Es liegt nun die Vermutung nahe, daß eine Entwicklungsumgebung folgendermaßen beschrieben werden kann:

- Eine Zusammenstellung von Methoden und Werkzeugen aus einem gemeinsamen Pool, die folgendem gerecht wird:

  ° Den Gewohnheiten der Programmierer.
  ° Der Umgebung, in der gearbeitet wird.

Viele dieser Werkzeuge sind bereits Bestandteile des Dienstprogrammangebots eines jeden Betriebssystems, so daß die Vermutung naheliegt: Programmierumgebungen sind an sich nichts Neues. Sie sind nichts weiter als ein interaktives Betriebssystem, das bedarfsweise um einige Werkzeuge ergänzt wurde.

Bei der Verwendung einer solchen Werkzeugsammlung wird man sofort auf folgende Probleme stoßen:

- Die Mehrzahl der vorhandenen Betriebssysteme ist primär nicht zur Erstellung von Software vorgesehen.

- Bedingt durch die Historie der Systeme haben die einzelnen Werkzeuge verschiedene Autoren. Das hat zur Folge, daß die Bedienoberflächen in der Regel unterschiedliches Aussehen haben. Beispiele sind:

  ° Unterschiedliche Anweisungen für dieselbe Tätigkeit, z. B.:
    - Zur Beendigung eines Werkzeugs die Anweisungen STOP, HALT, END, TERMINATE.
    - Ein und dieselbe Anweisung für verschiedene Aktivitäten:
    - "D" kann bedeuten "Delete" oder "Display"

Die Folge ist, daß der Anwender nicht nur die Methode erlernen muß, die einem Werkzeug zugrunde liegt, sondern auch einen nicht unbeträchtlichen Aufwand investieren muß, um die Anwendung dieser Werkzeuge zu lernen.

- Die einzelnen Werkzeuge sind nicht aufeinander abgestimmt. Das bedeutet, daß weder gewährleistet ist, daß die Ausgangsdaten eines Werkzeugs vom Folgewerkzeug als Eingangsdaten akzeptiert werden, noch daß geprüft wird, ob die Daten korrekt sind.

- Jedes Werkzeug verwaltet die Daten, die es importiert und die es exportiert nach seiner eigenen Vorschrift. Es gibt keine Möglichkeit, den Fluß der Daten durch alle Werkzeuge, die verwendet werden, zu verfolgen.

- Die Werkzeuge zur Unterstützung des Projektmanagements sind nicht integriert, das bedeutet, daß sie keine Verbindung zu den Werkzeugen haben, die die technische Realisierung eines Produktes unterstützen.

- Es gibt keine Unterstützung für die Wartungs- und Weiterentwicklungsphase eines Produktes.

Für eine Softwareentwicklungsumgebung sollte jedoch gelten:

Eine Software-Entwicklungsumgebung ist ein integriertes System für alle, die am Software-Entwicklungsprozeß beteiligt sind, das sind Programmierer und Projektmangement, mit:

- geeigneten Methoden, unterstützt durch:

  ° Menschen, die Hilfs- und Kontrollfunktionen ausüben.
  ° Geeigneten Sprachen, mit denen das zu lösende Problem in den verschiedenen Stufen der Entwicklung beschrieben werden kann.
  ° Werkzeugen, die auf einem Rechner ablaufen.

2.4 Eigenschaften von Softwareentwicklungsumgebungen

Für das Folgende wird unter dem Begriff Softwareentwicklungsumgebung verstanden:

Eine Softwareentwicklungsumgebung ist ein integriertes System von rechnerunterstützten Werkzeugen, das die Softwareerstellung in allen Phasen unterstützt mit folgenden Eigenschaften:

1. Einheitlicher Dialogoberfläche
2. Konfigurierungsmöglichkeit der unterstützten Werkzeuge
3. Überwachungs- und Steuerfunktionen für die Werkzeuge
4. Zentraler Datenbasis mit Versions- und Konfigurationskontrolle und Freigabemechanismen

5. Funktionen zur Unterstützung des Managements
6. Zusatzfunktionen wie Help-Funktion, Mailboxsystem.

(Siehe Bild 6.5 "Toolintegration")

Einheitliche Dialogoberfläche

Alle Werkzeuge, die während des Softwareerstellungsprozesses verwendet
werden, laufen innerhalb einer gemeinsamen Dialogoberfläche ab, die für alle
Werkzeuge gleich ist. Das bedeutet, daß der Anwender nicht *mehrere* Partner hat,
die einzelnen Werkzeuge, sondern nur *einen* Partner, die Entwicklungsumgebung,
innerhalb der alle Werkzeuge ablaufen. Es ist also nur noch der Umgang mit
einem Werkzeug zu erlernen. Der Lernaufwand verringert sich folglich in
beträchtlichem Maße. Die Motivation, Werkzeuge anzuwenden, wird erhöht.

Bei der Erstellung von Entwicklungsumgebungen auf dem Rechner wird man
einen wesentlichen Aufwand für die Gestaltung dieser Dialogoberfläche erbringen. Die Gestalt hängt in vorrangig von folgenden Voraussetzungen ab:

- Der verfügbaren Hardware.
- Den Möglichkeiten, die das zugrundeliegende Betriebssystem bietet.
- Den Werkzeugen, die in das System integriert werden sollen.

Herkömmliche Entwicklungsumgebungen werden noch für alphanumerische
Terminals und die Programmentwicklung auf zentralen Rechnern entwickelt. Ein
Beispiel dafür ist das System "TOM" (siehe Abschnitt 2.7).

Mit Verbreitung der Arbeitsplatzrechner werden die Entwicklungsaktivitäten
vom zentralen Rechner immer mehr dezentralisiert, so daß die Entwicklungsumgebungen der Zukunft vorwiegend auf Arbeitsplatzrechnern ablaufen.

Die Verbreitung von hochauflösenden Bildschirmen wird wesentlichen Einfluß auf
die Gestaltung von Dialogoberflächen ausüben (siehe Kapitel 3).

Möglichkeiten, die beim Entwurf einer Dialogoberfläche berücksichtigt werden
müssen:

• Formatgesteuerte Eingabe mit übersichtlich gegliedertem Bildschirm. In allen Zuständen des Systems müssen gleichartige Informationen stets in gleichen Abschnitten des Bildschirms zu finden sein. Der Komfort, den eine Dialogoberfläche bietet, ist abhängig von den Möglichkeiten, die das Betriebssystem und die vorhandene Hardware bieten.

Zwei gegensätzliche Beispiele dafür sind das System TOM, das eine solche Oberfläche auf einem zeichenorientierten, alphanumerischen Bildschirm realisiert und die Oberflächen, wie sie im System Siemens EMS 5800 Document oder für den Rechner LISA von Apple realisiert wurden. Hier stehen jeweils Rasterschirme mit hoher Auflösung zur Verfügung (Siehe Kapitel 7).

• Der Vertrautheitsgrad des jeweiligen Anwenders mit dem System muß berücksichtigt werden. Der Dialog muß somit folgende Möglichkeiten bieten:

° Unterschiedliche Detaillierungsstufen angefangen bei umfangreichen Promptingmechanismen für den unerfahrenen Anwender bis hin zur Möglichkeit für den erfahrenen Anwender, vollständige Abläufe im voraus zu definieren (Prozedurkonzept).
° Abkürzungsmöglichkeiten für alle Eingaben
° Umbenennungsmöglichkeit von Anweisungen

Konfigurierungsmöglichkeit der unterstützten Werkzeuge

Wie schon vorher in diesem Abschnitt gesagt, gilt für Softwarewerkzeuge:

• Nicht alle sind allgemeingültig.

• Die meisten sind speziell. Die Möglichkeit, ob ein Werkzeug eingesetzt werden kann, hängt ab von:

° der Art des Projektes
° den Erfahrungen und Gewohnheiten der Programmierer
° den Hardwaregegebenheiten
° den verwendeten Programmiersprachen und Methoden
° den Vorgaben der Organisation und der Auftraggeber

Zusätzlich ist eine Menge von Werkzeugen nie vollständig. Abhängig von neuen Erkenntnissen und Erfordernissen wird die Menge der vorhandenen Werkzeuge stets anwachsen.

Eine Softwareentwicklungsumgebung muß dem Anwender die Möglichkeit bieten, sich aus der Menge der vorhandenen Werkzeuge den "Werkzeugkasten" zusammenzustellen, den er in der aktuellen Projektphase zur Lösung seiner speziellen Aufgabe benötigt.

Dieses wird in der Regel während eines Initialisierungsdialogs geschehen.

Überwachungs- und Steuerfunktionen

Innerhalb der Entwicklungsumgebung gibt es eine Vorschrift, wie die einzelnen Werkzeuge zusammenhängen. Das bedeutet:

In jeder Phase der Entwicklungsprozesses ist bekannt, welche Aktivitäten ausgeführt werden müssen und wie die vorgeschriebene Reihenfolge der einzelnen Werkzeuge ist. Möchte der Anwender ein Werkzeug verwenden, dessen Voraussetzungen für den Ablauf nicht erfüllt sind, so wird er auf die Werkzeuge hingewiesen, die zuerst ablaufen müssen, bevor die gewünschte Aktivität gestartet werden kann. Zwei Beispiele dazu:

- Man kann ein Programm nicht übersetzen, das voher nicht editiert wurde.

- Nach Änderung eines Programmtextes ohne erneuten Ablauf des Compilers ist der vorhandene Objektmodul nicht mehr aktuell. Es ist deshalb sinnvoll, vor einem Binderlauf den Anwender auf diese Tatsache hinzuweisen.

Werkzeuge, die in bestimmten Zuständen notwendigerweise ablaufen müssen, muß der Anwender nicht selbst aktivieren. Für diese Ablauffolgen können vom Anwender Standardvorgaben gemacht werden, die von der Entwicklungsumgebung verarbeitet werden.

Neben diesen Vernetzungsvorschriften sind zusätzlich auch die Ergebnisse bekannt, die nach Abauf des jeweiligen Werkzeugs vorliegen sollen. Ist der Lauf eines Werkzeugs abgeschlossen, so wird innerhalb der Programmierumgebung geprüft, ob das Ergebnis fehlerfrei vorliegt und gegebenenfalls regelnd eingegriffen, d.h. alle weiteren Werkzeuge können erst dann gestartet werden, wenn der Fehler behoben ist.

Zentrale Datenbasis

Softwareprodukte bestehen aus einer Vielzahl von Daten - im folgenden auch als Dokumente oder Objekte bezeichnet-, die während der verschiedenen Projektphasen erzeugt werden. Diese Dokumente werden in unserem Ansatz in verschiedenen Sprachen verfaßt, die den einzelnen Phasen und den einzelnen Problemen angepaßt sind.

Alle diese Daten, die während der gesamten Projektdauer anfallen, werden in einer zentralen Projektdatenbasis gesammelt. Sie ist das Kernstück einer jeden Programmierumgebung.

Innerhalb der Datenbasis existieren Bibliotheken. Eine Bibliothek wird auf logischer Ebene folgendermaßen definiert:

- Sie besteht aus Dokumenten der Datenbasis.

- Sie ist eine Menge von Dokumenten die alle dieselbe Eigenschaft haben. Beispiele sind:

    ° alle Module
    ° alles, was im Zusammenhang mit Verwendung der Sprache XYZ steht
    ° alle Programme von Programmierer Stobbe.

Bibliotheken können strukturiert sein, sie können aber auch nur eine Aneinanderreihung von Dokumenten sein, die auf Grund ihrer Eigenschaften ausgewählt wurden.

Mit dieser Definition kann man die Datenbasis auch als Projektbibliothek bezeichnen. Sie enthält alle Daten oder Dokumente, die bei der Erstellung eines SW-Projektes erzeugt werden.

Eine Datenbasis enthält zwei Arten von Elementen:

- Objekte, dieses sind:

° Alle Daten, die während der technischen Realisierung erzeugt werden, wie
  - Dokumentation (z.B. Entwurfsdokumente)
  - Primärprogramme
  - Module
  - Schnittstellenbeschreibungen
  - Bibliotheken der sprachspezifischen Programmierumgebungen (siehe Abschnitt 3)
  - Testdaten

° Alle Daten, die für die Projektabwicklung notwendig sind, wie z.B.:
  - Terminpläne
  - Netzpläne
  - Kostenpläne
  - Projektstrukturpläne
  - Daten über den Arbeitsstatus der einzelnen Komponenten

- Informationen über die einzelnen Objekte, sogenannte Metainformationen. Diese beinhalten Attribute zu den einzelnen Objekten sowie Beziehungen zwischen den einzelnen Objekten. Dieses sind z.B:

  ° Angaben über die Werkzeuge, mit denen ein Objekt bearbeitet wurde.
  ° Angaben über allgemein verfügbare Codestücke (Makros), die in einem Objekt verwendet werden.
  ° Fertigstellungsgrad der Objekte
  ° Verwendungsnachweise für Objekte z.B. für Moduln, Codestücke, Daten

Je nach Größe des Projekts kann eine Datenbasis von einem System von Dateien bis hin zu einer Datenbank variieren.

Zur Zeit werden an verschiedenen Stellen Untersuchungen gemacht bezüglich der Organisation einer solchen Datenbasis.

Folgende Anforderungen müssen dabei berücksichtigt werden:

- Datensicherheit

- Direkte Zugriffsmöglichkeit mit schnellen Zugriffspfaden

- Mehrfachbenutzbarkeit, d. h. Koordination der Zugriffe mehrer Benutzer gleichzeitig.

Das Konzept einer Datenbasis wurde erstmalig im Chief-Programmer-Team von Baker und Mills verfolgt. Hier gab es den Projektsekretär zwischen Rechner und technischem Team. Alle Daten, die während der Projekterstellung anfielen, gingen durch seine Hände. Bei ihm war das Wissen vorhanden, das zum Ablauf eines Projektes benötigt wird. Er war in unserem Sinne ein Teil der Datenbasis.

Das Chief-Programmer-Team kannte noch nicht die Möglichkeiten der Programm-erstellung im Dialog. Mit Verbreitung der Programmerstellung im interaktiven Betrieb können die Funktionen des Projektsekretärs in ein Werkzeug verlagert werden: die Datenbasis.

Im folgenden werden beispielhaft einige Dienste aufgezählt, die die Datenbasis zur Verfügung stellen soll.

- Verwaltung aller Daten, die während der Programmerstellung anfallen.

- Verwaltung von Versionen der einzelnen Elemente in der Datenbasis.

- Verwaltung von Konfigurationen der Systeme, die erstellt werden sollen, d.h. Unterstützung bei der Montage verschiedener Versionen und verschie-dener Ausprägungen von Systemen.

- Formale Freigabeprozeduren zur Unterstützung der Qualitätssicherung, die die fertiggestellten Teile eines Softwaresystems prüfen und in die Projektbibliothek übernehmen mit folgenden Funktionen:

  ° Formale Prüfungen auf Einhaltung von Konventionen wie Namenskon-ventionen, Programmierkonventionen, Konventionen für Dokumen-tationstexte.
  ° Prüfung auf Einhaltung von Kommunikationsvorschriften zwischen den einzelnen Moduln (Schnittstellen).

2.5   Beispiele für den Funktionsumfang
von Softwareentwicklungsumgebungen

Je nach Umfang des Projektes, das zu erstellen ist und abhängig von der Zahl der Mitarbeiter sollte eine Softwareentwicklungsumgebung einen gewissen Umfang an Werkzeugen vorsehen.

Die minimale Menge von Werkzeugen, die in einer Softwareentwicklungs-umgebung vorhanden sein soll, besteht aus :

- Sammlung von Werkzeugen, die die Implementierung in jeweils einer speziellen Sprache unterstützen, sogenannten Programmierumgebungen (siehe Kapitel 3)

- Binder zum Montieren der einzelnen Teile des Systems

- Dateiverwaltungssystem

- Lader zum Aktivieren des Gesamtsystems

Die geschilderten Werkzeuge sind in der Regel in jedem Betriebssystem - wenn auch nicht immer in ausreichender Qualität - vorhanden. und müssen nur noch zu einem Ganzen intergriert werden.

Die oben beschriebene Werkzeugmenge kann in einem ersten Schritt erweitert werden durch:

- Schnittstellenbeschreibungen zwischen Moduln verschiedener Sprachen

- Werkzeuge für die Versionsverwaltung von Moduln

- Regenerationsfunktionen bei Änderungen, z. B. bei Änderung von Code-stücken, die mehrfach verwendet werden, werden alle Module automatisch einer neuen Bearbeitung (Übersetzung) unterzogen, die von dieser Änderung betroffen sind.

- Konfigurationsmöglichkeit der Umgebung für den speziellen Einsatzfall.

- Prozedurkonzept für Kommandoprozeduren

- Voreinstellung von Defaultwerten

- Help-Funktionen

- Unterstützung der Arbeit im Team wie Electronic Mail, Planungs- und Managementfunktionen

- Datenbasis, in der die anfallenden Daten gesammelt und verwaltet werden.

In einer weiteren Ausbaustufe kann die Entwicklungsumgebung mit einer Datenbank mit diversen Verwaltungs-, Auskunfts- und Konstruktionsmethoden erweitert werden.

2.6 Probleme beim Einsatz und bei der Realisierung von Softwareentwicklungsumgebungen

Bei der Entscheidung, welche Methoden und Werkzeuge innerhalb von Softwareentwicklungsumgebungen eingesetzt werden sollen, treten folgende Probleme auf:

- Beurteilung und Wahl der Methoden, die eingesetzt werden sollen. Es gibt kein wertfreies Maß für die Beurteilung von Methoden und Werkzeugen.

  Das zentrale Problem für Programmierer und Systemanalytiker ist, daß es auch nicht möglich ist, alle diese Methoden innerhalb einer kurzen Zeit einzuführen, um dann in der Lage zu sein, ein eigenes Urteil abgeben zu können, das auf Erfahrungswerten basiert.

  Eine neue Technik muß in der Regel über eine längere Zeit in einem Projekt erprobt werden. Meistens ist der Erfolg erst nach Jahren sichtbar, wenn die Weiterentwicklungs- und Wartungskosten eines Produktes niedriger als erwartet sind.

  Es sollte daher versucht werden, Bewertungsmaßstäbe zu erstellen, die bei der Beurteilung der Methoden und Werkzeuge helfen.

- Probleme mit dem Phasenmodell und den zugeordneten Werkzeugen. Das Phasenmodell unterteilt den Softwareerstellungsprozeß in einzelne Teilprozesse, wobei folgendes gilt:

  Die Ergebnisse einer Phase sind die Eingangsdaten für die Folgephase. Für jede Phase gibt es nun spezielle Methoden und Werkzeuge, die das korrekte Erreichen des Phasenziels unterstützen sollen, z.B.

  - Sprachen zur Requirementdefinition
  - Design-Sprachen
  - Implementierungssprachen

  Jede Methode und jedes Werkzeug sind in der Phase effizient, für die sie bestimmt sind. Für die übrigen Phasen sind sie in der Regel ungeeignet. Die Umsetzung der Phasenergebnisse von einer Phase zur anderen liegt in der Hand des Anwenders.

  Hier liegen beim heutigen Stand der Kunst die Fehlerquellen, da es keine Werkzeuge gibt, die automatisch prüfen, ob die Ergebnisse der Vorphase, die als korrekt bezeichnet wurden und die eine bestimmte semantische Bedeutung haben, von der Folgephase als Eingangsdaten mit derselben Bedeutung behandelt werden.

  Innerhalb eines Phasenmodells gilt: Je näher man der Einsatzphase kommt, desto formaler werden die Dokumente, die erzeugt werden.

  Es stellt sich also die Forderung nach Werkzeugen, die in verschiedenen Formalisierungsgraden verwendet werden können und die beim Übergang von einer Formalisierungsstufe zur nächst formaleren prüfen, ob dieser Übergang konsistent ist.

- Wie in Abschnitt 2.4 beschrieben, besteht die Datenbasis einer Softwareentwicklungsumgebung aus Objekten und Informationen über diese Objekte. Es ist in der Regel heute sehr aufwendig, diese Informationen über die Objekte zu erhalten.

  Die Mehrzahl der Editoren und Compiler, die heute existieren, ermitteln zwar diese Metainformationen in großem Umfang, sind aber nicht dafür konzipiert, diese für weitere Verwendungen aufzubereiten. Anderseits sind sie auch nicht in der Lage, solche Informationen weiter zu verarbeiten.

Ein Beispiel ist die Schnittstellenprüfung bei getrennt übersetzten Programmteilen, die erst bei moderneren Programmiersprachen wie CHILL und Ada möglich ist.

Die Softwareentwicklungsumgebungen, die heute im Einsatz sind und die nicht nur auf eine spezielle Methode oder eine spezielle Sprache ausgerichtet sind, enthalten deshalb Analysewerkzeuge, die alle gewünschten Informationen in einem nachträglichen Lauf gewinnen.

Viele Probleme besonders in der Implementierungsphase und Wartungsphase treten dadurch auf, daß die Schnittstellen und Datenbeschreibungen im System nicht kompatibel sind.

Forderung für die Zukunft:

- Sprachen und Werkzeuge, die den Übergang zwischen den einzelnen Projektphasen so weit wie möglich vereinfachen.

- Werkzeuge, die die Umwelt des bearbeiteten Objektes berücksichtigen und die die Informationen über das bearbeitete Objekt zur Verfügung stellen, um seine Integration in eine Umwelt zu unterstützen.

2.7   Beispiele für Softwareentwicklungsumgebungen

2.7.1   TOM, ein Softwareentwicklungssystem der Siemens AG

TOM ist ein Software-Entwicklungssystem für Software, die im Betriebssystem BS2000 entwickelt wird, und ist ein Beispiel für eine Softwareentwicklungsumgebung, die einem allgemeingültigen Ansatz folgt. TOM wurde nach folgender Vorgehensweise entwickelt:

In einem vorhandenen Betriebssystem wird eine Menge von dort vorhandenen Werkzeugen innerhalb einer gemeinsamen Oberfläche integriert. Die Daten, die

die einzelnen Werkzeuge bearbeiten, werden in einer gemeinsamen Datenbasis gesammelt und verwaltet.

Das BS2000 ist ein interaktives Betriebssystem, in dem vielfältige Werkzeuge, vorhanden sind, die zur Programmerstellung benötigt werden. Es sind dieses Binder Lader, Compiler, Editoren, Texterstellungshilfen, Generatoren, Bibliotheksverwaltungsprogramme usw.

Für diese Werkzeuge gilt das, was weiter vorn in diesem Kapitel bereits gesagt wurde: Der Lernaufwand zum Beherrschen dieses Instrumentariums und damit die Wahrscheinlichkeit von Fehlern bei der Anwendung ist hoch. Der Grund dafür ist auch hier in der Historie zu suchen, denn ein Betriebssystem hat eine lange Lebensdauer. Der Funktionsumfang wächst von Version zu Version und damit auch die Zahl der vorhandenen Werkzeuge, die meist auch von unterschiedlichen Entwicklern stammen.

Will man nun solchermaßen vorhandene Werkzeuge integrieren, so hat man zwei Möglichkeiten:

1. Änderung der Werkzeuge

2. Integration der Werkzeuge in einem gemeinsamen Rahmen, der die Umzulänglichkeiten der einzelnen Werkzeuge und die Inkompatibilitäten zwischen den Werkzeugen ausgleicht

Aus Zeit und Kostengründen hat man sich bei der Erstellung von TOM für die Alternative 2 entschieden.

Durch TOM werden die Werkzeuge des Softwareengineerings und die Betriebssystemkomponenten zum Übersetzen, Binden und Testen in einem gemeinsamen Verbund zusammengefaßt.

Der Dialog zwischen dem Entwickler und den einzelnen Werkzeugen wird über TOM abgewickelt und kann von TOM überwacht und beeinflußt werden. Das bedeutet im einzelnen:

- Einige Werkzeuge des Betriebssystems treten dem Anwender gegenüber überhaupt nicht mehr in Erscheinung und werden von TOM implizit

aufgerufen, z.B. Eintragen des Übersetzungsergebnisses in eine Modul-
bibliothek.

- Der Dialog wird für alle Werkzeuge innerhalb von TOM weitestgehend
  vereinheitlicht.

- Alle anfallenden Daten werden in einer gemeinsamen Datenbasis
  gesammelt und dort verwaltet.

  Zum Ablaufzeitpunkt werden sie den einzelnen Werkzeugen in der
  gewünschten Form zur Verfügung gestellt.

Funktionen von TOM

1. Konfigurationsmöglichkeit von Werkzeugen

In einem Initialisierungsdialog, der einmal vor dem ersten Arbeiten mit TOM
durchlaufen wird, wählt sich der Anwender aus der Menge von Werkzeugen
diejenigen aus, die in seiner speziellen Entwicklungsumgebung enthalten sein
sollen.

2. Dialog

TOM bietet sich dem Benutzer in drei Schichten dar. Die äußerste Schicht ist die
Schnittstelle zum Benutzer, die Dialogoberfläche.

Für die Gestaltung des Dialogs von TOM galt die Voraussetzung, daß er auf den
Dialoggeräten ablauffähig muß, die bei der Mehrzahl der BS2000-Anwender im
Einsatz ist. Dieses sind alphanumerische Terminals, die von den Hardwaregegebenheiten her der Dialoggestaltung bereits gewisse Beschränkungen auf-
erlegen.

Der TOM-Dialog ist formatgesteuert, wobei das Format so aufgeteilt ist, so daß in
allen Zuständen des Systems gleichartige Ausgaben und Eingaben stets an derselben Stelle erscheinen bzw zu tätigen sind.

Der Anwender bekommt am Dialoggerät eine Auswahl aller möglichen Eingaben angeboten, die im jeweiligen Zustand des Systems zulässig sind. Er markiert die gewünschten Funktionen und Parameter entsprechend seinem Vertrautheitsgrad mit dem System. Reichen die angegebenen Informationen nicht aus, so werden diese in Folgedialogschritten von TOM erfragt.

3. Werkzeugsystem innerhalb von TOM

Die zweite Schicht innerhalb von TOM ist das Werkzeugsystem, ein Werkzeugkasten, der die für die Softwareentwicklung benötigten Werkzeuge enthält. Diese Werkzeuge können einzelnen oder in automatisierten Folgen aktiviert werden.

4. Bibliothek

Die dritte Schicht innerhalb von TOM ist die Bibliothek. Diese Bibliothek ist ein logischer Begriff und darf nicht mit dem Bibliotheksbegriff des zugrundeliegenden Betriebssystems verwechselt werden.

In dieser Bibliothek werden alle Daten, die bei der Arbeit mit TOM erzeugt werden oder die für die Arbeit mit TOM benötigt werden, gesammelt. Sie enthält unter anderem alle Quellprogramme, Dokumentationstexte, Bindeprozeduren und zusätzlich Informationen über jeweiligen Arbeitsstand der entsprechenden Programme und über die speziellen Standardvorgaben des Anwenders.

Zur Pflege dieser Bibliothek bietet TOM Funktionen, die das Kopieren, Umbennenen, Löschen, Aufnehmen und Drucken von Bibliothekselementen zu ermöglichen.

Nachteile der geschilderten Vorgehensweise

- Der Integrationsaufwand ist für einige Werkzeuge sehr hoch.

- Ein vollständige Glättung der Dialogoberfläche für alle Werkzeuge ist nicht möglich. Ein Beispiel dafür sind die Steueranweisungen für die einzelnen Compiler. In diesem Fall bietet TOM dem Anwender alle für den jeweiligen

Compiler möglichen Steueranweisungen im Menue zur Auswahl an. Die Texte in den einzelnen Menues spiegeln jedoch noch sehr die Syntax des entsprechenden Compilers wider.

- Da die einzelnen Werkzeuge zur Zeit noch nicht in der Lage sind auf die zentrale Datenbasis von TOM zuzugreifen, ist ein erheblicher Aufwand an Rechnerleistung notwendig, um den einzelnen Werkzeugen die gewünschten Daten in der richtigen Form zur Verfügung zu stellen.

- Die meisten Werkzeuge sind nicht für einen Ablauf unter der Steuerung eines anderen Programms geeignet und sehen deshalb keine Möglichkeiten vor, Informationen über Ablaufergebnisse z.B. Übersetzungsfehler zur Weiterverarbeitung abzulegen. Der Aufwand, diese Informationen nachträglich zu finden, ist sehr hoch.

Vorteile der geschilderten Vorgehensweise

- Vorhandene Werkzeuge, die beim Anwender eingeführt sind, können genutzt werden.

- Unter der gemeinsamen Benutzeroberfläche können die vorhandenen Werkzeuge nach und nach durch bessere Versionen ersetzt werden, ohne daß der Anwender davon betroffen ist.

2.7.2   UNIX, ein Betriebssystem der Bell Laboratories

Unix ist ein Timesharing-Betriebssystem, das 1969 bei Bell Labs speziell für die Erstellung von Software entwickelt wurde, und zwar nicht auf der Basis eines vollständigen externen Anforderungskataloges, sondern aus der Erfahrung heraus, die bei der Entwicklung von Softewareprojekten gemacht wurde.

UNIX erfreut sich heute großer Beliebtheit und ist inzwischen in unterschiedlichen Ausbaustufen und Versionen weltweit verbreitet.

Die Grundlage bei der Konzeption von UNIX als Betriebssystem, das die Funktion eines Softwareentwicklungssystems erfüllt, war die Idee, nicht ein großes, zusammenhängendes Werkzeug zu schaffen, das den Anwender zwingt, die Methoden und Werkzeuge, die in diesem System vorhanden sind, zu verwenden, sondern ihm die Möglichkeit zu geben, sich aus vielen kleinen Einheiten, die jeweils eine Funktion effektiv ausführen, seine Entwicklungsumgebung selbst zusammenzustellen. Diese Einheiten können bereits in einem Pool vorhanden sein, der allgemein verfügbar ist; sie können aber auch. "private" Werkzeuge des jeweiligen Anwenders sein.

Dieses Zusammenstellen von "Bausteinprogrammen" zu einem Gesamtsystem sollte durch das Betriebssystem effektiv unterstützt werden und ohne zusätzlichen Aufwand wie Anpassung von Schnittstellen vonstatten gehen können.

In UNIX wurde diese Aufgabe folgendermaßen gelöst:

- Flexible Kommandosprache: Der Kommandointerpreter (shell) ist kein privilegiertes Dienstprogramm oder fester Bestandteil des Betriebssystems. Jeder Anwender hat vielmehr die Möglichkeit, sich seinen eigenen Interpreter zu schreiben und zu benutzen, der die Betriebssystemkommandos so ausführt, wie es das Problem oder die Gewohnheit des Anwenders erfordern.

- Der Dateibegriff wurde in UNIX so verallgemeinert, daß die Kombination beliebiger Werkzeuge möglich ist. Dateien innerhalb von UNIX sind eine Folge von Zeichen. Es gibt keine Dateitypen und keine interne Struktur. So können Daten, die von einem Werkzeug erzeugt werden, ohne weitere Konvertierung von jedem anderen Werkzeug innerhalb von UNIX verarbeitet werden.

- Das Format der Ein- Ausgabedaten innerhalb von UNIX ist standardisiert. Es muß innerhalb eines Programms nicht zwischen den einzelnen Gerätetypen unterschieden werden, die für die Ein-Ausgabe verwendet werden sollen. Ein-Ausgabe-Anweisungen bearbeiten stets Files gleichen Formats, denen fallweise Terminal, Drucker oder externer Datenspeicher zugeordnet werden.

- Die Kommunkation zwischen den einzelnen Prozessen, wird vom Betriebssystem effizient durch sogenannte Pipes unterstützt. Eine Pipe ist eine Verbindung zwischen zwei Prozessen, die von einem gemeinsamen Vaterprozeß - in der Regel ist dieses der Kommandointerpreter des Betriebssystems - generiert wurden, wobei die Ausgabe des einen Prozesses über die Pipe direkt als Eingabe für den zweiten Prozeß zur Verfügung steht.

Das Betriebssystem übernimmt die Pufferung, und alle weiteren Kontrollen, die für diese "Produzenten-Verbraucher-Beziehung" gegebenenfalls notwendig sind.

Die standardisierte Ein- Ausgabe-Schnittstelle und der Pipe-Mechanismus sind grundlegend für die Kombination von Werkzeugen.

Ein Beispiel:

Ein Textformatierer gibt in der Regel seine Ausgabe auf das Terminal oder den Drucker aus. Mittels einer Pipe kann diese Ausgabe leicht als Eingabe für ein Filterprogramm verwendet werden, das den formatierten Text mit Zeichen ergänzt, die von einem bestimmten Spezialdrucker verarbeitet werden. Das Filterprogramm gibt den Text dann über die Pipe an einen Spoolprozeß weiter, den den entsprechenden Drucker versorgt.

Das Textformatierprogramm kann also unabhängig von den speziellen Eigenschaften der Geräte geschrieben werden, auf die der Text einmal ausgegeben werden soll.

Programmers Workbench

UNIX war in der ersten Fassung speziell für kleine Gruppen entwickelt, die organisatorisch und lokal zusammenarbeiteten, so daß die Kommunikation zwischen den einzelnen Gruppenmitgliedern jederzeit gegeben war.

Für die Softwareentwicklung in größeren Gruppen und für die Programmentwicklung für andere Betriebssysteme und andere Rechner (Host-target - approach) bot UNIX zu wenig Unterstützung. So wurde Mitte 1973 der Grundstein für ein Werkzeugsystem innerhalb von UNIX gelegt, das die Basis für eine Softwareentwicklungsumgebung ist, die die Programmierung von umfangreichen Softwaresystemen für unterschiedliche Zielmaschinen unterstützt: Programmers Workbench.

Dieser Werkzeugkasten enthält unter anderem:

- Remote job entry, um die Verbindung zu den Rechnern herzustellen, für die die Software bestimmt ist, die mit dem UNIX-Entwicklungssystem erstellt wird.
- Ein effizientes Werkzeug zur Verwaltung von Sourcecode (SCCS) mit Versionsverwaltung und Unterstützung der Variantenbildung.
- Texteditoren und Dokumentationswerkzeuge.
- Werkzeugen zur Testunterstützung.

Programmers Worbench ist im Sinn von UNIX eine Sammlung von einzelnen Werkzeugen, die den Softwareersteller bei den Standardaufgaben, die bei der Realisierung großer Systeme auftreten, unterstützen. Es ist die Aufgabe des Anwenders, sich durch Kombination dieser Werkzeuge eine eigene Entwicklungsumgebung zusammenzustellen.

Vorteile des UNIX-Ansatzes

Leicht erweiterbarer offener Werkzeugverbund, der sich den Anforderungen des Anwenders entsprechend anpassen läßt.

Nachteile des UNIX-Ansatzes

Das Filesystem reicht für große Anwendungen nicht aus.

Der offene Werkzeugverbund unterstützt keine Steuer- und Regelmechanismen, wie sie in Abschnitt 2.4 beschrieben wurden.

2.7.3 PLASMA, ein SW-Entwicklungssystem der Firma Triumph Adler

PLASMA [2.2] ist eine SW-Entwicklungsumgebung, die

- den gesamten SW-life cycle unterstützt
- Tools für unterschiedliche Methoden und Programmiersprachen bereitstellt
- unterschiedliche Organisationsmodelle zuläßt.

PLASMA basiert auf einer Methodenbank, die projektspezifisch (aus einer allgemeinen Methodenbibliothek) eingerichtet wird. In dieser Projekt-Methodenbank liegen die projektspezifischen Werkzeuge zur SW-Erstellung. Ihre Reihenfolge und Kombination sind in einem Methodennetz (M-Netz) beschrieben.

Der Informationsaustausch zwischen den Werkzeugen ist im Datenkommunikationsnetz (D-Netz) festgelegt. Projektspezifische Restriktionen können im projektspezifischen Netz (P-Netz) eingerichtet werden (durch Auswahl einer Teilmenge des M-Netzes).

Für jede Phase stehen eine Reihe von Werkzeugen zur Verfügung, phasenübergreifend sind das Projektüberwachungssystem, das System zur Änderungskontrolle und das Versions- und Verwaltungssystem.

Außerdem können in diversen Archiven (z.B. Produktarchiv, Planungsarchiv, Qualitätssicherungsarchiv) Erfahrungen aus abgeschlossenen Projekten abgelegt und ausgewertet werden.

2.7.4 GANDALF, eine SW-Entwicklungsumgebung der Carnegie-Mellon University

Ein Beispiel, wie Softwareentwicklungsumgebungen in der Zukunft entwickelt werden, ist das Projekt GANDALF, das an der Carnegie-Mellon University bearbeitet wird.

In diesem Fall wurde zunächst eine Struktur konzipiert, in der alle Elemente innerhalb des Gandalf-Systems dargestellt werden. Dann wurden Werkzeuge erstellt, die auf dieser Struktur arbeiten.

Das Gandalf-System ist zur Zeit eine Implementierung einer ADA-Programmierumgebung (APSE). Das zugrundeliegende Konzept läßt aber eine Erweiterung auf andere Programmiersprachen denkbar erscheinen.

Näheres über dieses System ist im Kapitel 3 zu finden.

Literaturhinweise

2.1. Riddle, W.: ABuilders Guide to Software Engineering Environments
      IEEE National notes 1983
2.2. Balzert, H.: Die Entwicklung von Software-Systemen. Prinzipien, Methoden,
      Sprachen, Werkzeuge. BI Wissenschaftsverlag, Mannheim
2.3.   Parnas D.L.: A Technique for Software Module Specification with Examples
      CACM, Vol.15, No.5, May 1972, S. 330-336
2.4. Liskov B.H., Zilles S.: Programming with Abstract Data Types
      SIGPLAN Vol. 9, No. 4, 1974, S. 50-59
2.5. Parnas D.L.: Information Distribution Aspects of Design Methodology
      Information Processing 71, North -Holland, Amsterdam 1972 S. 339-344
2.6. Goos G., Kastens U.: Programming Languages and the Design of Modular
      Programms , in : Constructing Quality Software Proceedings of the IFIP-
      TC2 Conference, Novosibirsk 1977, North -Holland, Amsterdam 1978
2.7. Stevens W.P., Myers G.J., Constantine L.L.: Structured Design
      IBM SJ No. 2, 1974, S.115-139
2.8. De Remer F., Kron H.: Programming -in -the-large versus Programming-in-
      the-small Report University of California , Santa Cruz, September 1974

3 Programmierumgebungen

Dr. M. Sommer

3.1 Überblick

Dieser Abschnitt beschäftigt sich mit den Werkzeugen, die für die Erstellung von Software in der Phase Programmierung relevant sind. Mit diesen Werkzeugen wird ein Programm editiert, übersetzt oder getestet. *Fertige* Programme werden als neue Versionen freigegeben.

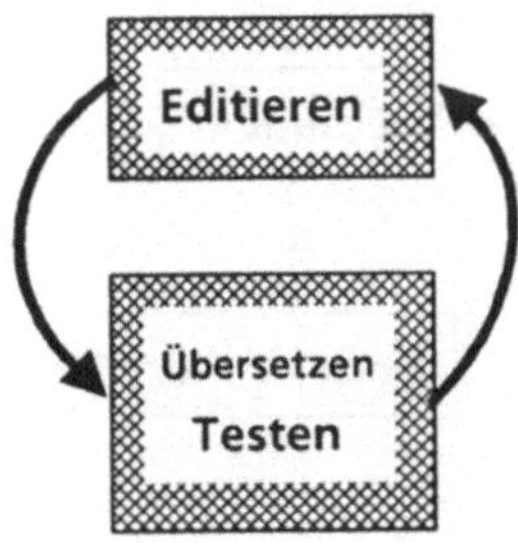

Ein Programm setzt sich aus verschiedenen Komponenten zusammen: Spezifikationen, Schnittstellenbeschreibungen, Moduln, Dokumentation etc. Aus den Schnittstellenbeschreibungen und den Moduln kann ein ablauffähiges Programm erstellt werden. Dazu müssen diese Komponenten von einem Übersetzer (Compiler) übersetzt werden. Die Programmkomponenten und die für die Übersetzung benötigten Informationen, die vom Übersetzer erzeugten Codefragmente und die für das Testen erforderlichen Tabellen befinden sich in einer Projektbibliothek, die auch für andere Phasen der Softwareerstellung relevante Informationen enthält.

Während der Softwareerstellung müssen konsistente *Arbeitsversionen* erstellt werden, mit deren Hilfe die neu erstellte - bzw. geänderte - Software getestet werden kann. Am Ende eines Entwicklungsabschnittes müssen *Produktversionen* erstellt werden evtl. für unterschiedliche Konfigurationen. Hierzu wird ein Werkzeug zur Erstellung *Freigabe* und Verwaltung von Versionen und Konfigurationen benötigt. Damit ergibt sich folgendes Bild:

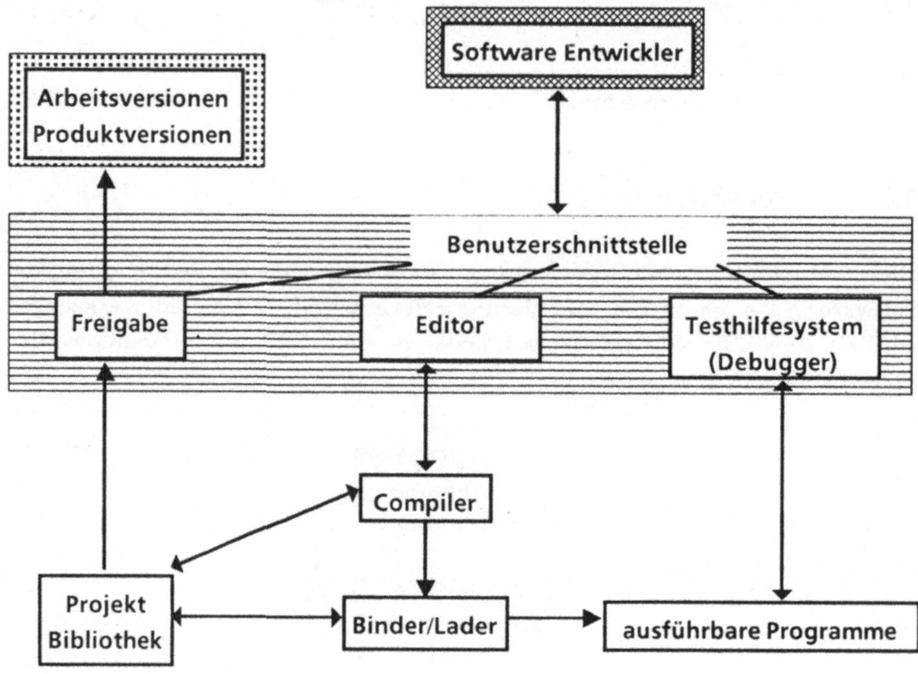

Die Werkzeuge können zu integrierten Programmiersystemen zusammengefaßt sein (APSE Ansatz) oder als kombinierbarer Werkzeugsatz zur Verfügung stehen (UNIX⁓ Workbench Ansatz).

APSE (Ada Programming Support Environment) ist ein Konzept für eine Programmierumgebung der Sprache Ada. Parallel zur Entwicklung der Programmiersprache Ada wurde der Versuch unternommen, Anforderungen an eine optimale Programmierumgebung für Ada festzuschreiben. So entstand ein Anforderungskatalog namens STONEMAN. Heute wird weltweit versucht, zu den gegenwärtig entstehenden Ada Compilern unter Berücksichtigung dieser Forderungen jeweils eine Ada Programmierumgebung APSE zu entwickeln.

UNIX⁓ wurde nicht auf der Basis von Anforderungskatalogen entwickelt, sondern entstand pragmatisch, bei der Durchführung eines bestimmten Projektes. UNIX⁓ gilt heute als eines der besten Betriebssysteme, um Software zu entwickeln und als Basis für einen einheitlichen Einsatz von Werkzeugen. Daher haben sich auf der Basis von UNIX⁓ bereits einige Werkzeugumgebungen (UNIX⁓ Workbench) gebildet - zur Softwareentwicklung, zur Textbearbeitung etc.

Der APSE Ansatz ermöglicht die Unterstützung von Programmierern oder einer speziellen Programmiersprache. Dieser Ansatz geht auf die besonderen Bedürfnisse eines Teams von Programmierern ein, bzw. auf die speziellen Merkmale einer Programmiersprache und unterstützt diese besonders intensiv.

Der UNIX" Workbench Ansatz ist flexibler - wenn z.B. zusätzliche Werkzeuge verwendet werden sollen - ermöglicht aber keine so weitgehende Unterstützung wie der erste Ansatz. Dieser Ansatz unterstützt viele verschiedene Teams von Programmierern bzw. viele verschiedene Programmiersprachen - aber keine besonders intensiv.

In beiden Fällen werden Werkzeuge zum Editieren und zum Testen benötigt, bzw. zum Bearbeiten einer Projektbibliothek. Die folgenden Überlegungen gelten für beide Arten von Programmierumgebungen. Es zeigt sich, daß eine sorgfältig entworfene Benutzerschnittstelle für die Produktivität eines Teams von Programmierern möglicherweise von noch entscheidenderer Bedeutung ist als die Festlegung auf eine der verschiedenen Arten von Programmierumgebungen. Moderne Arbeitsplatzcomputer mit hochauflösender Grafik, Festplattenspeicher und einem *Pointing Device* - z.B. einer *Maus* - ermöglichen ergonomische Benutzerschnittstellen. Diese präsentieren sich dem Benutzer als virtueller Schreibtisch, auf dem die verschiedenen Werkzeuge und Dokumente liegen. Der Benutzer kann Dokumente auswählen und zum Bearbeiten öffnen, Werkzeuge auf Dokumente anwenden etc.

3.2 Editoren

Editoren werden benutzt, um Dokumente zu erstellen und zu ändern. Dokumente können enthalten:

- ° Text
- ° Grafik
- ° Programme
- ° formatierte Daten
- ° Bilder
- ° Sprachdokumente
- ° etc.

Das Editieren von Text und Grafik ist in diesem Kontext weniger interessant. In den folgenden Abschnitten wird das Editieren von Programmen diskutiert. Programme können editiert werden mit:

- ° Texteditoren
- ° syntaxunterstützenden Editoren
- ° syntaxgesteuerten Editoren

3.2.1 Benutzerschnittstelle von Editoren

Die Benutzerschnittstelle eines Editors besteht aus:

- ° den Eingaben des Benutzers.
- ° den Ausgaben des Editors

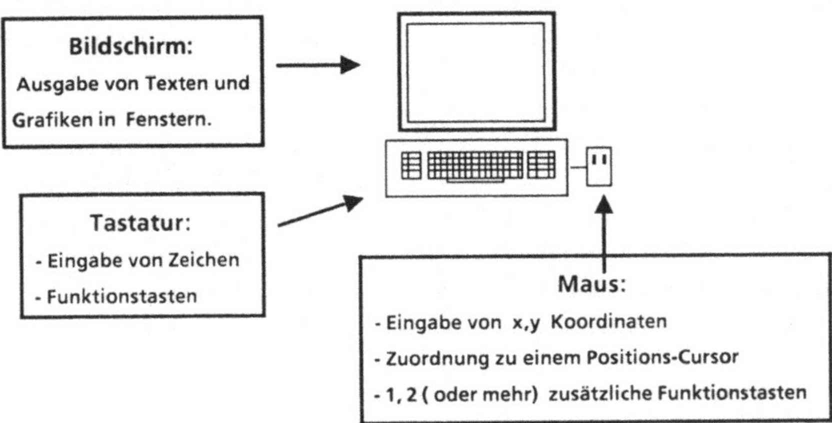

Ein- und Ausgabe

Die Ausgaben des Editors sollten in einem Sichtfenster auf einem Bildschirm erfolgen.

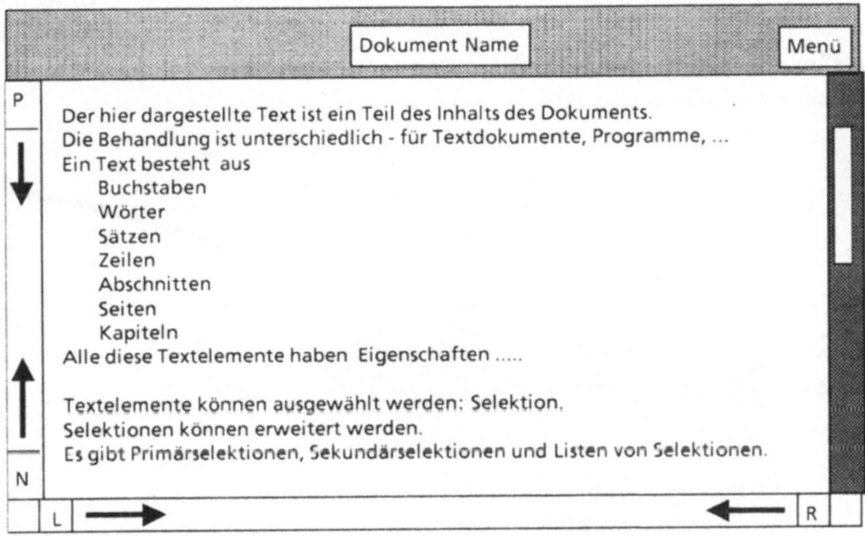

Ein Sichtfenster

Auf dem Bildschirm können ein oder mehrere solcher Sichtfenster abgebildet werden. Diesen Sichtfenstern können verschiedene Werkzeuge bzw. Editoren zugeordnet sein, es können aber auch verschiedene Inkarnationen desselben Werkzeuges bzw. Editors sein. Jedes dieser Sichtfenster hat einen Rahmen, der zu einigen Statusanzeigen sowie zum Anbieten einiger Kommandos verwendet werden kann. Sichtfenster können vergrössert, verkleinert, verschoben, verdrängt oder geschlossen werden. Die Statusanzeige sollte mindestens aus der Anzeige des bearbeitenden Werkzeuges und, im Falle eines Editors, des bearbeiteten Dokumentes und einer Visualisierung der relativen Position des Sichtfensterinhaltes im Gesamtdokument bestehen. Ein Sichtfenster kann unterteilt sein in mehrere Teilfenster, die verschiedene Abschnitte eines Dokumentes zeigen.

Die Eingaben des Benutzers können in drei Arten eingeteilt werden:

- ° Zeichen
- ° Positionen
- ° Kommandos

Die Eingabe von Zeichen erfolgt mit einer Tastatur. Diese sollte unter Berücksichtigung ergonomischer Gesichtspunkte gestaltet sein.

Die Eingabe von Positionen erfolgt am besten mit einer Maus (oder einem ähnlichen Gerät - einem *pointing device*) mit deren Hilfe es möglich ist, auf eine Stelle des Bildschirms zu zeigen. Die Maus ist mit einer oder mehreren Funktionstasten zur Eingabe von Kommandos ausgerüstet, die an einer ausgewählten Stelle bestimmte Aktionen auslösen.

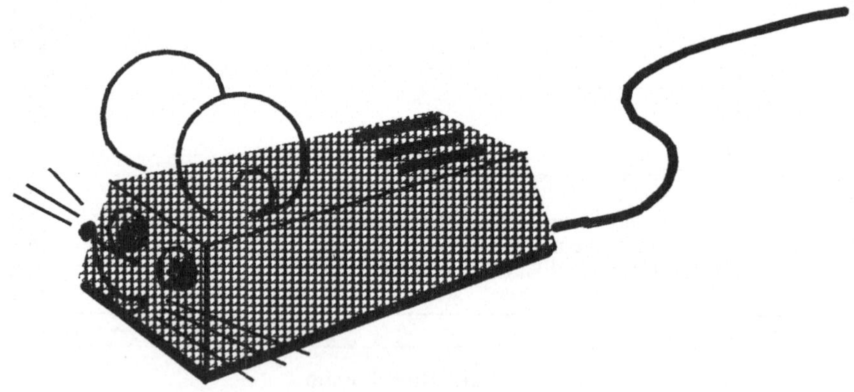

Eine Maus

Die Verwendung eines *pointing device* ist wesentliche Voraussetzung für eine moderne ergonomische Benutzerschnittstelle, wie sie seit XEROX Star (SIE-MENS EMS 5800 Office), Apple Lisa, MS - Window und VisiOn selbstverständlich geworden ist. Im folgenden wird daher von der Annahme ausgegangen, diese Voraussetzung sei erfüllt. Wenn kein *pointing device* vorhanden ist, müßte die Benutzerschnittstelle anders entworfen werden. Dies dürfte wesentlich schlechtere ergonomische Eigenschaften zur Folge haben.

Die Eingabe von Kommandos kann mit Funktionstasten oder mit Hilfe von Kommandomenüs erfolgen. Kommandomenüs können ständig oder nach Betätigung einer Funktionstaste angeboten werden.

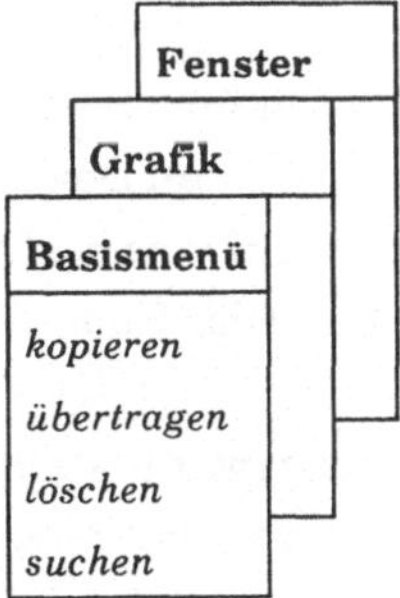

Eine Kommandomenügruppe

Die einzelnen Kommandos in einem Menü entsprechen bestimmten Flächen auf dem Bildschirm, die beschriftet sind oder ein geeignetes Symbol enthalten. Das zugehörige Kommando wird aktiviert, wenn der Benutzer mit Hilfe der Maus auf die dem Kommando entsprechende Fläche zeigt und eine Funktionstaste betätigt. Wichtige Kommandos können ständig angeboten werden. So sollten z.B. die Kommandos zum Blättern im Dokument als ständige Kommandos im Rahmen des Sichtfensters angeboten werden. Andere Kommandos können in Zusatzmenüs angeboten werden. Diese erscheinen z.B. als Folge der Betätigung einer Funktionstaste an der aktuellen Mausposition und verschwinden nach Beendigung der Kommandoauswahl wieder, wobei der Bildinhalt vor Darstellung des Menüs restauriert wird.

3.2.2   Texteditoren

Ein Texteditor erlaubt das Erstellen und Verändern eines Dokumentes, das aus einer nicht interpretierten Folge von Zeichen besteht.

Die *Schreibmarke*, die sich an einer beliebigen Stelle des Dokumentes befinden kann, beschreibt die Stelle, an der zusätzliche Zeichen eingefügt und nicht mehr gewünschte Zeichen ausgefügt werden können. Die Schreibmarke kann mit Hilfe der Maus und einer Funktionstaste an eine andere Stelle positioniert werden.

Besonders häufig werden Kommandos zum Blättern benötigt. Diese Kommandos sollten daher ständig im Rahmen des Sichtfensters angeboten werden. Kommandos zum Blättern sind:

- ° Kontinuierliches Blättern im Dokument vorwärts und rückwärts.
- ° Abschnitt (Seiten-) weises Blättern im Dokument vorwärts und rückwärts.
- ° Positionieren des Sichtfensters auf eine bestimmte Stelle im Dokument.
- ° Positionieren an den Anfang und das Ende eines Dokumentes.

Ein Teil eines Dokumentes kann ausgewählt - *selektiert* - werden, um anschließend einer bestimmten Operation unterworfen zu werden.

Ein Teil eines Dokumentes kann selektiert werden, um anschliessend einer bestimmten Operation unterworfen zu werden. Die Selektion erfolgt schrittweise. Zunächst zeigt der Benutzer mit der Maus an die Stelle, wo die Selektion beginnen soll. Nach Betätigung einer Funktionstaste ist das nächstliegende Zeichen selektiert.

Eine Selektion.

Die Selektion erfolgt schrittweise. Zunächst zeigt der Benutzer mit der Maus an die Stelle, wo die Selektion beginnen soll. Nach Betätigung einer Funktionstaste ist das nächstliegende Zeichen selektiert. Eine Selektion kann erweitert werden. Dies kann erfolgen durch dieselbe (Multiklick) oder durch eine andere Funktionstaste.

Die Erweiterung einer Selektion erfolgt entsprechend dem Inhalt des Dokumentes. Bei einem Texteditor ist eine Erweiterung

$$\text{Zeichen} \rightarrow \text{Wort} \rightarrow \text{Satz} \rightarrow \text{Absatz} \rightarrow \text{Abschnitt} \rightarrow \text{Kapitel} \rightarrow \text{Dokument}$$

naheliegend. Bei einem Programmeditor könnte das Erweiterungsschema

$$\text{Zeichen} \rightarrow \text{Bezeichner} \rightarrow \text{Ausdruck} \rightarrow \text{Anweisung} \rightarrow \text{Anweisung} \rightarrow ... \rightarrow$$
$$\rightarrow \text{Block} \rightarrow \text{Prozedur} \rightarrow \text{Modul} \rightarrow \text{Programm}$$

aussehen. Bei einem Grafikeditor würde die Erweiterung wieder anders erfolgen.

Neben dieser hierarchisch aufsteigenden Erweiterung einer Selektion ist die Erweiterung auf gleicher Stufe wichtig. Sie erfolgt durch Betätigung einer anderen Funktionstaste und erweitert die Selektion um zusätzliche Zeichen, weitere Wörter, weitere Sätze, etc.

Ein selektierter Teil eines Dokumentes wird hervorgehoben dargestellt, z.B. durch Invertierung, Unterstreichung etc. Die meisten Editoren kennen stets genau eine aktuelle Selektion. Es ist aber auch möglich, Selektionen als Stack zu verwalten.

Funktionen eines Texteditors:

- ° Löschen der aktuellen Selektion
- ° Kopieren oder Übertragen der aktuellen Selektion an eine andere Position
- ° Suchen bzw. Ersetzen eines Suchmusters durch ein anderes Muster in der aktuellen Selektion oder im ganzen Dokument

Das Suchen nach einem Suchmuster führt implizit zu einer Veränderung des gezeigten Dokumentausschnittes und der aktuellen Cursorposition. Ersetzungsvorgänge können unbedingt erfolgen, in einer bestimmten Anzahl oder nach Bestätigung jeder Ersetzung durch den Benutzer.

(Such-) Muster können angegeben werden als:

° selektierter Teil eines Dokumentes
° durch Tastatureingabe
° als regulärer Ausdruck

Es ist sinnvoll, auch die (Such-) Muster in einem Stack zu verwalten, um Such- und Ersetzungsvorgänge zu wiederholen. Suchmuster sollten im Zielmuster verwendbar sein.

3.2.3 Syntaxunterstützende Editoren

Ein syntaxunterstützender Editor erlaubt die freie Manipulation des Programmtextes wie ein Texteditor. Er führt keine Syntaxprüfungen durch - Syntaxfehler werden von diesem Editortyp nicht erkannt. Allerdings weiß der Editor, daß der bearbeitete Text ein Programm ist und in welcher Programmiersprache das Programm geschrieben ist. Daher sind die folgenden Funktionen zusätzlich zu den normalen Editorfunktionen möglich:

° Einfügen syntaktischer Einheiten mit Hilfe von Templates (Schablonen)
° Suchen entsprechend den Konventionen für Bezeichner
° Formatieren von Programmen (Prettyprinting)
° Verwendung verschiedener Schriftarten zur Visualisierung
  lexikalischer Elemente.

Der syntaxunterstützende Editor kennt einige Eigenschaften der unterliegenden Programmiersprache. Diese werden zweckmässigerweise in Tabellenform abgespeichert, vor allem um unterschiedliche Programmiersprachen durch Austausch der Tabelle unterstützen zu können. Er kennt Schlüsselwörter wie **begin - end, if - then - else**, die Konventionen für Bezeichner etc. Die Unterstützung eines Selektionsmechanismus entsprechend der Programmstruktur etwa nach folgendem Schema:

Zeichen → Bezeichner → Ausdruck → Anweisung → Anweisung → ... →
→ Block → Prozedur → Modul → Programm

ist allerdings problematisch. Ausdrücke ohne Verwendung eines Parsers syntaktisch zu erkennen ist sehr schwierig. Selbst die Unterscheidung von Programmtext, Kommentaren und Stringkonstanten ist bei einigen Sprachen ebenfalls nicht trivial. Beim Versuch, die Programmstruktur von innen nach außen zu erkennen, sind weitere Irrtümer möglich. Ein erweiterter Selektionsmechanismus ist daher bei syntaxunterstützenden Editoren nur in ähnlicher Form nutzbar wie auch bei einem Texteditor.

Unproblematisch ist jedoch die Möglichkeit, Programmtext vereinfacht mit Hilfe von vorgefertigten Schablonen, sogenannten *Templates*, einzufügen.

Programmkonstrukte wie

```
    procedure name ( );
    begin
    end { name } ;
oder
    repeat
    until   ;
```

können per Kommando an beliebiger Stelle eingefügt werden. Dies erspart Schreibarbeit und verhindert Schreibfehler. Zusätzliche Funktionen sind:

- Sprung an die nächste auszufüllende Stelle des Templates
- Überprüfung, ob das Template an der gewünschten Stelle überhaupt eingefügt werden darf. Diese Prüfung erfordert jedoch genauere Syntaxkenntnisse.

Besonders vorteilhaft ist es, wenn die Tabelle der einfügbaren Templates selbst wieder editierbar ist. Dann kann sich jeder Benutzer die Schreibweise der Templates individuell definieren und weitere Templates hinzufügen. Der Benutzer kann so z.B. häufig verwendete Programmteile als eigene Templates behandeln.

Nach dem Einfügen eines Template wird der so erzeugte Text behandelt, wie der übrige Programmtext. Eine Wiedererkennung eines Template, z.B. um es als ganzes wieder zu löschen, ist nicht möglich.

Bei Programmiersprachen wie Pascal und Ada können Bezeichner gebildet werden, bei denen groß- und kleingeschriebene Buchstaben nicht unterschieden

werden. Der Unterstrich kann innerhalb eines Bezeichners verwendet werden.
Diese Konventionen machen es schwierig, mit einem konventionellen Editor nach
bestimmten Bezeichnern zu suchen bzw. Ersetzungen durchzuführen. Syntaxunterstützende Editoren bieten hier bessere Möglichkeiten - allerdings kann die
korrekte Verwendung von Bezeichnern nicht überprüft werden.

Die Lesbarkeit eines Programmes verbessert sich, wenn Schlüsselwörter durch
Fettdruck hervorgehoben werden und syntaktische Einheiten wie Kommentare
und Zeichenketten in anderen Schriftarten dargestellt werden.

Beispiel:

```
program Test (Input,Output);
var A: Integer;
    S: String;
begin
    { Dies ist ein Kommentar }
    A := 5;
    S:= ' DIES IST EIN STRING ';
end.
```

Wenn ein Formatierer (Prettyprinter) für die unterliegende Programmiersprache
zur Verfügung steht, sollte dieser vom Editor aus aufrufbar sein.

Die Hilfe, die ein syntaxunterstützender Editor bietet, ist auf die Möglichkeiten
beschränkt, die sich ohne genaue Kenntnisse der Syntax der unterliegenden Programmiersprache anbieten. Syntaxunterstützende Editoren sind einfach zu implementieren, einfach zu bedienen und reaktionsschnell . Es sind Editoren, die die
Vorteile konventioneller Editoren haben und zusätzlich *etwas* Unterstützung
beim Programmieren bieten.

3.2.4   Syntaxgesteuerte Editoren

Syntaxgesteuerte Editoren verwenden die Syntax der unterliegenden Sprache beim Editieren. Die Erzeugung der Programmstruktur erfolgt mit Hilfe von Kommandos. Die Eingabe von Ausdrücken kann erfolgen als Texteingabe mit nachfolgender Syntaxprüfung. Dabei kann die Syntaxprüfung nach jedem eingegebenen Zeichen erfolgen, nach jedem eingegebenen lexikalischem Element - oder erst beim Verlassen eines bestimmten Konstruktes. Bei den ersten beiden Methoden können syntaktisch falsche Programme im Sinne dieser Prüfung nicht eingegeben werden - auch Editieroperationen können diese Korrektheit nicht ändern. Wird die Syntaxprüfung erst beim Verlassen eines Konstruktes durchgeführt, können temporär inkorrekte Programmteile entstehen - diese können dann durch eine andere Schriftart etc. markiert werden. Semantische Überprüfungen werden von einigen, aber nicht von allen Editoren diesen Typs durchgeführt. Positionieren, Selektieren und Manipulieren sind nur für syntaktische Einheiten zulässig. Syntaxgesteuerte Editoren bieten alle Vorteile syntaxunterstützender Editoren. Da syntaxgesteuerte Editoren jedoch ähnlich wie ein Parser arbeiten, können sie die unterliegende Sprache im selben Umfang wie ein Compiler unterstützen. Die oben angedeuteten Probleme syntaxunterstützender Editoren entfallen.

Für syntaxgesteuerte Editoren bestehen zwei Implementierungsmöglichkeiten. Entweder kann das Programm als Text eingegeben werden und der Editor versucht ständig mit einem Parser das Programm auf syntaktische (und semantische) Korrektheit zu überprüfen, oder die Eingabe des Programmes erfolgt nur mit Hilfe von Kommandos entsprechend den syntaktischen Möglichkeiten an bestimmten Stellen des Programmes. Die erste Möglichkeit ist rein technisch schwierig realisierbar, da sich beim Eingeben des Programmes ständig die Struktur des Programmes ändert. So ist beim Eingeben von

begin *Text* **end**

nach Eingabe von *beg* scheint zunächst ein Bezeichner in Entstehung begriffen zu sein, nach dem Hinzufügen von *in* ist klar, daß es sich um ein Schlüsselwort handelt, aber erst nachdem auch *end* eingegeben wurde, sind die Absichten des Programmierers vollständig erkennbar. Bei dieser Vorgehensweise muß der Parser oft aufgerufen werden und dabei jeweils grössere Teile des Programmes neu bearbeiten. Das kostet Zeit und beeinflußt damit die Reaktionszeit des Editors nachteilig. Außerdem wird der Parser sehr häufig mit nicht korrekten Programmen konfrontiert, die aber nicht *falsch* sind, sondern nur *unvollständig*. Diese

Unterscheidung kann ein Programm jedoch nicht treffen - jedenfalls mit heute bekannten Algorithmen. Für eine eingehendere Diskussion dieser Problematik wird auf den Abschnitt über inkrementelle Compiler verwiesen.

Die andere Vorgehensweise vermeidet diese Probleme - die Eingabe eines Programmes mit Hilfe von Kommandos ist allerdings eine unkonventionelle Benutzerschnittstelle, die von einigen Anwendern nicht akzeptiert wird. Die ständige Notwendigkeit der Interaktion mit dem Editor kann sich auch negativ auf die Erfassungsgeschwindigkeit auswirken. Bei dieser Vorgehensweise ist daher die Benutzerschnittstelle besonders sorgfältig zu entwerfen, damit die Eingabe eines Programmes mindestens so schnell wie mit einem konventionellen Editor erfolgen kann und die Interaktion sich an der Struktur des Programmes orientiert, so wie sie der Benutzer sieht - nicht aber so wie es möglicherweise der internen Darstellung des Programmes im Editor entspricht.

Die Voraussetzungen für eine elegante Benutzerschnittstelle eines syntaxgesteuerten Editors sind durch Anwendung eines leistungsfähigen Arbeitsplatzcomputers mit hochauflösender Rastergrafik gegeben.

Das zu erstellende Programm sollte nicht bis in alle Details mit Hilfe von Kommandos eingegeben werden müssen. Einfache Anweisungen wie

```
A   : =   B+C ;
```
bzw. Ausdrücke wie
```
p <> nil
```

sollten einfach mit der Tastatur eingegeben werden und wie mit einem Texteditor bearbeitet werden. Die syntaktische (bzw. semantische) Überprüfung erfolgt, wenn der Cursor nicht mehr im Bereich des Ausdrucks oder der Anweisung ist, also bei Erkennen eines Anweisungstrenners oder beim Positionieren in ein anderes Konstrukt etc.

Das Positionieren ist möglich

- an Orte, an denen ein Konstrukt per Kommando eingefügt werden kann
- auf Platzhalter, um sie durch Text oder Konstrukte zu ersetzen
- in Textteile, um sie zu editieren.

Das Positionieren muß mit einer Maus oder einem ähnlichen Gerät möglich sein, da die Positionierung mit Kommandos entsprechend der Struktur des Syntaxbaumes wesentlich umständlicher ist. Der Benutzer sollte ohne bewusste Kenntniss der Baumstruktur des Programmes editieren können. Erfahrungen mit syntaxgesteuerten Editoren deuten darauf hin, daß hier bisher die wesentlichen Akzeptanzprobleme aufgetreten sind.

Ist an der aktuellen Position die Eingabe von Konstrukten möglich, werden die zulässigen Konstrukte in einem Kommandomenü angeboten. Wenn ein solches Kommando ausgewählt wurde, wird an der aktuellen Position das entsprechende Konstrukt zusammen mit Platzhaltern eingefügt - z.B.:

```
if  <Bedingung>  then  <Anweisungen>
else  <Anweisungen>
end if;
```

Die Platzhalter verschwinden, sobald der Benutzer an der Position des Platzhalters eine Zeichenfolge oder weitere Konstrukte einfügt, und erscheinen wieder, wenn der Benutzer diese Einfügung vollständig löscht. Gibt der Benutzer einen Anweisungstrenner ein oder begibt er sich an eine andere Position, wird eine eventuell eingefügte Zeichenfolge einer Syntaxprüfung unterzogen. Wird die Einfügung als syntaktisch nicht korrekt erkannt, wird sie in einer anderen Schriftart - z.B. *kursiv* - dargestellt. Die Verarbeitung kann jedoch an einer anderen Stelle fortgesetzt werden - die Korrektur der kursiv dargestellten Stellen muß nicht sofort erfolgen. Die in einem Konstrukt enthaltenen Schlüsselwörter sind nicht editierbar. Erfolgt eine Selektion am Ort eines solchen Schlüsselwortes, wird das gesamte Konstrukt selektiert. Es kann dann gelöscht, kopiert, übertragen oder geändert werden.

Per Kommando einzugegebene Konstrukte können auf keine andere Weise eingegeben werden. Ob einfache Anweisungen als Konstrukt eingegeben werden sollen oder zeichenweise, ist eine offene Frage. Hier sollten Erfahrungen beim Einsatz solcher Editoren abgewartet werden.

Selektiert werden können Konstrukte, aber auch Teile einer Zeichenfolge, die einen Platzhalter ersetzt. Für den Selektionsmechanismus ergibt sich dann etwa folgende Hierarchie:

$$\text{Zeichen} \to \text{Bezeichner} \to \text{Ausdruck} \to \text{Anweisung} \to$$
$$\to \text{Zeichenfolge, die einen Platzhalter ersetzt} \to$$
$$\to \text{Konstrukt} \to \ldots \to \text{Konstrukt} \to \text{Programm}$$

oder:

$$\text{Platzhalter} \to \text{Konstrukt} \to \ldots \to \text{Konstrukt} \to \text{Programm}$$

Diese Hierarchie sollte die Syntax der unterliegenden Sprache reflektieren.

Die Änderung eines Konstruktes in ein anderes Konstrukt ist in einigen Fällen definierbar. Z.B.: Ändern einer while - Schleife in eine repeat - Schleife. Die Entsprechung der Platzhalter muß dabei eindeutig und sinnvoll sein. Zeichenfolgen, die nicht mehr benötigte Platzhalter ersetzen, müssen vor der Änderung gelöscht oder an eine andere Stelle übertragen werden.

Ob Änderungen von Konstrukten wirklich benötigt werden, ist ebenfalls eine offene Frage. Solche Änderungen sind mit vergleichbarem Aufwand auch anders durchführbar.

Im Deklarationsteil eines Programmteiles ist ebenfalls ein hierarchischer Selektionsmechanismus möglich. Auf Einzelheiten wird an dieser Stelle jedoch verzichtet.

Die Darstellung des Programmes kann wie gewohnt erfolgen oder bis zu einer gewissen Vernestungstiefe (Zooming). Dabei nicht gezeigte Teile werden durch ein spezielles Symbol (z.B.: $\otimes$) dargestellt. Die zu zeigende Vernestungstiefe kann eingestellt werden (default ist ∞). Die eingeschränkte Darstellung (Elision) wird verwendet, um die Struktur eines Programmabschnittes darzustellen, um einen Überblick zu gewinnen oder zum schnelleren Positionieren.

Versucht der Benutzer die Editiersitzung zu beenden, bzw. den aktuellen Stand der Arbeiten in einer Datei festzuhalten, wird er auf nicht ausgefüllte Platzhalter und auf syntaktisch als nicht korrekt erkannte Textstellen aufmerksam gemacht - aber nicht daran gehindert, seine Absichten auszuführen. In einer Datei, die ein editiertes Programm enthält, ist nicht der Programmtext gespeichert, sondern Daten, die es ermöglichen, den Editorzustand beim Einlesen der Datei zu rekonstruieren. Dies ermöglicht die schnelle Unterbrechung bzw. Fortsetzung einer Editorsitzung und verhindert einen frühzeitigen Informationsverlust. Kennt der Compiler die Datenstruktur dieser Datei, können die Editordateien unmittel-

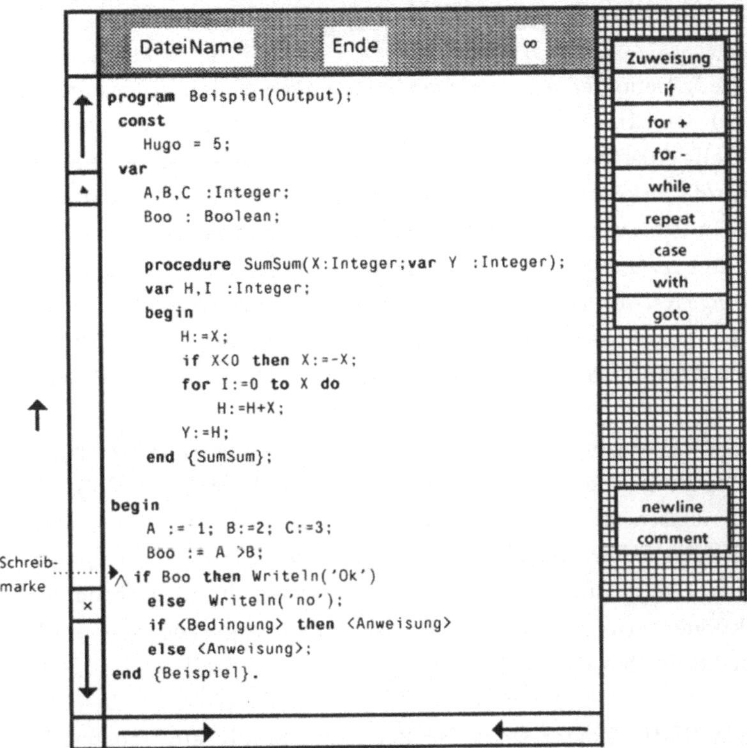

Szenario eines syntaxgesteuerten Editors

bar (und somit schneller) weiter übersetzt werden. Andernfalls ist ein Werkzeug
notwendig, um aus einer Editordatei eine compilierbare Fassung des Programmes
erstellen zu können. Im allgemeinen wird auch ein Werkzeug notwendig sein, um
bestehende Programme, die als normaler Text gespeichert sind, in eine vom Editor
bearbeitbare Fassung umzuwandeln.

Ein syntaxgesteuerter Editor ist offensichtlich wesentlich leistungsfähiger als ein
syntaxunterstützender Editor. Bisherige syntaxgesteuerte Editoren gelten in einigen Fällen als schlecht bedienbar. Dieser Einwand ist in fast allen Fällen berech-
tigt. Erst die Verwendung leistungsfähiger Arbeitsplatzcomputer mit hochauflösender Rastergrafik und insbesondere die Verwendung einer Maus oder eines
anderen Zeigegerätes erlaubt die Implementierung einer attraktiven Benutzeroberfläche, die das Editieren eines Programmes ohne Kenntnisse seiner Baumstruktur ermöglicht.

3.2.5   Inkrementelle Entwicklungssysteme

Inkrementelle Compiler erzeugen zu einem eingegebenen Programm ständig den zugehörigen Objektcode - soweit dies bereits möglich ist und erlauben auch die inkrementelle Ausführung des bearbeiteten Programmes soweit wie bereits Code erzeugt wurde. Inkrementelle Compiler sind nahe Verwandte syntaxgesteuerter Editoren. Die Zusammenfassung beider zu einer Programmeinheit ist daher naheliegend. Fügt man noch einen Debugger hinzu, erhält man ein *inkrementelles Entwicklungssystem*. Die Benutzerschnittstelle inkrementeller Entwicklungssysteme kann ebenso gestaltet werden wie im vorigen Abschnitt beschrieben, ergänzt um Kommandos zur Ausführung und zum Debuggen von Programmen.

Während der Benutzer das einzugebende Programm editiert, versucht ein Codegenerator ständig, Code für die bereits fertigen und korrekten Programmteile zu erzeugen. Möglich ist die Codeerzeugung für jede korrekte Anweisung - möglicherweise ist es jedoch zweckmäßig, lediglich für korrekte Unterprogramme die semantische Überprüfung und die Codeerzeugung durchzuführen. Der Anstoß dieser Aktionen erfolgt, wenn der Cursor aus dem gerade bearbeiteten Unterprogramm heraus bewegt wird.

Neben dem Editierfenster sieht der Benutzer ständig ein Fenster, in dem das editierte Programm ablaufen kann. Der Ablauf kann vom Benutzer angestoßen, unterbrochen, fortgesetzt oder von Anfang an wiederholt werden. Ändert sich das Programm an einer Stelle, die bereits ausgeführt wurde, muß die Ausführung vor diese Stelle zurückgesetzt werden. Dies ist technisch nicht unproblematisch. In einem dritten Fenster kann ständig ein Debugger residieren.

Mit einem solchen inkrementellen Compilier-, Ablauf- und Debuggersystem (inkrementelles Entwicklungssystem) erhält der Anwender maximale Hilfestellung bei der interaktiven Konstruktion von Programmen. Von den vorgestellten Programmerstellungsverfahren ist diese die wünschenswerteste. Der Einsatz solcher Systeme ist für Programmiersprachen ohne separate Übersetzung verschiedener Moduln vorteilhaft. Für Programmiersprachen mit separater Übersetzung liegen noch keine Erfahrungen vor. Problematisch ist dabei aus Zeit- und Platzgründen der Import bereits getrennt übersetzter Programmteile. Es wird dann auch ein inkrementeller Binder benötigt. Insbesondere die Bearbeitung großer Programme, die aus vielen verschiedenen aufeinander Bezug nehmenden Moduln bestehen, dürfte ineffektiv werden. Eine rein interpretative Vorgehensweise und die Verwendung von Sprachen ohne weitreichende Intermodulabhängigkeiten dürfte dann effektiver sein - mindestens in der Phase des rapid prototypings. Beispiele solcher Systeme sind z.B. Interlisp D und Smalltalk.

Nicht anwendbar sind inkrementelle Entwicklungssysteme auch dann, wenn das zu bearbeitende Programm nicht auf dem Entwicklungsrechner ablaufen kann, sondern auf einem wesentlich verschiedenen Zielrechner. Auf diese Problematik wird im Abschnitt *Remote Debugger* näher eingegangen.

Texteditor, syntaxgesteuerter Editor und inkrementelles Entwicklungssystem unterscheiden sich voneinander schrittweise wie folgt:

- Beim Texteditor wird ein Programm als Text editiert und gespeichert. Der Compiler setzt auf dieser Ebene auf.

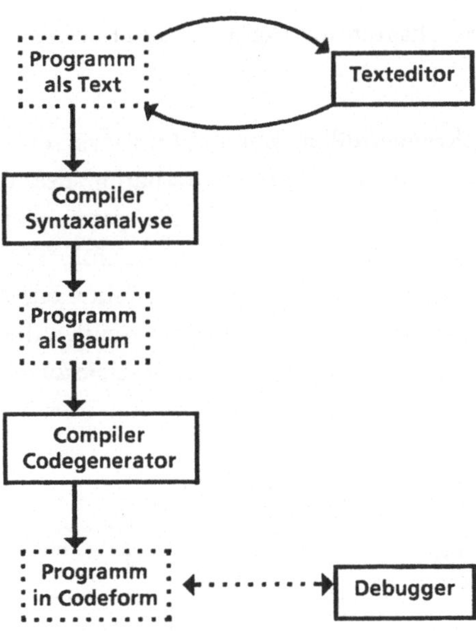

Editor, Compiler und Debugger

- Beim syntaxgesteuerten Editor wird ein Programm teilweise als Text und teilweise als Syntaxbaum editiert und gespeichert. Der Compiler kann auf dieser vorbereiteten Schnittstelle aufsetzen.

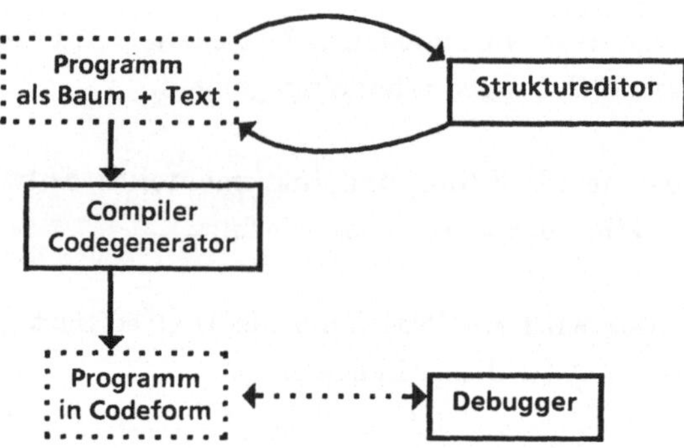

Struktureditor, Compiler und Debugger

- Bei einem inkrementellen Entwicklungssystem wird ein Programm teilweise als Text, teilweise als Syntaxbaum zusammen mit den semantischen Informationen und dem bereits generierten Code gespeichert. Auch ein Abspeichern einer partiellen Ausführung zusammen mit dem aktuellen Debuggerstatus ist möglich. Eine eigentliche Schnittstelle zwischen Editor und Compiler entfällt somit. Alle an der Programmkonstruktion beteiligten Komponenten werden zu einem System.

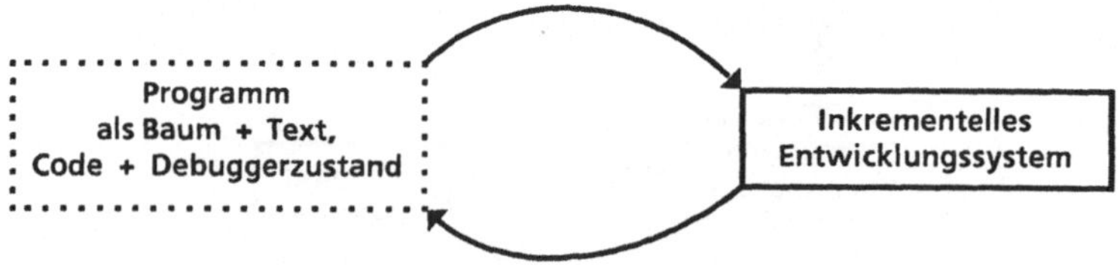

Inkrementelles Entwicklungssystem

Die technischen Aspekte bei der Realisierung eines inkrementellen Compilers werden in einem eigenen Abschnitt eingehender diskutiert.

3.2.6   UNDO und REDO

Für alle Editoren sind UNDO und REDO Kommandos wünschenswert. Ein UNDO Kommando macht den letzten Editierschritt, (ein UNDO n Kommando die letzten n Editierschritte) rückgängig. Ein REDO Kommando gestattet, es eines der letzten Editierkommandos in eventuell modifizierter Form zu wiederholen.

Die Realisierung von UNDO ist nicht einfach. Wenn überhaupt, wird daher meist nur die Rücknahme der letzten 1, 2 oder 3 Editierschritte angeboten.

Eine andere häufiger angewandte Möglichkeit ist es, alle Editierschritte in einer *Scriptdatei* abzuspeichern. Mit einer Scriptdatei kann eine Editiersitzung, auf einer *Backup* Version des editierten Dokumentes aufsetzend, ganz oder teilweise wiederholt werden. Dies kann genutzt werden, um eine Editiersitzung nach einem Rechnerausfall etc. automatisch zu rekonstruieren - oder statt eines UNDO Kommandos. Macht man die Scriptdatei selbst wieder editierbar, werden diese Möglichkeiten offensichtlich noch erweitert, wenn auch in leicht gefährlicher Weise.

Zeigt man die letzten Einträge der Scriptdatei in einem speziellen Fenster, gestattet man das Kopieren und Modifizieren dieser Einträge in eine *Kommandozeile*, deren Ausführung durch ein spezielles Kommando veranlaßt wird, hat man auch das REDO Kommando effektiv implementiert. Dieses spezielle Kommando, sowie die genannten Kopier- und Modifizierkommandos dürfen natürlich selbst nicht in der Scriptdatei auftauchen.

3.3 Testhilfen (Debugger)

Beim Testen von Software wird versucht, das wunschgemäße Funktionieren des Programmes festzustellen. Testprogramme werden konstruiert, um zu erproben, ob das Programm seine Leistungsmerkmale erfüllt. Dabei können Abweichungen bzw. Programmfehler gefunden werden. Jedoch werden so in der Regel nicht alle Abweichungen bzw. Fehler gefunden. Weitere Abweichungen vom spezifizierten Verhalten des Programmes bzw. andere Programmfehler werden später entdeckt und von enttäuschten Anwendern gemeldet. Zu den Aufgaben von Testhilfen gehört es normalerweise nicht, das Testen von Programmen zu unterstützen. Erst wenn eine Abweichung vom spezifizierten Verhalten bzw. ein Programmfehler bereits entdeckt ist, beginnt der Einsatzbereich einer Testhilfe.

Es werden hier also zwei verwandte, aber dennoch sehr verschiedene Begriffe unterschieden:

- Testen von Software: Erproben von Software, um deren wunschgemäßes Funktionieren festzustellen.

- Einsatz einer Testhilfe: Nachdem ein Abweichen vom spezifizierten Verhalten eines Programmes entdeckt wurde, wird eine Testhilfe eingesetzt, um die Ursachen zu finden.

Der Einsatz einer Testhilfe erfolgt meist in zwei Phasen. Zunächst wird das Fehlverhalten eingekreist, dann wird versucht, die Ursache des Fehlverhaltens zu ermitteln.

In der ersten Phase benötigt der Anwender jeweils wenige Informationen - meist nur soviele wie nötig sind, um festzustellen, ob das Fehlverhalten stattgefunden hat oder nicht. Nach dieser Phase wird der Anwender der Testhilfe genauer wissen, ob es überhaupt ein Fehler ist, wann der Fehler auftritt, wo im Programm der Fehler auftritt, welche Nebenbedingungen relevant sind etc.

In der zweiten Phase benötigt der Anwender sehr viele Informationen - alle die etwas mit dem vermuteten Programmfehler zu tun haben könnten. In der Regel wird der Anwender jetzt bereits Hypothesen aufgestellt haben, was schiefgegangen ist, und diese Hypothesen zu erhärten oder zu widerlegen versuchen.

3.3.1 Allgemeine Forderungen an Testhilfen

- Die Testhilfe muß einfach zu bedienen sein. Wenige einfache Kommandos, die möglichst in Form von Kommandomenüs angeboten werden, sollten verwendet werden.

- Die Testhilfe muß auf die Unterstützung höherer Programmiersprachen ausgerichtet sein. Die Kenntnis von Maschinenbefehlen, Registern, hexadezimaler Datendarstellung, Charactercodes etc. darf beim Anwender nicht vorausgesetzt werden. Der Anwender ist nicht an Befehlszählern interessiert, sondern an Positionen im Quellprogramm. Ebenso will er keine Maschinenadressen verwenden, sondern die Namen der Variablen. Ferner erwartet der Anwender eine Beachtung der Gültigkeitsregeln der angewendeten höheren Programmiersprache.

- Die Testhilfe darf die Ausführung des Programmes nicht verändern. Solange keine Testanweisungen ausgeführt werden, darf sich die Ausführungsgeschwindigkeit nicht ändern. Die Testhilfe darf den Code des Testlings nicht wesentlich ändern. Der Adreßraum des Testlings muß exakt der sein, wie er ohne Einsatz der Testhilfe wäre. Die Testhilfe selbst sollte in einem anderen Adreßraum ablaufen.

Der wesentliche Grund für diese Forderungen ist: Wenn die genannten Forderungen nicht beachtet werden, kann es sein, daß der gesuchte Fehler nicht mehr oder an anderer Stelle auftritt (Heisenbug). Ein anderer Grund ist: Der möglicherweise fehlerhaft ablaufende Testling darf nicht auch noch die Testhilfe selbst korrumpieren.

3.3.2 Benutzerschnittstelle von Testhilfen

Die Anwendung einer Testhilfe erfordert drei verschiedene Sichtfenster:

- In einem Sichtfenster ist ein Teil des Quellprogrammes des Testlings zu finden. Wenn der Testling angehalten wird, sollte in diesem Teil der zu dem Haltepunkt gehörende Teil des Quellprogrammes zu finden sein.

- In einem zweiten Sichtfenster wird der Eingabe- und Ausgabedialog des Testlings abgewickelt.

- Im dritten Sichtfenster findet der Dialog des Benutzers mit der Testhilfe statt.

Vorzugsweise sind die genannten Sichtfenster Teile eines Bildschirms mit hochauflösender Rastergrafik. Bei konventionellen Sichtgeräten muß mit geteilten Bildschirmen bzw. mit Blättern zwischen verschiedenen Bildschirmen gearbeitet werden.

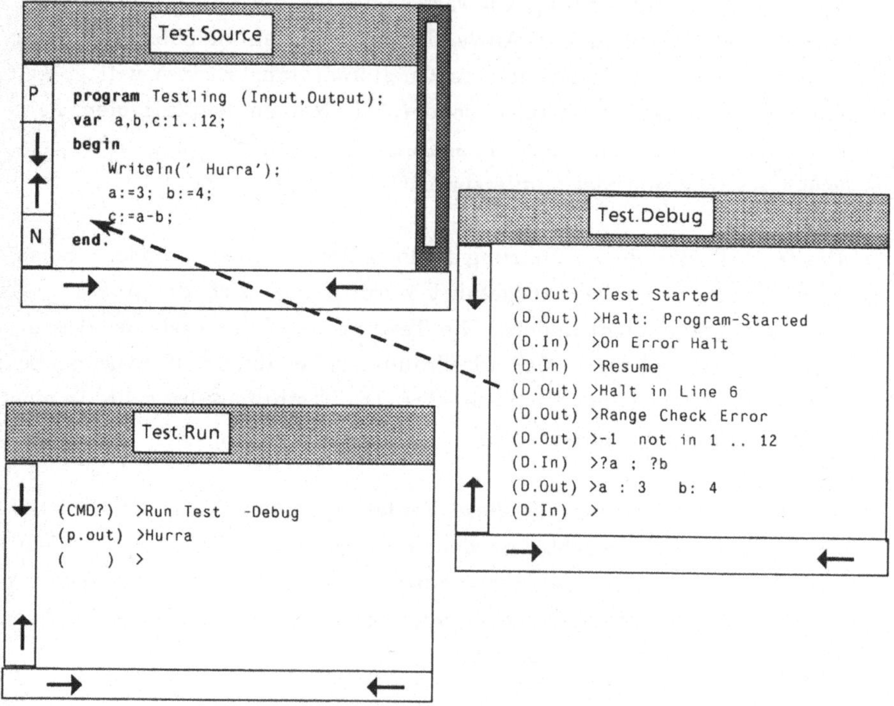

Ein Debugger Szenario

Die Eingabe von Testhilfekommandos sollte so viel wie möglich mit Hilfe der Menütechnik erfolgen. In jedem Fall muß außerdem eine Kommandosprache vorhanden sein, um einen Dialog mit der Testhilfe zu führen. Die Kommandosprache muß so einfach wie möglich sein. Es ist naheliegend, Ausdrücke und Anweisungen syntaktisch an eine unterstützte Programmiersprache anzulehnen. Werden mehrere Programmiersprachen unterstützt, muß ein *Syntaxwechsel* möglich sein. Dieser kann automatisch erfolgen, wenn der Testhilfe bekannt ist, in welcher Programmiersprache die einzelnen Module eines Programmes geschrieben sind.

3.3.3   Testpunkte

Die wichtigste Funktion einer Testhilfe ist die Definition von Testpunkten. Ist ein solcher Testpunkt erreicht, wird der Testling von der Testhilfe angehalten - und der Anwender kann nun Anweisungen an die Testhilfe geben.

Testpunkte werden häufig implementiert durch *Unterbrechungsbefehle*, die an die zum Testpunkt gehörende Stelle gesetzt werden. Die Testhilfe rettet den dabei überschrieben Code und sorgt später für dessen korrekte Ausführung.

Ein erster Testpunkt muß definierbar sein am Programmanfang des Testlings. Erreicht der Testling diesen Testpunkt, können weitere Testpunkte gesetzt werden. Automatisch werden Pseudotestpunkte erzeugt, wenn eine nicht behandelte Ausnahmesituation entdeckt wird.

Die eleganteste Methode, einen Testpunkt zu vereinbaren, besteht darin, die entsprechende Stelle im Quelltext mit Hilfe einer Maus (oder einem anderen pointing device) zu markieren.

Andere Möglichkeiten sind:

° Angabe der gewünschten Zeilennummer relativ zum Anfang des Moduls.
° Angabe der gewünschten Zeilennummer relativ zur ersten ausführbaren Anweisung einer Prozedur.
° Angabe der Nummer der Anweisung.

Die Verwendung von Zeilennummern hat Nachteile:

° Die Numerierung kann sich häufig ändern.
° In manchen Systemen muß der Anwender normalerweise nichts von Zeilennummern wissen.
° Zeilenanfange stimmen nicht notwendig mit Anweisungsanfängen überein.
° Mehrere Anweisungen können in einer Zeile sein.

Die Verwendung von Anweisungsnummern hat Nachteile:

° Die Numerierung kann sich häufig ändern.
° In fast allen Systemen muß der Anwender nichts von Anweisungsnummern wissen.

Alle diese Nachteile entfallen, wenn der Anwender die Möglichkeit hat, parallel zu der Testhilfesitzung, mit Hilfe von Editierfunktionen im Quelltext des Testlings zu blättern und einen Testpunkt zu markieren. Das Setzen von Testpunkten an unsinnigen Stellen (mitten in Anweisungen, in nicht ausführbarem Code etc.) muß verboten werden.

Es sollte möglich sein, für Testpunkte Randbedingungen zu definieren. Sind für einen Testpunkt Randbedingungen definiert, erfolgt eine Unterbrechung des Testlings am Testpunkt nur dann, wenn die Randbedingungen erfüllt sind. Randbedingungen können sein:

° bestimmte Werte von Variablen
° eine bestimmte Anzahl von Durchläufen durch den Testpunkt

Randbedingungen können durch logische Operationen verknüpft werden. Die Verwendung von Randbedingungen verhindert das Anhalten an einem Testpunkt, „wenn noch gar nichts passiert ist".

Bedingte Testpunkte geben die Möglichkeit, das erwartete Verhalten eines Programmes gegen das tatsächliche Verhalten zu testen und erhöhen so den Abstraktionsgrad des Testvorganges. In einigen experimentellen Testhilfen (SPICE / Kraut) wird sogar ganz von der Methode des Testens mit Hilfe von Testpunkten abgewichen. Aussagen über das Verhalten von Programmen ersetzen die Definition bedingter Testpunkte. Die Stellen an denen diese Aussagen überpüft werden müssen, werden von der Testhilfe in Zusammenarbeit mit dem Compiler ermittelt. Bei dem Kraut-Debugger werden diese Aussagen mit Hilfe von *path-expressions* gemacht.

3.3.4   Testhilfefunktionen

Die Funktionen einer Testhilfe sind:

° Ablaufverfolgung
° Anschauen von Werten von Variablen
° Ändern von Variablen

Die Ablaufverfolgung dient der Einkreisung von Fehlern. Je nach Entfernung vom vermuteten Fehler sind drei Geschwindigkeiten möglich:

° Anzeige des aktuellen Moduls
° Anzeige der aktuellen Prozedur
° Anzeige der aktuellen Anweisung

Die Anzeige kann in dem für den Quelltext reservierten Sichtfenster erfolgen. Durch ein Kommando an die Testhilfe, kann die Ablaufverfolung an besonders interessanten Stellen unterbrochen werden. Die Ablaufverfolgung auf Anweisungsebene führt zu einer Fülle von meist überflüssigen Informationen (Schleifen!) und wird daher nur in Ausnahmefällen angewendet werden.

Ist der Fehler eingekreist, wird der Anwender gezielt Testpunkte setzen und an diesen Testpunkten bestimmte Variablen untersuchen. Die Variablen werden genauso bezeichnet, wie in dem zu untersuchenden Programm. Die Werte werden so dargestellt wie es der lexikalischen Syntax der unterliegenden Programmiersprache entspricht.

Die Untersuchung der Werte von Variablen ist eine selbstverständliche Funktion einer Testhilfe. Ob Änderungen von Variablen überhaupt zugelassen werden sollen, ist hingegen eine interessante Frage. Dafür spricht die so gegebene Möglichkeit, erkannte triviale Fehler ad hoc zu reparieren. Dagegen, die Gefahr, durch die Änderung nicht vorhergesehene andere Fehler zu erzeugen, die vom gesuchten Fehler ablenken und den Anwender verwirren.

Auf gar keinen Fall darf der Code des Testlings vom Anwender manipuliert werden. Ebenso sollte das Springen zu anderen Anweisungen nicht unterstützt werden.

3.3.5 Schnappschüsse

Traditionelle Debugger sehen die Möglichkeit eines *Post Mortem Dump* vor. Diese Funktion wird durch die Möglichkeit, Schnappschüsse zu erzeugen und diese zu analysieren, verallgemeinert. Ein Schnappschuß erzeugt eine vollständige Momentaufnahme des Testlings an einem beliebigen Testpunkt. Ein spezielles zusätzliches Werkzeug erlaubt die interaktive Analyse des Schnappschusses bzw.

für konservative Programmierer (*Real programmers*) einen richtigen *Post Mortem Dump* auf Papier.

Schnappschüsse können in vielen Fällen zum Restart eines Programmes eben an dieser Stelle verwendet werden. Diese Möglichkeit ist besonders attraktiv beim Testen von rechenzeitintensiven Programmen. Probleme treten auf, wenn zum Zeitpunkt des Schnappschusses Dateien offen sind.

3.3.6 Remote Debugging

Im einfachsten Fall der Programmentwicklung wird das Programm auf einem Rechner entwickelt, der auch zugleich der Rechner ist, auf dem das Programm auszuführen ist. Schwieriger ist es, wenn das Programm nur auf einer anderen Maschine ausgeführt werden kann. In diesem Fall sollte ein *Remote Debugger* eingesetzt werden. Dies setzt eine Verbindung zwischen Entwicklungs- und Zielrechner voraus. Eine solche Verbindung kann bestehen aus:

  ° einer direkten Rechnerkopplung
  ° einer Terminalleitung
  ° einem lokalen Netz

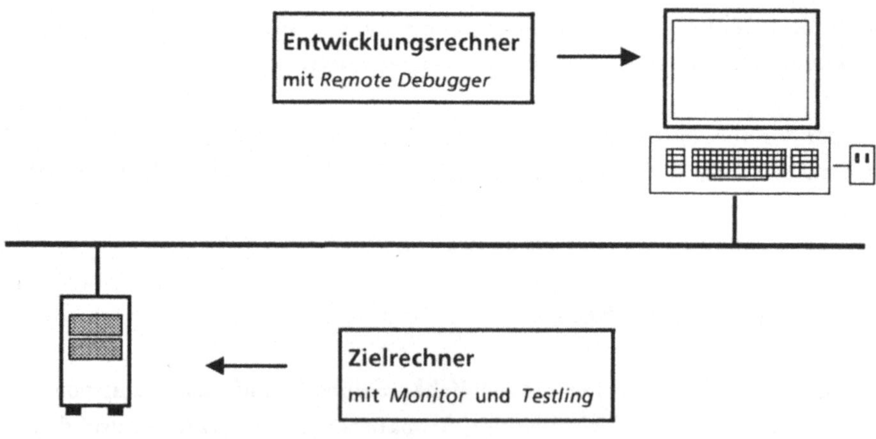

Remote Debugging

Im Zielrechner muß ein Monitorprogramm verfügbar sein, das die Überwachung eines Testlings ermöglicht. Ein solcher Monitor hat die gleichen Funktionen wie ein Debugger. Die Benutzerschnittstelle ist durch ein Datenübertragungsprotokoll zum Entwicklungsrechner ersetzt. Die eigentliche Benutzerschnittstelle ist auf dem Entwicklungsrechner implementiert. Bei der angegebenen Vorgehensweise ist für den Anwender kein Unterschied zwischen Debugger und Remote Debugger wahrnehmbar, außer einem eventuellen Geschwindigkeitsverlust wegen einer langsamen Verbindung zwischen den Rechnern.

3.3.7   Testen optimierten Codes

Mittlerweile sind einige Algorithmen bekannt, um den von Compilern erzeugten Code hinsichtlich Platz- oder Zeitbedarf zu optimieren. Beispiele sind:

- ° Code Motion: Maschinenbefehle werden (wenn ohne Änderung des Ergebnisses möglich) an seltener ausgeführte Stellen verschoben.
- ° Inline Prozeduren: Einige Prozeduren werden nicht aufgerufen, sondern an der Aufrufstelle expandiert.
- ° Variablen werden so lange wie möglich in Registern gelassen - statt sie in den Speicher zu transportieren.

Diese Techniken sind sinnvoll und vom Anwender erwünscht, erschweren aber die Anwendung von Testhilfen. Zwei Vorgehensweisen sind möglich:

- ° Der Debugger kennt die Optimierungen des Compilers und berücksichtigt sie.
- ° Der Compiler kann angewiesen werden, seine Optimierungen zu unterlassen. Getestet werden grundsätzlich nur nicht optimierte Testlinge.

Die erste Vorgehensweise ist offenbar vorzuziehen. Allerdings gibt es bisher nur wenig Erfahrungen mit Testhilfen für optimierende Compiler. Die Schwierigkeiten sind sehr groß. Der zusätzliche Implementierungsaufwand bzw. Platzbedarf für zusätzliche Tabellen ist enorm. Daher wird diese Methode zur Zeit praktisch nicht eingesetzt. Die zweite Vorgehensweise hat Nachteile. Im Testfall muß zunächst eine nichtoptimierte Version des Testlings erstellt werden. Das kostet Zeit. Im ungünstigsten Fall produziert der so erzeugte Testling den gesuchten Fehler nicht oder in anderer Form (Heisenbug).

3.4   Bibliothekssysteme

Wesentliches Element jeder Programmierumgebung ist die Projektbibliothek. In ihr sind alle Informationen enthalten, die für die Erstellung und Wartung von Programmen relevant sind. Logisch gesehen arbeitet jeder Software Entwickler mit *einer* Projektbibliothek. Die Information kann sich dabei aber auf *mehrere* Bibliotheken erstrecken, d.h. der Zugriff auf Informationen der Projektbibliothek ist entweder lokal möglich oder geschieht über entsprechende Verweise aus anderen Bibliotheken. Nach der Art der Zugriffsrechte auf die einzelnen Informationen kann man unterscheiden zwischen:

- Arbeitsbibliotheken
- Entwicklungsbibliotheken
- Versionsbibliotheken
- Archivbibliotheken

In einer Arbeitsbibliothek sind die Informationen enthalten, die der jeweilige Entwickler bearbeitet. Alle anderen Informationen werden über Verweise angesprochen. Die Zugriffsrechte sind uneingeschränkt.

In einer Entwicklungsbibliothek sind die für eine neue in Entwicklung befindliche Version relevanten Informationen enthalten. Änderungen können nur von einem berechtigten Projektverantwortlichen durchgeführt werden. Dieser ist dann auch für die Freigabe einer solchen Entwicklungsversion zuständig, die nach ausreichender Systemintegration und sorgfältigem Testen der neuen Version erfolgen kann.

In Versionsbibliotheken sind die für fertige - freigegebene - Versionen relevanten Informationen enthalten. Zugriffsrechte sind nur zum Lesen erhältlich. Einmal freigegebene Versionen können grundsätzlich nicht mehr geändert werden - wenn Änderungen notwendig sind, muß eine neue Version - eine *Korrekturversion* - angefertigt werden. Allerdings brauchen dann in der Bibliothek, die die Korrekturversion enthält, nur die tatsächlich geänderten Komponenten enthalten zu sein - alle anderen Komponenten können Verweise auf die *Hauptversion* sein. Allerdings darf dann diese Hauptversion nur dann ausgelagert oder gar gelöscht werden, wenn auch alle abhängigen Korrekturversionen nicht mehr benötigt werden.

In Versionsbibliotheken werden alle zu einem gewissen Zeitpunkt relevanten Versionen eines Softwareproduktes verwaltet. Ältere Versionen bzw. selten benötigte Versionen werden in Archivbibliotheken verwaltet. Diese unterscheiden sich logisch nicht von Versionsbibliotheken - sind aber auf langsamere Speichermedien ausgelagert.

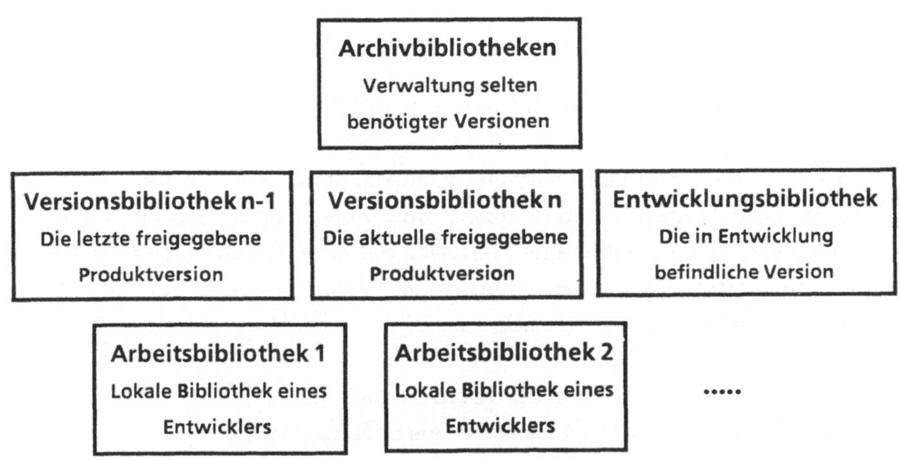

Verschiedene Bibliotheken

Diese Struktur reflektiert die Tatsache, daß im Laufe der Lebensdauer eines Softwareproduktes verschiedene Versionen entstehen. Jede diese Versionen kann aus verschiedenen Varianten und Korrekturversionen bestehen. Die Bildung von Versionen folgt der zeitlichen Entwicklung eines Produktes: Neue Versionen entstehen, wenn das Produkt erweitert oder wesentlich verändert wird. Varianten werden benötigt, um die Bedürfnisse unterschiedlicher Systemkonfigurationen zu befriedigen. Eine Version kann Varianten für verschiedene Drucker, verschiedene benutzte Betriebssysteme, verschiedene Implementierungsstrategien etc. haben. Korrekturversionen entstehen, wenn es notwendig wird, bestehende Versionen nachträglich zu korrigieren.

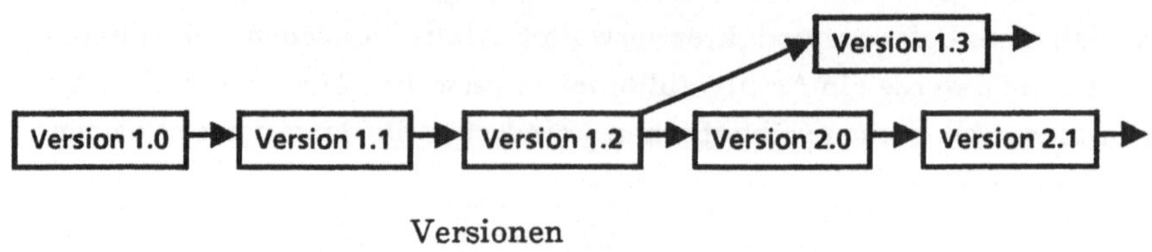

Versionen

3.4.1   Versions- und Konfigurationserzeugung

In einer Projektbibliothek werden Komponenten von Softwareprodukten verwaltet. Diese haben einen Namen, eine Versionsbezeichnung sowie eine Variantenbezeichnung. Ein Name kann sich auf ein einzelnes Objekt beziehen - z.B auf die Installationsbeschreibung einer Version - oder auf eine Menge zusammengehöriger Objekte wie z.B.

- ein Programmodul in Quellform (in Baumform)
- ein Programmodul in Objektform (als Codefragment)
- Tabellen, die zu einem bestimmten Programmodul gehören
- die Spezifikation, Dokumentation etc., die zu einem Programmodul gehört
- ein ablauffähiges Programm
- Konstruktionsbeschreibungen ablauffähiger Programme

Jede einzelne Komponente hat einen Namen, eine Pfadkennzeichnung, um den Aufenthaltsort zu definieren und eine eigene Versions- und Variantenbezeichnung. Diese ist unabhängig von der Versions- bzw. Variantenbezeichnung des oder der Programme in denen sie verwendet wird, da sich Komponenten nicht notwendig ändern, wenn das Programm als ganzes geändert wird. Die Pfadkennzeichnung wird benötigt, wenn die Komponente nicht in der aktuellen Bibliothek unmittelbar enthalten ist.

Ablauffähige Programme werden benötigt zum Entwickeln und Testen, sie können aber auch Teil eines freigegebenen Produktes sein. In beiden Fällen ist eine Konstruktionsbeschreibung erforderlich: Eine Liste aller Komponenten, die zu diesem Programm gehören. Diese Liste ist wiederum Teil einer Liste von Komponenten, die zu einem bestimmten Produkt gehören. Die Liste der Komponenten, die zu einem Programm gehören, wird benötigt, um aus den verschiedenen Teilen ein ablauffähiges Programm zusammenzusetzen (*zu bin-*

den). Diese Konstruktionsbeschreibung sollte auch Abhängigkeiten der Komponenten untereinander beschreiben. Diesen Informationen kann dann entnommen werden, in welcher Reihenfolge und wann Neuübersetzungen erforderlich sind. Besonders vorteilhaft ist es, wenn neben der Abhängigkeit auch noch Anweisungen enthalten sind, was zu tun ist, wenn sich durch Änderungen auf Grund der Abhängigkeiten Inkonsistenzen ergeben. Ein solcher Mechanismus wird z.B. in UNIX angeboten: das MAKE Kommando. Dieses erfreut sich im Kontext von UNIX besonderer Beliebtheit. Bei Programmiersprachen wie Ada werden die Abhängigkeiten der einzelnen Teile eines Programmes bereits vom Compiler erkannt und entsprechend ausgewertet. Allerdings bezieht sich diese Auswertung nur auf Komponentennamen, nicht auf die Merkmale Version bzw. Variante. Auch bei Verwendung von Ada kann dann eine entsprechend detaillierte Programm- bzw. Produktbeschreibung nützlich sein.

In einer Projektbibliothek sind also Komponenten von Softwaresystemen enthalten sowie Beschreibungen, aus welchen Teilen sich bestimmte Programme bzw. Produkte zusammensetzen und wie sie zu generieren sind.

3.4.2 Werkzeuge

Im letzten Abschnitt wurde bereits die Erzeugung von Programm- bzw. Produktversionen angesprochen. Dazu sind Werkzeuge erforderlich wie

- Projektüberwachungsinstrumente
- Freigabeprozeduren
- Integrationshilfsmittel
- Werkzeuge zur Auswertung von Testläufen

Daneben können noch weitere Werkzeuge vorhanden sein, die auf dem Inhalt von Projektbibliotheken operieren. Sind in der Bibliothek modulspezifische Querverweislisten enthalten, kann ein entsprechendes Werkzeug programmweite Querverweislisten erzeugen.

Weitere Werkzeuge können sein:

- Programmformatierer
- Werkzeuge zur Erzeugung von Testfällen
- Werkzeuge zur Erstellung von Durchlaufprofilen

3.5 Beispiele

3.5.1 Gandalf

GANDALF ist ein System zur Generierung von Software Entwicklungsumgebungen und wurde in diesem Kontext bereits im vergangenen Kapitel vorgestellt. Das Ergebnis des GANDALF Projektes ist daher nicht eine einzige Software Entwicklungsumgebung, sondern ein System zur Entwicklung solcher Umgebungen. Angewandt wurde das GANDALF System zur Erzeugung eines GANDALF Prototyps.

Mit GANDALF erzeugte Entwicklungsumgebungen verfügen über

- eine integrierte Projektdatenbank
- ein Werkzeug zur Versionskontrolle
- ein Werkzeug zur inkrementellen Programmkonstruktion
- Werkzeuge zur Projektmanagement Unterstützung

Die Benutzerschnittstelle einer mit GANDALF erzeugten Entwicklungsumgebung und alle darin enthaltenen Werkzeuge arbeiten mit einem Struktureditor. Diese Struktureditoren werden mit Hilfe des ALOE Systems erzeugt.

ALOE (A Language Oriented Editor) ist ein System zur Generierung von Strukturorientierten Editoren. ALOE besteht aus zwei elementaren Teilen, einem sprachunabhängigen strukturorientierten Kern, der die Editorfunktionalität beschreibt und einer Beschreibung der zu verwendenden Sprache.

ALOE unterscheidet zwischen der abstrakten und der konkreten Syntax einer Sprache. Die abstrakte Syntax beschreibt die Sprachkonstrukte wie z.B. for, loop etc., hingegen bestimmt die konkrete Syntax die Abbildung der abstrakten Syntax auf das Sichtgerät des Benutzers. Eine Syntaxbeschreibung für ein abstraktes Syntaxelement kann sich aus mehreren verschiedenen Schemata zusammensetzen. Dies ermöglicht, daß dynamisch verschiedene Perspektiven eines Sprachkonstruktes gezeigt werden können.

ALOE garantiert die syntaktische Konsistenz der Strukturen, da nur Operationen zugelassen sind, die an dem jeweiligen Punkt gültig sind. ALOE bietet auch semantische Unterstützung durch Aktionsroutinen an. Für jedes Sprachkonstrukt kann eine solche Routine vom Implementierer definiert werden, die dann beim Durchlauf des Sprachkonstruktes aufgerufen wird. Ausserdem können neben den im Kern definierten Kommandos noch zusätzliche Kommandos (z.B. Run Program) hinzugefügt werden.

Die Eingabe und Änderung von Programmen wird mit Hilfe von Platzhaltern bis zur untersten Stufe durchgeführt. Auf der Ebene von arithmetischen Ausdrücken ist wahlweise die Eingabe in Textform zulässig.

Die Benutzerschnittstelle baut auf ein konventionelles Sichtgerät auf, verwendet jedoch mehrere Fenster. Die Fenstertechnik wird z.B. benutzt, um den Benutzer über die zur Zeit zulässigen Kommandos zu informieren. Das Positionieren des Cursors kann in ALOE entweder entsprechend der Baumstruktur oder auch entsprechend der auf dem Bildschirm gezeigten Zeilenstruktur erfolgen.

Mit ALOE wurden Editoren für Pascal, Ada und C erzeugt. Aber auch das GANDALF Prototyp System selbst wurde mit Hilfe von ALOE generiert. Dies dürfte eine der zur Zeit umfangreichsten Anwendungen eines strukturorientierten Editors sein - und eine der erstaunlichsten. Der Pascal Editor wird an der Carnegie Mellon Universität mit großem Erfolg im Pascal - Einführungskurs eingesetzt. Dieser Kurs wird von etwa 500 Studenten pro Semester besucht.

3.5.2 Cornell Synthesizer

Der Cornell Program Synthesizer (CPS) wurde 1978 für einen PL/I Dialekt entwickelt. Später folgte eine weitere Implementierung für Pascal. CPS ermöglicht das Erstellen, Ausführen und Testen von Programmen. CPS ist also ein inkrementelles Entwicklungssystem.

Der Editor ist ein Struktureditor, der die Eingabe und Änderung von Programmen mit Hilfe von Platzhaltern bis auf Anweisungsebene ermöglicht. Anweisungen werden als Text eingegeben. Die Benutzerschnittstelle baut auf einem konventionellen Sichtgerät auf und kennt weder direktes Positionieren noch Selektieren. Allerdings ist die Manipulation ganzer Programmteile möglich -insbesondere können Programmteile zur späteren Verwendung *beiseite* gelegt werden. Das Ändern vorhandener Programme, sowie auch das Ändern eines Konstruktes in ein anderes, sind relativ aufwendige Operationen, auch wenn sie durch spezielle Transformationskommandos unterstützt werden. Zum Positionieren gibt es viele Befehle -

auch zur linearen Cursorbewegung, da jedoch keine Maus verwendet wird, kommt
der Benutzer meist ohne Kenntnis der Baumstruktur des Programmes nicht aus.

Sehr bequem ist das Testen eines Programmes mit CPS. Die Ausführung auch
unvollständiger Programme ist möglich. Sie endet dann spätestens mit dem ersten
nicht ausgefüllten Platzhalter. Die Ausführung eines Programmes kann angehalten werden, sie kann sogar eine begrenzte Anzahl von Schritten zurückgesetzt
werden, und auch an anderer Stelle fortgesetzt werden. Langsame und beschleu-
nigte Ablaufverfolgung sind möglich.

Programme im Sinne des CPS bestehen aus einer Baumstruktur, Textteilen und
Codefragmenten. Sie werden in dieser Form intern und auch während den Sitzun-
gen in Dateien abgespeichert. CPS wird hauptsächlich zur Ausbildung von Studenten in der Programmierung eingesetzt. Erfahrungen bei der Erstellung eines
grösseren Programmes liegen nicht vor.

Literaturverzeichnis

3.1 Austermühl, B., Henhapl, W., Kron, H.H., Lutze, R. On a Programming Environment and its Generation. Forschungsbericht der TH Darmstadt. 1979.

3.2 Barbuti, R., Bellia, M. etc. Towards the Derivation of an Experimental Programming Environment from formal Language Specifications. Proceedings of the 15 th Hawai Int. Conf. on System Science: Honolulu 1982.

3.3 Bates, P., Wileden, J.C., An Approach to High-Level Debugging of Distributed Systems. Proceedings of the ACM SIGSOFT/SIGPLAN Symposium on Software Engineering: Pacific Grove 1983.

3.4 Brügge, B., Hibbard, P., Generalized Path Expressions: A High Level Debugging Mechanism. Proceedings of the ACM SIGSOFT/SIGPLAN Symposium on Software Engineering: Pacific Grove 1983.

3.5 Degano, P., Sandewall, E. Integrated Interactive Computing Systems. Proceedings of the European conference ECICS 82 in Stresa. Amsterdam: North Holland 1982.

3.6 Donzeau-Gouge, V., Huet, G., Kahn, G., Lang, B. The Mentor Program Manipulation System. INRIA . 1979.

3.7 Feiler, P., Medina-Mora, R. An Incremental Programming Environment. Tech. Rep. CMU-CS-80-126. Pittsburgh 1980.

3.8 Fritzson, P. A Systematic Approach to Advanced Debugging through Incremental Compilation. Proceedings of the ACM SIGSOFT/SIGPLAN Symposium on Software Engineering: Pacific Grove 1983.

3.9 Ghezzi, C., Mandrioli, D. Incremental Parsing. ACM Trans. Program. Lang. Syst. 1979.

3.10 Habermann, A.N., The Second Compendium of Gandalf Documentation. Department of Computer Science, Carnegie Mellon University, Pittsburgh 1982.

3.11 Kishimoto, Zen An Experimental Debugger in a limited Programming Environment. Proceedings of the ACM SIGSOFT/SIGPLAN Symposium on Software Engineering: Pacific Grove 1983.

3.12 Meyrowitz, N., van Dam, A. Interactive Editing Systems. ACM Computing Surveys Vol. 14, Nr. 3, September 1982.

3.13 Müllerburg, M. The Role of Debugging within Software Engineering Environments. Proceedings of the ACM SIGSOFT/SIGPLAN Symposium on Software Engineering: Pacific Grove 1983.

3.14 Huenke, H. Software Engineering Environments. Proceeding of the Symposium held in Lahnstein. Amsterdam: North Holland 1981.

3.15 McDermid, J.A., Ripken, K. Life Cycle Support in the Ada Environment. Cambridge University Press : 1983.

3.16 Medina-Mora, R., Feiler, P.H. An Incremental Programming Environment. IEEE Trans. on Software Engineering. 1981.

3.17 Overgaard, M., Stringfellow, S., Personal Computing with the UCSD p-System™. Prentice Hall. 1983.

3.18 Post, E., Real Programmers don't use Pascal. Datamation July 1983, Readers Forum. P 263 - 265.

3.19 Soi, I. M. On Creating a reliable Programming Environment. Microelectron. a. Reliab. 1982.

3.20 Sneed, H.M., Kirchhof, K. Prüfstand. Software Testing, Infotech State of the Art. Report 2. 1979.

3.21 Sommer, M. Das Programmiersystem PASCAL BS2000. Eine moderne Programmierumgebung für die Sprache Pascal zur interaktiven Software-entwicklung. Data Report. Erlangen. 1981.

3.22 Sufrin, B. Formal Specification of a Display Oriented Text Editor. Science of Computer Programming: North Holland 1982.

3.23 Teitelbaum, T., RTeps, T. The Cornell Synthesizer. CACM 24 ,9, 1981

3.24 Teitelman, W. A displayoriented Programmer's Assistant. Int. J. Man-Machine Studies. 1979.

4. Programmiersprachen

W. Hoyer, H. Raffler, M. Stadel, R. P. Wehrum

4.1 Einleitung

Große und komplexe Software-Systeme erfordern Programmiersprachen, die Software-Engineering Techniken unterstützen. Die Entwicklung von Programmiersprachen ist in den 70er Jahren in hohem Maße durch die Disziplin „Software-Engineering" beeinflußt worden. Vor allem das Konzept des „Strukturierten Programmierens" und das „Life-Cycle Konzept" standen im Vordergrund beim Entwurf neuerer Sprachen [4.28].

Wesentliche Merkmale moderner Programmiersprachen sind Sprachkonstrukte zur Spezifikation von Moduln und das Prinzip der getrennten Übersetzbarkeit von Programmbausteinen. Moduln erlauben die Strukturierung von Software-Systemen in funktionell abgeschlossene Einheiten (Strukturierung im Großen).

4.2 Kurzer historischer Überblick

Die rasante Verbreitung von Datenverarbeitungsanlagen und die hohe Innovationsrate bei der Hardware führten zu wachsenden Leistungsanforderungen an die Software. Die zunehmende Komplexität von Softwareprodukten bewirkte die Entwicklung einer fast unüberschaubaren Anzahl von höheren Programmiersprachen. An Hand einiger Beispiele soll die Entwicklungslinie von Programmiersprachen aufgezeigt werden.

Die erste höhere Programmiersprache, die in größerem Umfang zur Anwendung kam, war FORTRAN (1954-1958) [4.14]. Auch heute noch dürfte FORTRAN die im naturwissenschaftlich-technischen Bereich weitestverbreitete Sprache sein. In der kommerziellen Datenverarbeitung setzte sich die Sprache COBOL (1959-1961) [4.9] durch.

Mit ALGOL60 (1957-1960) [4.2] wurde eine algorithmische Formelsprache entworfen. Die Bedeutung dieser Sprache liegt weniger in ihrer Verbreitung als in den Sprachkonzepten und in der Methode, die zur Beschreibung ihrer Syntax angewendet wurde.

ALGOL60 enthält Konstrukte zur Darstellung von Blöcken, rekursiven Prozeduren und dynamischen Feldern. Variable müssen stets explizit deklariert werden. Die von Backus und Naur entwickelte Formalisierung (BNF-Notation) des Sprachaufbaues (Syntax) für ALGOL60 war richtungsweisend für weitere Sprachdefinitionen.

Die formale Beschreibung der Syntax und Semantik einer Sprache ist die Basis für die Entwicklung korrekter Sprachübersetzer.

In den 60er Jahren standen theoretische Arbeiten über die Syntax und Semantik von Programmiersprachen im Vordergrund. Die ersten Ansätze für die Verifikation von Programmen wurden entwickelt [4.11] [4.13] [4.24]. Außerdem wurde der Versuch unternommen, alle bis dahin bekannten Sprachkonzepte in Universalsprachen zu vereinen. Beispiele hierfür sind PL/I (1964-1969) [4.25] und ALGOL 68 (1963-1969) [4.31].

Während PL/I Merkmale aus den Sprachen FORTRAN, COBOL und ALGOL60 enthält, stellt ALGOL68 eine Generalisierung von ALGOL60 dar. Sowohl ALGOL 68 als auch PL/I setzten sich weniger durch als erwartet. Die mangelnde Akzeptanz läßt sich mit der Komplexität von PL/I und ALGOL68 begründen.

Einen völlig anderen Weg ging N. Wirth mit seiner Sprache Pascal (1971) [4.21] [4.8]. Wesentliche Charakteristika dieser Sprache sind Einfachheit und Überschaubarkeit. In Pascal lassen sich sowohl die Daten als auch der Programmablauf strukturieren. Pascal erlaubt außerdem die Definition von problemorientierten Datentypen. Entscheidendes Designprinzip für diese Sprache ist die Berücksichtigung von Konzepten des strukturierten Programmierens. Sprachmittel zur Darstellung und Steuerung von nichtsequentiellen Programmabläufen (Prozessen) und ein Modulkonzept werden von Pascal allerdings nicht zur Verfügung gestellt. Wegen des fehlenden Modulkonzeptes eignet sich Pascal nicht für größere DV-Projekte.

Die meisten modernen Sprachentwürfe basieren auf Pascal, wie z.B. MODULA [4.32], MODULA-2 [4.33], EUCLID [4.23], LIS [4.20], CHILL [4.27] und die neueste Sprachentwicklung Ada [4.12] [4.30] [4.4] [4.17]. All diesen Sprachen gemeinsam sind Konstrukte zur Spezifikation von Moduln. Moduln sind ein entscheidendes Hilfsmittel zur Realisierung komplexer Software-Systeme.

MODULA (1975) und MODULA-2 (1977) wurden von N. Wirth als Systemimplementierungssprachen entworfen. MODULA-2 unterscheidet sich von MODULA insbesondere durch ein erweitertes Modulkonzept und durch ein Prozeßkonzept auf der Grundlage von Coroutinen. MODULA-2 wurde eingesetzt bei der Systemimplementierung für den Arbeitsplatzrechner LILITH [4.34]. MODULA-2 beinhaltet zusätzlich zu dem was Pascal bietet:

- ein Modulkonzept,
- ein Konzept der separaten Kompilation,
- ein Prozeßkonzept,
- Prozedur-Typen,
- Sprachmittel zur maschinennahen Programmierung.

Die Programmiersprache CHILL (CCITT High Level Programming Language) wurde von einer Arbeitsgruppe des CCITT konzipiert. Vorrangiges Ziel dieser Arbeitsgruppe war es, eine einheitliche Sprache zu entwerfen, die die Konstruktion zuverlässiger und strukturierter Software für rechnergesteuerte Telefonvermittlungssysteme gestattet.

Die Sprache CHILL enthält ein Modul- und ein Prozeßkonzept. Ferner erlaubt CHILL die physikalische Repräsentation von Objekten und die Darstellung von Ausnahmebehandlungen.

CHILL ist jedoch keine spezielle Sprache für rechnergesteuerte Telefonvermittlungssysteme. Sie kann als Systemimplementierungssprache und als Sprache für gewisse Echtzeitanwendungen eingesetzt werden.

Ada (1974-1982) ist eine Programmiersprache, die im Auftrag des amerikanischen Verteidigungsministeriums (DoD) für den Bereich "Embedded Computer Systems" entwickelt wurde. Ada eignet sich sowohl als Systemimplementierungssprache als auch als Sprache für technisch-wissenschaftliche und kommerzielle Anwendungen. Zusätzlich zu Pascal besitzt Ada Konstrukte zur:

- Darstellung von Moduln,
- getrennten Übersetzbarkeit (Separate Compilation),
- Darstellung von nichtsequentiellen Programmabläufen (Tasking),

- Ausnahmebehandlung (Exception Handling),
- physikalischen Repräsentation von Objekten (Representation Specifications)
- Definition von Programmschemata (Generics).

Im Februar 1983 wurde Ada durch ANSI standardisiert.

4.3 Konzepte moderner höherer Programmiersprachen

Moderne höhere Programmiersprachen sind charakterisiert durch Sprachmittel zur Strukturierung des Programmablaufes, durch das Typ-, Unterprogramm- und Modulkonzept, durch Sprachkonstrukte zur Darstellung von nichtsequentiellen Abläufen und von Ausnahmebehandlungen . Ferner enthalten die Systemimplementierungssprachen Ada, CHILL und MODULA-2 Konstrukte zur Beschreibung von Schnittstellen zur Hardware. Ada erlaubt außerdem die Definition von Programmschemata.

Im folgenden wird auf Sprachmittel zur Strukturierung des Programmablaufes, auf das Typ- und auf das Unterprogrammkonzept nicht näher eingegangen.

4.3.1 Das Modulkonzept

Zentrales Problem des Entwurfes von Software-Systemen ist die Zerlegung des Systemes in überschaubare Moduln und die Festlegung der Beziehungen zwischen Moduln (Schnittstellenbildung) [4.22]. Unter einem Modul wird i.a. eine logische Einheit verstanden, die aus Objekten und Funktionen besteht.

Ziele der Modularisierung sind unter anderem [4.1]:

- Reduzierung der Systemkomplexität und damit erhöhte Verständlichkeit des Gesamtsystems,

- Vereinfachung der Realisierung des Systems durch unabhängige Implementierung der einzelnen Moduln,

- Vereinfachung des Testes durch getrennten Modultest,

- Effiziente Wartung und leichte Änderbarkeit des Gesamtsystems,

- Verbesserte Standardisierung durch mehrfachen Einsatz von Moduln.

Aus den genannten Zielen der Modularisierung läßt sich ein etwas präziserer Modulbegriff ableiten:

Unter einem *Modul* wird ein Subsystem verstanden, das die nachstehenden Eigenschaften besitzt:

- Bereitstellung von Objekten, von Funktionen oder von Objekten und Funktionen, die auf diesen Objekten operieren,

- Unabhängigkeit, d.h.
    - logische Einheit,
    - Inneres des Subsystems ist verborgen (Information Hiding),
    - getrennte Implementierbarkeit von einzelnen Subsystemen,

- Spezifizierung des Subsystems erfolgt ausschließlich durch die Schnittstellenbeschreibung.

In [4.15] werden zwei Modularten unterschieden:

Typ 1: Der Modul besteht aus einer Hauptfunktion, deren Ergebnis ausschließlich von der Eingabe abhängt.

Typ 2: Der Modul besteht aus einer Datenstruktur und einer Menge von Zugriffsfunktionen auf diese Struktur.

Moduln vom Typ 1 lassen sich in „klassischen Programmiersprachen" durch das Unterprogrammkonzept realisieren. Neuere Programmiersprachen wie z.B. MODULA-2, CHILL oder Ada besitzen Sprachkonzepte, die eine einfache Realisierung von Moduln des Typs 2 erlauben.

4.3.1.1 Zusammenhang von abstraktem Datentyp und Modul-Konzept

Ein *abstrakter Datentyp* definiert eine Klasse von Objekten, die durch die Operationen, die mit diesen Objekten ausführbar sind, vollständig charakterisiert ist. Eine Datenstruktur wird also ausschließlich durch die auf sie anwendbaren Operationen und *nicht* durch ihre Speicherrepräsentation definiert [4.10] [4.16].

Somit realisieren Moduln, die einen Datentyp und *alle* auf diesen Typ anwendbaren Operationen definieren, einen abstrakten Datentyp.

Abstrakte Datentypen sind ein wichtiges Hilfsmittel zur Konstruktion zuverlässiger Software. Die meisten neuen Programmiersprachen enthalten Konzepte, die die Realisierung abstrakter Datentypen unterstützen.

4.3.1.2 Getrennte Übersetzbarkeit

Eine unabhängige Entwicklung von Programmeinheiten eines Software-Systems durch mehrere Programmierer ist nur dann möglich, wenn die Schnittstellen der Programmeinheiten (Moduln) festgelegt und diese Einheiten getrennt übersetzt werden können.

Sprachen wie FORTRAN und COBOL gestatten die *unabhängige Kompilation* von Unterprogrammen. Aufgrund der fehlenden Sprachmittel zur Schnittstellenbeschreibung werden allerdings Inkonsistenzen zwischen der Deklaration eines Unterprogrammes und dessen Aufruf *nicht* zur Übersetzungszeit, sondern bestenfalls zur Laufzeit entdeckt.

Moderne höhere Programmiersprachen besitzen Konzepte, die die Überprüfung der logischen Beziehungen zwischen Programmeinheiten zur *Übersetzungszeit* ermöglichen. Man spricht dann von *separater Kompilation* oder von *getrennter Übersetzbarkeit*.

Separate Kompilation impliziert, daß die Übersetzung von Einheiten nicht völlig unabhängig voneinander erfolgen kann. Nimmt eine Einheit A Leistungen einer Einheit B in Anspruch, dann muß zumindest der Spezifikationsteil von B vor der Einheit A übersetzt worden sein.

Bei Modifikation einer Übersetzungseinheit müssen lediglich die Einheit selbst und eventuell die von ihr abhängigen Einheiten neu übersetzt werden und *nicht* das gesamte Software-System.

In Ada zum Beispiel, lassen sich unter anderem der Spezifikationsteil und der Implementierungsteil von Unterprogrammen und Paketen (Moduln) getrennt übersetzen.

Um eine vollständige semantische Überprüfung über die Grenzen von Übersetzungseinheiten hinweg vornehmen zu können, müssen Compiler die dafür relevante Information aus der Schnittstellenbeschreibung von Übersetzungseinheiten in einer Bibliothek hinterlegen (siehe hierzu Kapitel 5).

4.3.1.3 Das Modulkonzept der Sprache Ada

Moduln werden in Ada Pakete genannt. Ein Paket besteht aus einem Spezifikationsteil (Beschreibung der Schnittstelle) und einem Implementierungsteil. Nur Objekte, die im Spezifikationsteil deklariert sind, sind nach außen sichtbar. Der Implementierungsteil (Package Body) enthält die Realisierung der nach außen hin sichtbaren Operationen. Der Inhalt des Implementierungsteiles bleibt dem Benutzer eines Paketes verborgen (Information Hiding, Geheimnisprinzip).

Aufgrund der genannten Sichtbarkeitsregeln für Pakete läßt sich der Implementierungsteil modifizieren, ohne daß Programmteile, die das Paket benutzen, von der Änderung berührt werden. Nur Modifikationen der Schnittstelle (Spezifikationsteil) eines Paketes können dazu führen, daß auch Änderungen in denjenigen Programmteilen vorgenommen werden müssen, die Leistungen des Paketes in Anspruch nehmen.

In Beispiel 4.1 wird das Modulkonzept von Ada näher erläutert.

Beispiel 4.1: Ada-Paket zur mathematischen Behandlung von Rationalzahlen.

a)   Schnittstelle (Spezifikation) des Paketes (nach außen sichtbar)

```
package RATIONAL_ZAHL is

-- Typen
type RATIONAL is
        record
                ZAEHLER:  INTEGER;
                NENNER :  POSITIVE;
        end record;

-- Funktionen
function KONSTRUIERE (X, Y : INTEGER) return RATIONAL;
        -- Funktion zur Konstruktion von Rationalzahlen.

function EQUAL (X,Y : RATIONAL) return BOOLEAN;
        -- Funktion zum Vergleich zweier Rationalzahlen.

function "+" (X,Y : RATIONAL) return RATIONAL;
        -- Funktion zur Addition zweier Rationalzahlen.

function "-" (X,Y : RATIONAL) return RATIONAL;
        -- Funktion zur Subtraktion zweier Rationalzahlen.

function "*" (X,Y : RATIONAL) return RATIONAL;
        -- Funktion zur Multiplikation zweier Rationalzahlen.

function "/" (X,Y : RATIONAL) return RATIONAL;
        -- Funktion zur Division zweier Rationalzahlen.

end RATIONAL_Zahl;
```

b)   Implementierung des Paketes (nach außen nicht sichtbar).
     package body RATIONAL_ZAHL is

     procedure GLEICHER_NENNER (X,Y : in out RATIONAL) is
     begin
                 -- Umwandlung von X und Y zu Rationalzahlen
                 -- mit gleichem Nenner
     end GLEICHER_NENNER;

     function EQUAL (X,Y : RATIONAL) return BOOLEAN is
                 U, V: RATIONAL;
     begin
                 U := X;
                 V := Y;
                 GLEICHER_NENNER (U, V);
                 return U.ZAEHLER = V.ZAEHLER;
     end EQUAL;

     function KONSTRUIERE (X,Y : INTEGER) return RATIONAL is
                 U, V:INTEGER;
     begin
                 U := X;
                 V := Y;
                 if Y < 0 **then**
                         V := -V;
                         U := -U;
                 end if;
                 return (ZAEHLER = > U ,NENNER = > V);
     end KONSTRUIERE;

     function "+" (X,Y : RATIONAL) return RATIONAL
         is ... end "+";

     function "-" (X,Y : RATIONAL) return RATIONAL
         is ... end "-";

     function "*" (X,Y : RATIONAL) return RATIONAL
         is ... end "*";

     function "/" (X,Y : RATIONAL) return RATIONAL
         is ... end "/";

     end RATIONAL_ZAHL;

Im Beispiel 4.1 sind von außen nur der Typ RATIONAL und die Funktionen EQUAL, KONSTRUIERE, +, -, *, / ansprechbar. Das Unterprogramm GLEICHER_NENNER, deklariert im Implementierungsteil (Package Body) des Paketes RATIONAL_ZAHL, kann *nur* innerhalb des Implementierungsteiles verwendet werden.

Der Implementierungsteil eines Paketes kann neben Deklarationen auch eine Folge von Anweisungen enthalten. Diese Anweisungen dienen zur Initialisierung von Datenobjekten des Spezifikations- oder des Implementierungsteiles.

Bei Ablauf eines Programmes werden bei der Abarbeitung (Elaboration) der Paketimplementierung diese Anweisungen für jede Inkarnation des Paketes genau einmal ausgeführt und zwar, bevor Leistungen des Paketes in Anspruch genommen werden. Die Reihenfolge der Elaboration von Paketen wird im allgemeinen anhand der Relationen, die zwischen den Paketen eines Programmes existieren (**with**-Beziehung; siehe Abschnitt „Bottom-up Programmentwicklung mit Ada") vom Compiler berechnet.

Realisierung von abstrakten Datentypen in Ada

Datenobjekte vom Typ RATIONAL (siehe Beispiel 4.1) lassen sich mit Hilfe der im Paket RATIONAL_ZAHL deklarierten Funktionen manipulieren. Allerdings können auf diese Datenobjekte auch Operationen angewendet werden, die nicht in der Schnittstellenbeschreibung des Paketes RATIONAL_ZAHL definiert sind.

Die in Ada mögliche Aufteilung der Paket-Deklaration in einen sichtbaren und in einen privaten Teil erlaubt die Implementierung von abstrakten Datentypen.

Man erhält die Realisierung eines abstrakten Datentypes, wenn alle Typen im sichtbaren Teil der Schnittstellenbeschreibung eines Paketes als **limited private** - Typen vereinbart werden. Die Definition der Typen erfolgt dann im privaten Teil der Paket-Deklaration (siehe hierzu Beispiel 4.2).

Auf Objekte vom Typ **limited private** lassen sich außerhalb des Paketes *nur* die im Spezifikationsteil deklarierten Unterprogramme anwenden.

Beispiel 4.2:   Spezifikationsteil eines Ada-Paketes zur mathematischen Behandlung von rationalen Zahlen. Die Manipulation von Objekten vom Typ RATIONAL ist nur mit den im Spezifikationsteil definierten Unterprogrammen möglich (Abstrakter Datentyp).

```
package RATIONAL_ZAHL is

    -- Sichtbarer Teil der Schnittstellenbeschreibung.

    type RATIONAL is limited private;

    function KONSTRUIERE (X,Y : INTEGER) return RATIONAL;
                -- Funktion zur Konstruktion einer Rationalzahl.

    .

    .           -- Siehe Beispiel 4.3, Teil a

    .

    function "/" (X,Y : RATIONAL) return RATIONAL;
                -- Funktion zur Division zweier Rationalzahlen.


    -- Privater Teil der Schnittstellenbeschreibung
    private

    type RATIONAL is

            record

                    ZAEHLER:  INTEGER;
                    NENNER :  POSITIVE;
            end record;

    end RATIONAL_ZAHL;
```

Für Objekte, deren Typ in der Paket-Spezifikation als **limited private**-Typ deklariert wurde, sind neben den Operationen, die im Spezifikationsteil definiert wurden, noch folgende Operationen *implizit* zugelassen: explizite Konversionen, Qualifikation, Membership-Test und Diskriminantenauswahl.

Übersetzungseinheiten in Ada

Übersetzungseinheiten werden in zwei Klassen aufgeteilt:

- in *Bibliothekseinheiten* (Library Units) und
- in *sekundäre Einheiten* (Secondary Units).

Bibliothekseinheiten können sein

- der Spezifikationsteil eines
    - Unterprogrammes,
    - Paketes,
    - Programmschemas (Generic; siehe Abschnitt 4.3.4),
- der Implementierungsteil eines Unterprogrammes,
- die Instantiierung eines Programmschemas.

Die Klasse der sekundären Einheiten besteht aus

- dem Implementierungsteil eines
    - Unterprogrammes,
    - Paketes,
- den Untereinheiten oder Subunits.

Eine *Untereinheit* ist der Implementierungsteil eines Unterprogrammes, eines Paketes oder einer Task (Prozeß). Der Spezifikationsteil einer Untereinheit ist Bestandteil einer anderen Übersetzungseinheit.

Während Untereinheiten die Top-down Programmentwicklung unterstützen, ermöglichen Bibliothekseinheiten die Bottom-up Entwicklung von Programmsystemen.

Top-Down Programmentwicklung mit Ada

Bei der Top-down Entwicklung wird ein Software-System derart konzipiert, daß innerhalb einer Übersetzungseinheit Operationen benutzt werden, die erst in den darauffolgenden Entwicklungsschritten realisiert werden. Somit ergibt sich für das Software-System eine Baumstruktur (siehe Bild 4.1). Ada unterstützt dieses Prinzip der Programmentwicklung durch die Untereinheiten (Subunits).

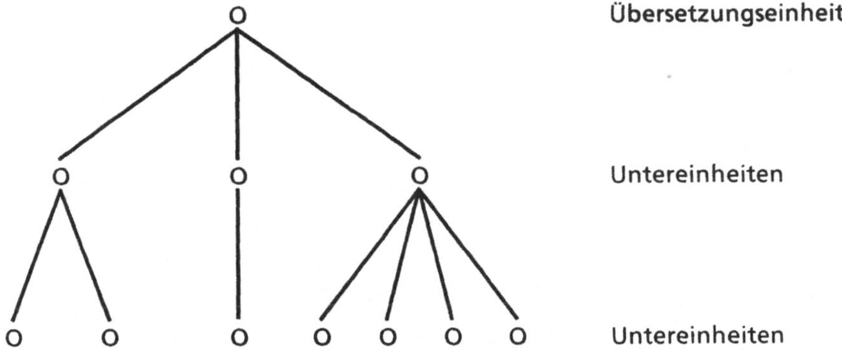

Bild 4.1: Top-down Programmentwicklung mit Ada

In einer Übersetzungseinheit lassen sich Untereinheiten spezifizieren. Die Untereinheiten selbst enthalten dann einen Verweis auf diejenige Einheit, die die Spezifikation der Untereinheit enthält (siehe Beispiel 4.3). Innerhalb eines Rumpfes einer Untereinheit können wiederum Untereinheiten spezifiziert werden.

Beispiel 4.3:   Untereinheiten in Ada [4.4]

```
procedure MAIN is

   -- Spezifikation von Untereinheiten
   procedure INPUT     (D: out DATA)       is separate;
   procedure PROCESS   (D: in out DATA)    is separate;
   procedure OUTPUT    (D: in DATA)        is separate;
begin
   .
   .
   .
end MAIN;
```

Implementierung der Untereinheiten:

separate (MAIN)
procedure INPUT   (D: **out** DATA)   **is ... end** INPUT;

separate(MAIN)
procedure PROCESS   (D: **in out** DATA)   **is ... end** PROCESS;

separate (MAIN)
procedure OUTPUT   (D: **in** DATA)   **is ... end** OUTPUT;

Bottom-Up Programmentwicklung mit Ada

Die Bottom-up Entwicklung von Programmen wird in Ada durch Bibliothekseinheiten (Library Units) unterstützt.

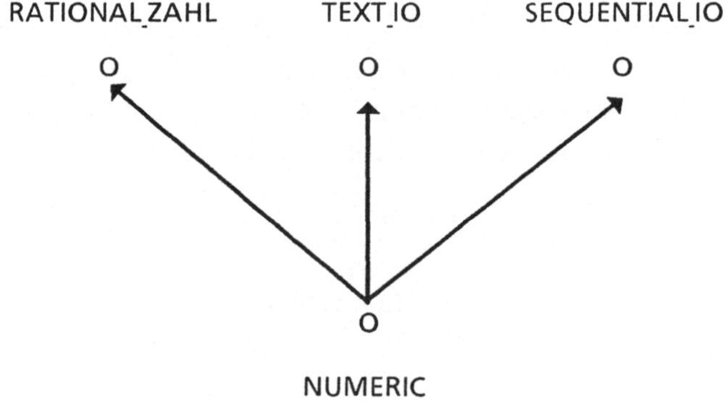

Bild 4.2: Bottom-up Programmentwicklung mit Ada

    ⟶   „benutzt"-Relation

Im Gegensatz zur Top-down Entwicklung werden bei der Bottom-up Programmentwickung zuerst Pakete und Unterprogramme spezifiziert und realisiert. Diese Programmeinheiten lassen sich dann wiederum von anderen Programmeinheiten benutzen. Auf Bibliothekseinheiten kann in Ada mit Hilfe der **with**-Klausel Bezug genommen werden („benutzt"-Relation). Bild 4.2 und Beispiel 4.4 verdeutlichen die Bottom-up Programmentwicklung in Ada.

Beispiel 4.4:   Bezugnahme auf Bibliothekseinheiten in Ada.

```
with   RATIONAL_ZAHL,        -- Siehe Beispiel 4.1
       SEQUENTIAL_IO,
       TEXT_IO;

procedure NUMERIC is

           A, B : RATIONAL_ZAHL.RATIONAL;
           C    : BOOLEAN;
           .
           .
           .
begin
           .
           .
           .
           C :=   RATIONAL_ZAHL.EQUAL (A ,B);
           .
           .
           .
end NUMERIC;
```

4.3.1.4   Das Modulkonzept der Sprache CHILL

Das Modulkonzept der Sprache CHILL unterscheidet sich erheblich von dem der
Sprache Ada.

Ein Modul in CHILL besteht aus einem Vereinbarungs- und einem Anweisungsteil. Ähnlich wie in MODULA-2 müssen Objekte, die außerhalb des Moduls sichtbar sein sollen, durch eine **grant**-Anweisung (in MODULA-2 **export**-Anweisung)
exportiert werden. Objekte, die außerhalb eines Moduls M sichtbar sind, lassen
sich innerhalb M verwenden, wenn diese Größen in M durch eine **seize**-Anwei-
sung (in MODULA-2 **import**-Anweisung) importiert werden.

Somit erlaubt CHILL und auch MODULA-2 eine präzisere Kontrolle über die
Sichtbarkeit von Namen als Ada. Eine klare Trennung zwischen Spezifikationsteil
und Implementierungsteil eines Moduls ist in CHILL im Gegensatz zu Ada und
MODULA-2 nicht vorgesehen. Das Beispiel 4.9 verdeutlicht das Modulkonzept der
Sprache CHILL.

Beispiel 4.9:   CHILL-Modul zur Verwaltung einer Warteschlange.

a) Definition des Moduls

```
QUEUE_MANAGER: module

    /*Typdeklaration*/

    synmode ELEMENT = ...
    newmode QUEUE =
                struct (QUEUE_ELEMENTS array (1:100) ELEMENT,
                        HEAD, TAIL range (1:100) := 1,
                        LENGTH     range (0:100) := 0);

    /*Unterprogramm-Deklarationen*/

    DEPOSIT: proc (Q  QUEUE  inout, E  ELEMENT);
                ...
          end DEPOSIT;

    REMOVE: proc (Q  QUEUE  inout) returns (ELEMENT);
                ...
          end REMOVE;

    /*Export von Objekten*/

    grant QUEUE, ELEMENT, DEPOSIT, REMOVE;

end   QUEUE_MANAGER;
```

b) Verwendung des Moduls

```
PROCESS_MANAGER: module

    /*Import von Objekten*/

    seize QUEUE, ELEMENT, DEPOSIT, REMOVE;
    ...
    /*Datendeklarationen*/
    dcl P_QUEUE QUEUE;
    ...
    /*Unterprogramme*/
    Q: proc (...);
        dcl P ELEMENT;
        ...
        P:=  ...
        DEPOSIT (P_QUEUE, E);
        ...
        P: = REMOVE (P_QUEUE);
        ...
    end Q;
    ...
end PROCESS_MANAGER;
```

Im Beispiel 4.9 werden die Objekte QUEUE, ELEMENT, DEPOSIT, REMOVE durch den Modul QUEUE_MANAGER exportiert und durch den Modul PROCESS_MANAGER importiert. Andere Größen des Moduls QUEUE_MANAGER sind nach außen nicht sichtbar. Durch die **grant**-Anweisung wird die Schnittstelle eines Moduls nur unvollständig beschrieben: lediglich Bezeichner werden aufgelistet, nicht jedoch der Typ der Bezeichner. Somit muß dem Benutzer eines Moduls der gesamte Modul zur Verfügung gestellt werden und nicht nur der Spezifikationsteil wie etwa in Ada.

Aus der **seize**-Anweisung geht nicht hervor, von welchem Modul Größen importiert werden. Daraus folgt: importiert ein Modul M einen Bezeichner A, dann dürfen nicht mehrere Moduln existieren, aus denen M den Namen A importieren kann. Die Implementierung, Lesbarkeit und Wartung von CHILL-Programmen wird aufgrund dieser Regel erschwert.

Eine Arbeitsgruppe des CCITT diskutiert zur Zeit Vorschläge um den zuletzt genannten Nachteil zu vermeiden. Folgende Lösung zeichnet sich ab [4.3]:

In den **grant**- und **seize**-Anweisungen können qualifizierte, d.h. mit einem Präfix versehende Namen enthalten sein. Das Präfix bezeichnet bei der **grant**-Anweisung den Namensraum, in den die Bezeichner exportiert werden. Umgekehrt bestimmt das Präfix bei der **seize**-Anweisung den Namensraum, aus dem importiert wird. Anders als in Ada ist damit die Struktur des Namensraumes unabhängig von der Programmstruktur (siehe hierzu Beispiel 4.10)

Beispiel 4.10:   Namensräume in CHILL

```
M1: module
    ...
   grant T, U, V, W qualified Q;
    ...
end M1;

M2: module
    ...
   grant X, Y qualified Q;
   grant S    qualified P;
    ...
end M2;

M3: module
    ...
   seize all qualified Q;
    ...
end M3;
```

Der Modul M1 exportiert die Objekte mit dem Namen T, U, V, W und der Modul M2 Objekte mit den Bezeichnern X, Y in den Namensraum Q. Ferner exportiert M2 das Objekt mit der Bezeichnung S in den Namensraum P. Durch die Anweisung **seize all qualified** Q sind in M3 alle Objekte sichtbar, deren Namen in Q enthalten sind.

Werden während der Entwicklung oder bei der Pflege des Programmsystems die Moduln M1 und M2 restrukturiert (z.B. Zusammenfassung von M1 und M2 zu einem Modul oder Aufteilung von M1 bzw. M2 in mehrere Moduln), dann ist der Modul M3 davon nicht betroffen, solange die Bezeichnung des Namensraumes und die von M3 aus Q importierten Namen einschließlich ihrer Bedeutung erhalten bleiben.

In Ada müßte beispielsweise bei der Zusammenfassung der Spezifikationsteile von M1 und M2 zu einer Paketspezifikation zumindest die zu M3 gehörende **with**-Liste geändert, sowie M3 und alle von M3 abhängigen Einheiten neu übersetzt werden.

Übersetzungseinheiten in CHILL

Die aktuelle Sprachdefinition von CHILL [4.7] legt nicht fest, welche Einheit getrennt übersetzbar ist. Meistens definieren die CHILL-Sprachimplementierungen den Modul als Übersetzungseinheit. Der Siemens-CHILL-Compiler [4.27] erlaubt neben der getrennten Übersetzung von Moduln auch die getrennte Übersetzung einer Region (**region**). Das Regionen-Konzept in CHILL entspricht dem Monitor-Konzept [4.19].

Gegenwärtig befaßt sich eine Arbeitsgruppe des CCITT unter dem Titel "Piecewise Compilation" mit der getrennten Übersetzbarkeit in CHILL. Das nachstehend beschriebene Konzept für die separate Kompilation [4.3] wird vermutlich von den zuständigen Gremien des CCITT akzeptiert.

Piecewise Compilation bedeutet die Übersetzung von unvollständigen Programmstücken bzw. von Programmstücken unabhängig von ihrem realen Kontext.

Noch nicht implementierte Programmteile in einem Programmstück werden durch sogenannte *Grant-Spezifikationen* (**spec module**) beschrieben. Soll ein Programmstück unabhängig von seinem tatsächlichen Kontext übersetzt werden, dann wird der Kontext durch eine *Kontext-Spezifikation* (virtueller Kontext) definiert. Die Grant- und die Kontextspezifikation beschreiben die statischen Eigenschaften von Objekten. Programmstücke, die getrennt übersetzt werden können, sind Moduln.

In Beispiel 4.11 wird das Konzept "Piecewise Compilation" näher erläutert.

Beispiel 4.11:   "Piecewise Compilation" in CHILL

a)   Grant-Spezifikation

```
M :   module
         . . .
    N:   spec module
         /*Grant-Spezifikation für N*/
         synmode DEVICE = set (DISK, PRINTER, TAPE);
         newmode P = struct (STATE  BOOL, D  DEVICE);
         R: proc () returns (BOOL);
         grant P, R;
    end N;
         . . .
end M;
```

b)   Kontextspezifikation

```
with
        /*Kontextspezifikation für den Modul M*/
        seize all qualified Q;
           . . .
        P:  proc ( ) returns (INT);
            newmode COMPLEX = struct (REAL, IMAG  INT);

end;

M: module
    seize P, COMPLEX;
       . . .
end M;
```

Im Beispiel 4.11 ersetzt die Grant-Spezifikation den Modul N. Die Einbettung des realen Moduls N in seine Umgebung kann durch eine Textreferenz erfolgen (siehe Beispiel 4.12). Eine Textreferenz gibt an, wo die Implementierung eines Moduls zu finden ist. Die Interpretation des Namens in einer Textreferenz hängt ab von dem vom Compiler verwendeten Bibliothekssystem. Auch Grant-Spezifikationen lassen sich durch Textreferenzen ersetzen.

Beispiel 4.12: Textreferenzen in CHILL

```
M: module
      ...
   N:  spec module
       /* Grant-Spezifikation für N; siehe Beispiel 4.11 */
          ...
       end N;


       /* Textreferenz auf die Implementierung von N*/
       N: module in  N_Text;
          ...
   end M;
```

Bei der Implementierung des Moduls N muß der Inhalt der Grant-Spezifikation wiederholt werden. Diese Redundanz hätten die Sprachdesigner vermeiden können, wenn Sprachkonstrukte zur Verfügung stünden, die die Trennung von Spezifikation und Implementierung eines Moduls erlauben (wie z.B. in MODULA-2 und Ada).

Realisierung von abstrakten Datentypen in CHILL

CHILL unterstützt die Implementierung von abstrakten Datentypen. Mit Hilfe der **forbid**-Klausel läßt sich die Implementierung eines Datentyps nach außen verbergen (siehe Beispiel 4.13). Allerdings kann die **forbid**-Klausel nur auf Record-Typen angewendet werden.

Beispiel 4.13:   Abstrakte Datentypen in CHILL

```
QUEUE_MANAGER: module
    /*Typdeklarationenen*/
    synmode ELEMENT = ...
    newmode QUEUE =
            struct (QUEUE_ELEMENTS array (1:100) ELEMENT,
                    HEAD, TAIL range (1:100) := 1,
                    LENGTH      range (0:100) := 0);

        .
        .      siehe Beispiel 4.9
        .

    /*Export von Objekten*/
    grant QUEUE forbid all,
            ELEMENT, DEPOSIT, REMOVE;

    end QUE_MANAGER;
```

Aufgrund der forbid-Klausel darf außerhalb des Moduls QUEUE_MANAGER
nicht auf die Komponenten von Objekten des Typs QUEUE zugegriffen werden.
Somit können Moduln, die den Typ QUEUE importieren, auf Objekte dieses Typs
nur die Unterprogramme DEPOSIT und REMOVE anwenden. Ferner sind noch
die Operationen Zuweisung und Vergleich (=, / =) zugelassen.

4.3.1.5   Folgerungen aus dem Modulkonzept

Für die Entwicklung, den Test und die Wartung von Software-Systemen ergeben
sich aus dem Modulkonzept neuerer Sprachen sowie der in Ada und MODULA-2
möglichen Trennung von Spezifikation und Implementierung die nachstehenden
Konsequenzen:

- Programmentwicklung

    - die Modularisierung eines Software-Systemes wird unterstützt,
    - Implementierungsdetails bleiben verborgen,
    - voneinander unabhängige Entwicklung von Programmeinheiten ist mög-
      lich (Programmieren im Team),

- sowohl Top-down als auch Bottom-up Programmentwicklung kann realisiert werden,
- Übersetzungskosten werden reduziert.

● Test und Wartung

- die Verständlichkeit des Gesamtsystemes wird erhöht,
- der Test eines Programmes wird erleichtert,
- die Implementierung von Moduln kann i.a. ausgetauscht werden, ohne
  daß andere Programmeinheiten davon berührt werden (Einige Ausnahmen von dieser Regel sind in Kapitel 5 dargestellt).

4.3.2   Das Prozeßkonzept

Neben Sprachmitteln zur Steuerung des sequentiellen Ablaufes von Programmen
enthalten moderne Programmiersprachen Konstrukte zur Beschreibung nicht-
sequentieller Programmabläufe (Prozessen).

Das Prozeßkonzept erlaubt die Nutzung der Ressourcen eines Mehrprozessor-
systemes. Bei Monoprozessoren entbindet das Prozeßkonzept den Software-Ent-
wickler von der expliziten Sequentialisierung von den in der Problemstellung a
priori enthaltenen Parallelismen.

Zur Realisierung von nichtsequentiellen Abläufen werden Sprachmittel benötigt

● zur Darstellung von Prozessen,
● zur expliziten Synchronisation von Prozessen,
● zur Kommunikation zwischen Prozessen.

Prozesse werden in höheren Programmiersprachen unterschiedlich dargestellt. In
CHILL wird ein Prozeß ähnlich wie eine Prozedur definiert. Die Sprachen Ada und
Concurrent Pascal [4.6] behandeln Prozedurdefinitionen wie Typdefinitionen.
Objekte dieses Typs sind Prozesse. Modula-2 beinhaltet ein Prozeßkonzept auf der
Basis von Coroutinen.

Prozesse bilden zwar funktionell abgeschlossene Einheiten, sie sind jedoch in der
Regel nicht unabhängig voneinander. So müssen Aktionen eines Prozesses mit den
Aktionen anderer Prozesse synchronisiert werden, um z.B. Daten auszutauschen.

Für die Prozeßkommunikation stehen in Ada und CHILL Sprachmittel für den direkten Nachrichtenaustausch zur Verfügung. In Ada erfolgt der Austausch von Daten synchron (Rendezvous-Konzept), in CHILL dagegen asynchron. Neben der direkten Prozeßkommunikation ist in CHILL der Nachrichenaustausch auch über Monitore [4.19] und Puffer möglich. Concurrent Pascal erlaubt den Austausch von Daten nur über Monitore.

Auch die Beendigung von Prozessen ist in den einzelnen Programmiersprachen unterschiedlich definiert. Für weitergehende Studien muß jedoch auf die Literatur verwiesen werden, z.B. [4.29] [4.26].

4.3.3   Ausnahmebehandlung

Programme lassen sich im allgemeinen in zwei Teile zerlegen: in einen Teil, der den normalen Ablauf eines Algorithmus beschreibt und einen Teil, der Ausnahmesituationen behandelt. Ausnahmen (Exceptions) sind zum Beispiel Stacküberlauf, Überschreitung von Wertebereichen usw. Ada und CHILL enthalten im Gegensatz zu MODULA-2 Sprachmerkmale, die die Separierung der Ausnahmebehandlung von dem normalen Programmteil erlauben. Durch diese Unterscheidung wird die Portabilität von Programmen unterstützt und die Komplexität von Software-Systemen reduziert. Auch ältere Sprachen wie COBOL oder PL/I besitzen bereits Sprachkonstrukte zur Ausnahmebehandlung.

Die Behandlung von Ausnahmesituationen ist essentiell für Realzeit-Anwendungen. Beispielsweise darf dort eine Division durch Null i.a. nicht zu einem Programmabbruch führen.

In CHILL und Ada sind neben den durch die Sprache definierten Ausnahmen auch benutzerdefinierte Ausnahmen zugelassen. Im folgenden wird die Ausnahmebehandlung der Sprache Ada näher erläutert.

Beispiel 4.14:   Ausnahmebehandlung in Ada [4.4]

```
         .
         .
         .
  declare
          OVER_TEMP: exception;

  begin
          loop
                  GET      (TEMPERATURE);
                  SCALE    (TEMPERATURE);

                  if  TEMPERATURE > LIMIT then

                          raise OVER_TEMP;      -- Aufruf der Ausnahme-
                                                -- behandlung
                  end if;
          end loop;
  exception                                     -- Ausnahmebehandlung

          when OVER_TEMP = >
                  -- Folge von Statements

          when NUMERIC_ERROR = >
                  -- Folge von Statements
  end;
         .
         .
         .
```

Im Beispiel 4.14 ist OVER_TEMP eine vom Benutzer definierte und NUMERIC_
ERROR eine vordefinierte Ausnahme. Die Behandlung einer benutzerdefinierten
Ausnahme muß im Gegensatz zu vordefinierten Ausnahmen *explizit* durch das
raise-Statement ausgelöst werden. Das Auslösen der Ausnahmebehandlung für
OVER_TEMP bewirkt, daß die Anweisungen, die dem entsprechenden **when**-
Statement folgen, durchlaufen werden. Anschließend wird der Block verlassen.

Tritt eine Ausnahme auf und ist in der dazugehörigen Einheit (z.B. Block, Unterprogramm, Task) keine Ausnahmebehandlung definiert, dann wird die Ausnahme *propagiert*. Wird zum Beispiel während der Ausführung der Prozedur
SCALE die Ausnahmebehandlung für NUMERIC_ERROR ausgelöst und ist in

SCALE keine Ausnahmebehandlung für NUMERIC_ERROR vorhanden, dann
wird diese Ausnahme erneut an der Aufrufstelle der Prozedur SCALE ausgelöst.

4.3.4   Programmschemata (Generics)

Eine generische Einheit ist in Ada ein Programmschema für ein Unterprogramm
oder ein Paket. Durch Instantiierungen lassen sich aus einem Programmschema
in Abhängigkeit von Parametern echte Programmeinheiten erzeugen. Dieses Konzept ist äquivalent mit Makroexpansionen auf dem Niveau höherer Programmiersprachen.

Beispiel 4.15:   Programmschema für einen Stack [4.17].


```
generic type ELEMENT is private;        -- Parameter
package   STACK_MODULE is
type STACK is private;
procedure PUSH   (E: in ELEMENT;   S: in out STACK);
procedure POP     (E: out ELEMENT; S: in out STACK);
   .
   .
   .

end STACK_MODULE;
```

Aus dem im vorangegangenen Beispiel beschriebenen Programmschema lassen
sich beliebig viele echte Pakete zur Verwaltung eines Stacks erzeugen. Diese
echten Pakete unterscheiden sich lediglich durch den Typ der Stackelemente
(siehe Beispiel 4.16).

Beispiel 4.16:   Instantiierung eines Programmschemas


```
package     REAL_STACK  is new STACK_MODULE (FLOAT);
package     INT_STACK    is new STACK_MODULE (INTEGER);
```

Als formale Parameter für Programmschemata sind neben Typen auch Unterprogramme zugelassen.

Die Verwendung von Programmschematas reduziert die Komplexität von Software-Systemen. Modifikationen lassen sich leichter durchführen. Damit erhöht sich die Zuverlässigkeit eines Programmsystems.

Programmschemata bilden außerdem die Grundlage für die Entwicklung wiederverwendbarer Programmbausteine.

4.3.5   Beschreibung von Schnittstellen zur Hardware

Um spezielle Hardware-Eigenschaften ausnutzen zu können, ermöglichen Ada, CHILL und auch MODULA-2 die Definition von Schnittstellen zur Hardware. Mit Hilfe von „Representation Specifications" lassen sich beispielsweise in Ada logische Strukturen auf physikalische Darstellungen abbilden:
Interne Werte der Literale von Aufzählungstypen können explizit festgelegt werden, den Datenobjekten lassen sich Adressen zuordnen, Eintrittspunkte von Prozessen können mit Hardware-Interrupts verknüpft werden, die Größe des Speicherplatzes für Datenobjekte kann nach oben beschränkt werden usw.

Beispiel 4.17:   Representation Specifictions in Ada

       -- Angabe der Maximalgröße für das Objekt SHORT

       for SHORT'SIZE **use** 3 * BYTE;

       -- Zuordnung einer Adresse

       for CONTROL **use at** 16# 0020# ;

4.3.6 Zusammenfassung

Moderne höhere Programmiersprachen enthalten Konzepte, die den Entwurf, die Implementierung, den Test, die Wartung und Pflege großer Software-Systeme unterstützen. Wesentliches Merkmal neuerer Sprachen ist das Modulkonzept, das die Realisierung abstrakter Datentypen ermöglicht.

Die Reduzierung der Kosten für die Entwicklung und Wartung großer Software-Systeme kann jedoch nicht allein durch die Verwendung neuerer höherer Programmiersprachen erreicht werden. Es muß den Entwicklern auch eine Programmierumgebung zur Verfügung gestellt werden, in der der Compiler die zentrale Komponente ist.

Danksagung: Wir danken Herrn T. Mehner und Herrn R. Zeitlmann für zahlreiche Anregungen und für die sorgfältige Durchsicht des Manuskriptes.

Literaturverzeichnis

4.1   Balzert, H.: Vergleichende Betrachtung modularer Sprachkonzepte
Informatik-Fachberichte. Berlin, Heidelberg, New York: Springer,
Vol. 12, 1978, 45-72.

4.2   Baumann, R.: ALGOL-Manual der ALCOR-Gruppe.
München,Wien: Oldenburg-Verlag, 1969.

4.3   Bishop, R. u. a.: Separate compilation and the development of large
programs in CHILL. Fifth International Conference on Software-
Engineering for Telecommunication Switching Systems, Lund,
Sweden, 1983, Conference Publication No. 223.

4.4   Booch, G.: Software Engineering with Ada.
The Benjamin/Cummings Publishing Company Inc., 1983.

4.6   Brinch Hansen, P.: The Programming Language Concurrent Pascal.
IEEE Trans. Software Eng. Vol. 1, No. 2 1975, 199-207.

4.7   CCITT High Level Programming Language (CHILL).
Recommendation Z.200. ISBN 92-61-01121-7, Genf, 1981.

4.8   Däßler, K., Sommer, M.: Pascal. Einführung in die Sprache.
Berlin, Heidelberg, New York: Springer, 1983.

4.9   American National Standard Programming Language COBOL.
ANSI X3.23-1974. New York,1974.

4.10   Denert, E: Software-Modularisierung. Informatik-Spektrum
Vol. 2, 1979, 204-218.

4.11   Dijkstra, E.W.: A constructive approach to the problem of program
correctness. BIT, August 1968.

4.12   Reference Manual for the Ada programming language.
ANSI/MIL-STD 1815 A. United States Department of Defense, 1.83.

4.13   Floyd, R. W.: Assigning Meanings to programs.
Proc. Symp. App. Math., Vol XIX, AMS, 1967.

4.14   FORTRAN. Sprachmanual, Siemens.

4.15   Goos, G., Kastens, U.: Programming languages and the design of modular Programs. In: Constructing quality software.
Eds.: P.G.,Hibbard, S.A. Schuhmann, Amsterdam, 1978.

4.16   Guttag, J. V.: Abstract data types and the development of data struc-
tures. CACM, Vol. 20, No. 6, 1977, 369-404.

4.17   Habermann, A.N., Perry, D.E.: Ada for experienced programmers.
Addison-Wesely Publishing Company, 1982.

4.18   Hoare, C.A.R.: An axiomatic basis for computer programming.
        CACM, Vol. 12, 1969.

4.19   Hoare, C.A.R.: Monitors: An operating system structuring concept.
        CACM Vol.17, No. 10, 1974, 544-557.

4.20   Ichbiah, J.D. u.a.: The System Implementation Language LIS.
        Reference Manual. CII Technical
        Report 4549 E1/EN, December 1974, Revised, January 1976.

4.21   Jensen, K., Wirth, N.: Pascal, User Manual and Report.
        Berlin, Heidelberg, New York: Springer, 1978.

4.22   Kimm, R., Koch, W., Simonsmeier, W., Tontsch, F.:
        Einführung in Software Engineering. Berlin: de Gruyter, 1979.

4.23   Lampson, B. u.a.: Report on the programming language
        EUCLID. ACM SIGPLAN, Vol. 12, No. 2 ,1977, 1-79

4.24   Mc Carthy, J.: Towards a mathematical science of computation.
        Proc. IFIP Congress, 1962.

4.25   PL/I Sprachmanual. Siemens.

4.26   Raffler, H., Dießl, G., Tobiasch, R.: Das Prozeßkonzept der höheren Pro-
        grammiersprache CHILL. In: Implementierungssprachen für nichtse-
        quentielle Programmsysteme. Ed.: J. Nehmer; Stuttgart: Teubner 1981.

4.27   Sammer, W., Schwärtzel, H.: CHILL. Eine moderne Programmierspra-
        che für die Systemtechnik.
        Berlin, Heidelberg, New York: Springer, 1982.

4.28   Wegner, P.: Programming Languages - The First 25 Years.
        IEEE Transactions on Computers, Vol. 25, No. 12, 1976, 1207-1225.

4.29   Winkler, J.F.H.: Das Prozeßkonzept in Betriebssystemen und Program-
        miersprachen.
        Teil I: Informatik Spektrum, Vol. 2, No. 4, 1979, 219-229.
        Teil II: Informatik Spektrum, Vol. 3, No. 1, 1980 , 21- 40.

4.30   Winkler, J.F.H.: Ada: die neuen Konzepte.
        Elektronische Rechenanlagen, Vol. 24, No.4, 1982, 175-186.

4.31   Wijngaarden, A. van u. a.: Report on the algorithmic language ALGOL
        68, Numer. Math., 1969.; revised report Numer. Math., Feb. 1975.

4.32   Wirth, N: MODULA: A language for concurrent programming.
        Softw. Pract. Exp., Vol. 7, 1977, 3-84

4.33   Wirth, N.: MODULA-2. Bericht des Instituts für Informatik der ETH
        Zürich, No. 27, 1978.

4.34   Wirth, N.: The personal computer LILITH.
        Bericht des Instituts für Informatik der ETH Zürich, No. 40, 1981.

5. Implementierungsaspekte der getrennten Übersetzbarkeit in Ada

W. Hoyer, H. Raffler, M. Stadel, R.P. Wehrum

5.1 Einleitung

5.1.1 Vorteile der Modularität

Die vorangehenden Abschnitte zeigen die Nützlichkeit des Modulkonzeptes und des Systems der getrennten Übersetzbarkeit einiger moderner Programmiersprachen auf:

- große Software-Systeme können in kleine, überschaubare Teile zerlegt werden oder - in umgekehrter Sicht - aus wohldefinierten Bausteinen zusammengesetzt werden ;

- die einzelnen Moduln können unabhängig voneinander (z.B. von verschiedenen Programmierern) entwickelt und getestet werden;

- die Aufwände für Neuübersetzungen - und damit Entwicklungszeiten und Kosten - werden herabgesetzt: die kleinste Einheit für eine Nachübersetzung braucht nicht das Gesamtprogramm zu sein, sondern ist z.B. der Modul;

- der Namensraum eines Programmes läßt sich der logischen Struktur gemäß kontrollieren, d.h. in einzelne Kontrollbereiche aufteilen;

- Software-Bausteine konnen von anderen Programmsystemen importiert und wiederverwendet werden im Sinne des klassischen Bibliothekskonzeptes;

- die Realisierung von Abstraktionen wird unterstützt;

- die Definiton von Schnittstellen kann logisch und physisch getrennt werden von der Implementierung ausführender Programmteile;

- Moduln können physisch geschützt werden: sie können exportiert werden, ohne daß der Quelltext über Rümpfe preisgegeben zu werden braucht.

Diese Vorteile, die aus der Modularität und der getrennten Übersetzbarkeit fließen, sind nicht kostenlos zu erreichen: Sie bedingen für den Compilerbauer erhöhte Implementierungsaufwände.

5.1.2   Problemstellung und Ziel

Das Ziel der folgenden Abschnitte ist es, Aspekte der Realisierung der getrennten Übersetzbarkeit zu erörtern. Um ein festes Modell vor Augen zu haben und um mit konkreten Begriffen hantieren zu können, werden die folgenden Betrachtungen auf Ada [5.14] beschränkt, die Sprache, die wohl eines der ausgefeiltesten und aufwendigsten Konzepte der getrennten Übersetzbarkeit (separate compilation) vorsieht.

Hier sollen vor allem generelle Implementierungsfragen angeschnitten werden, Probleme, die bei jeder Realisierung der separaten Kompilierung für Ada zu lösen sind.

Einige speziellere Implementierungsgesichtspunkte, die hier angesprochen werden, basieren hauptsächlich auf den Berichten [5.1], [5.4], [5.13] und auf dem von der Kommission der Europäischen Gemeinschaft geförderten European Ada Compiler Project (Kooperationspartner sind die Firmen Alsys S.A., Bull S.A., Siemens A.G.) [5.8], [5.15].

Die hier verwendeten Ada-Begriffe folgen weitgehend der in [5.6] vorgeschlagenen Terminologie.

5.1.3   Konsequenz aus der getrennten Übersetzbarkeit für deren Implementierung: ein Überblick

All die unter Punkt 5.1.1 genannten Eigenschaften müssen unter der globalen Forderung realisiert werden, daß *semantische Überprüfungen*, insbesondere Kontrollen auf *Typverträglichkeit, über die Grenzen von Übersetzungseinheiten hinweg* zu erfolgen haben: die Regeln, die üblicherweise in block-orientierten Sprachen (wie ALGOL60) für die Sichtbarkeit und Benutzbarkeit von Größen innerhalb einer Übersetzungseinheit herrschen, sind für Ada so erweitert und ergänzt worden, daß sie in einer ganzen Programmbibliothek gelten. Aus diesem Sachverhalt ergeben sich verschiedene Konsequenzen für die Implementierung:

- eine *Programmbibliothek* ist erforderlich;

- die *Reihenfolge*, in der *Übersetzungen* und *Nachübersetzungen* von Übersetzungseinheiten erfolgen können oder müssen, ist zu definieren und zu kontrollieren;

- die *Struktur des Compilers* wird von den Anforderungen der separaten Übersetzbarkeit beeinflußt;

- die *interne Darstellung* der Programmtexte (Zwischensprache, Symboltabelle) ist entsprechend den Erfordernissen der separaten Übersetzbarkeit zu entwerfen;

- die *Reihenfolge der Elaborationen* von Übersetzungseinheiten muß von einer eigenen Instanz, dem Ada-Binder, festgestellt werden.

5.2 Das Kernstück einer Programmierumgebung: die Programmbibliothek

5.2.1 Die Programmbibliothek als Gedächtnis des Compilers

Der Compiler benötigt ein *„Gedächtnis"*, in dem sämtliche potentiell benötigten Informationen über die zuvor kompilierten Übersetzungseinheiten des Programmsystems und deren Beziehungen untereinander abgespeichert sind. Diese Informationen werden u.a. von der semantischen Analyse benötigt während der Übersetzung einer Einheit, die Ressourcen einer zuvor kompilierten Übersetzungseinheit benutzt.

Im Vergleich hierzu können Compiler für herkömmliche Sprachen (wie ALGOL60,

ALGOL68, PASCAL; FORTRAN, COBOL und PL/1) quasi gedächtnislos arbeiten: eine Übersetzung ist ein singulärer Vorgang; über vorher erfolgte Übersetzungen von Programmeinheiten (eventuell desselben Programmsystems) braucht dem Compiler nichts bekannt zu sein, entweder weil gar keine getrennte oder unabhängige Übersetzung vorgesehen ist (wie im Falle von ALGOL68 [5.16] und PASCAL [5.11]), oder weil keine statischen semantischen Checks über Modulgrenzen hinweg ausgeführt werden können (wie z.B. im Falle von FORTRAN). Lediglich dem Systembinder obliegt u.U. noch die Aufgabe, modulübergreifende Adreßrechnungen anzustellen und die vorgesehenen Objektmoduln zu einem ladefähigen Sekundärprogramm zusammenzufügen.

5.2.2 Die Programmbibliothek gemäß der Sprachdefinition

Das hier in Rede stehende „Gedächtnis" des Compilers wird realisiert durch die in der Sprachdefinition *Programmbibliothek* genannte logische Instanz und ihr assoziierter Bibliotheksdateien (den physischen Behältern). Von der Sprache her ist eine Programmbibliothek charakterisiert als ein System,

- dem sämtliche Übersetzungseinheiten eines Programms (wenn nicht physisch, so doch logisch) angehören,

- in das sämtliche Übersetzungseinheiten einer Übersetzung abgelegt werden müssen,

- das verschiedene Programme (und deren Moduln) aufnehmen kann,

- in dem Informationen über den Aufbau sämtlicher enthaltener Programme, die Beziehungen zwischen den Übersetzungseinheiten und die Kompilationsreihenfolgen zugreifbar sind,

- das einen Bereich darstellt, innerhalb dessen die einfachen Namen aller Bibliothekseinheiten verschieden zu sein haben (es gibt also auch kein Überladen der einfachen Namen von Unterprogrammbibliothekseinheiten, von späteren lokalen Synonymvereinbarungen abgesehen).

Die beiden ersten Eigenschaften implizieren, daß bei einer Übersetzung als Eingabe in den Compiler die Quelltexte der vorgesehenen Übersetzungseinheiten *und* eine Programmbibliothek dienen; die Ausgabe des Compilers erfolgt in *dieselbe* Programmbibliothek hinein.

Die letzte der genannten Eigenschaften besagt, daß eine Programmbibliothek ein Bereich ist, in dem die einfachen Namen von Bibliothekseinheiten (gleichgültig, ob zu *gleichen* oder *verschiedenen* Programmen gehörig) *eindeutig* sind.

Die Programmbibliothek kann (zusammen mit dem Compiler) als Kernstück einer Programmierumgebung aufgefaßt werden; als Kernstück deswegen, weil diese die zentrale Stelle für sämtliche Informationen (interne Darstellungen, Symboltabellen, Verknüpfungsgraphen etc.) über alle verfügbaren Programme und Programmbausteine, also eine *Datenbank*, darstellt, *auf die alle Werkzeuge der Programmierumgebung angewiesen sind.* Der Compiler ist insofern eine zentrale Instanz, als jedes Übersetzungselement der Programmbibliothek mindestens einmal kompiliert worden sein muß.

5.3 Der Abhängigkeitsgraph für die Übersetzungseinheiten einer Programmbibliothek

In Kapitel 4 wurden zwei Alternativen des Programmaufbaus und der Programmentwicklung demonstriert: einerseits die *hierarchische* Struktur durch „absteigende" (top-down) Entwicklung gewonnen, andererseits die *„Bibliotheksstruktur"*, durch „aufsteigende" (bottom-up) Programmierung erzeugt. In Ada können beide Methoden nebeneinander im selben Programm Verwendung finden: ein Programmsystem wird daher aus einem Netz, einem Geflecht, von Bibliothekseinheiten und sekundären Einheiten bestehen. Bild 5.1 vermittelt hiervon einen ersten Eindruck.

Eine Abhängigkeit zwischen zwei Übersetzungseinheiten wird primär durch die folgenden drei die Sichtbarkeitsverhältnisse definierenden Beziehungen eingeführt:

- die Kontextklauseln einer Übersetzungseinheit,
- die Separate-Angabe einer Untereinheit,
- die Rumpf-Spezifikation-Beziehung.

In allen drei Fällen ist die Sichtbarkeit *einseitig*

- *von* der Übersetzungseinheit, die Kontextklauseln trägt, *zu* den in den Kontextklauseln aufgeführten Bibliothekseinheiten,

- *von* der Untereinheit *zur* entsprechenden Vatereinheit (und damit zu sämtlichen Vorfahren desselben Stammbaumes),

- *vom* Rumpf *zur* zugehörigen Spezifikation.

Die Übersetzungseinheiten einer Bibliothek und die Abhängigkeiten zwischen ihnen, und damit die dem augenblicklichen Entwicklungsstand entsprechende Modulstruktur des Programmes, lassen sich durch einen *azyklischen gerichteten Graphen*, den *Programmgraphen* oder *Abhängigkeitsgraphen*, veranschaulichen.

In diesem Graphen stellen die Knoten die Übersetzungseinheiten dar, und bedeuten die Kanten die Abhängigkeitsbeziehungen aufgrund der Sichtbarkeitsverhältnisse. Wegen der Einseitigkeit der Sicht der Übersetzungseinheiten aufeinander handelt es sich um einen *gerichteten* Graphen.

Entfernt man die With-Beziehung aus dem Abhängigkeitsgraphen einer Programmbibliothek, so zerfällt dieser in einen *Wald von Stammbäumen*.

Ein Stammbaum besteht aus einer Bibliothekseinheit, der Wurzel, - und soweit vorhanden - ihrem Rumpf und sämtlichen Untereinheiten, den direkten Untereinheiten, den Untereinheiten dieser Untereinheiten, usf.(vgl.Bild 5.2). Er steckt den lokalen Rahmen ab, innerhalb dessen hierarchisch entwickelt werden kann, und stellt bezüglich der Sichtbarkeitsregeln ein besonderes Konstrukt dar (vgl. [5.14]).

Bild 5.1 zeigt den Abhängigkeitsgraphen als *vernetzten* Wald von Stammbäumen.

Der Compiler muß den Abhängigkeitsgraphen in der Programmbibliothek anlegen und auf dem aktuellen Stand halten. Der Abhängigkeitsgraph stellt die zentrale Informationsquelle dar, anhand derer verschiedene Aufgaben wahrgenommen werden können:

- Der Compiler muß die *Übersetzungsreihenfolge* überprüfen können.

- Der Compiler muß den *Status einer jeden Übersetzungseinheit* der Bibliothek in Erfahrung bringen können, d.h. er muß einerseits abfragen können, welche

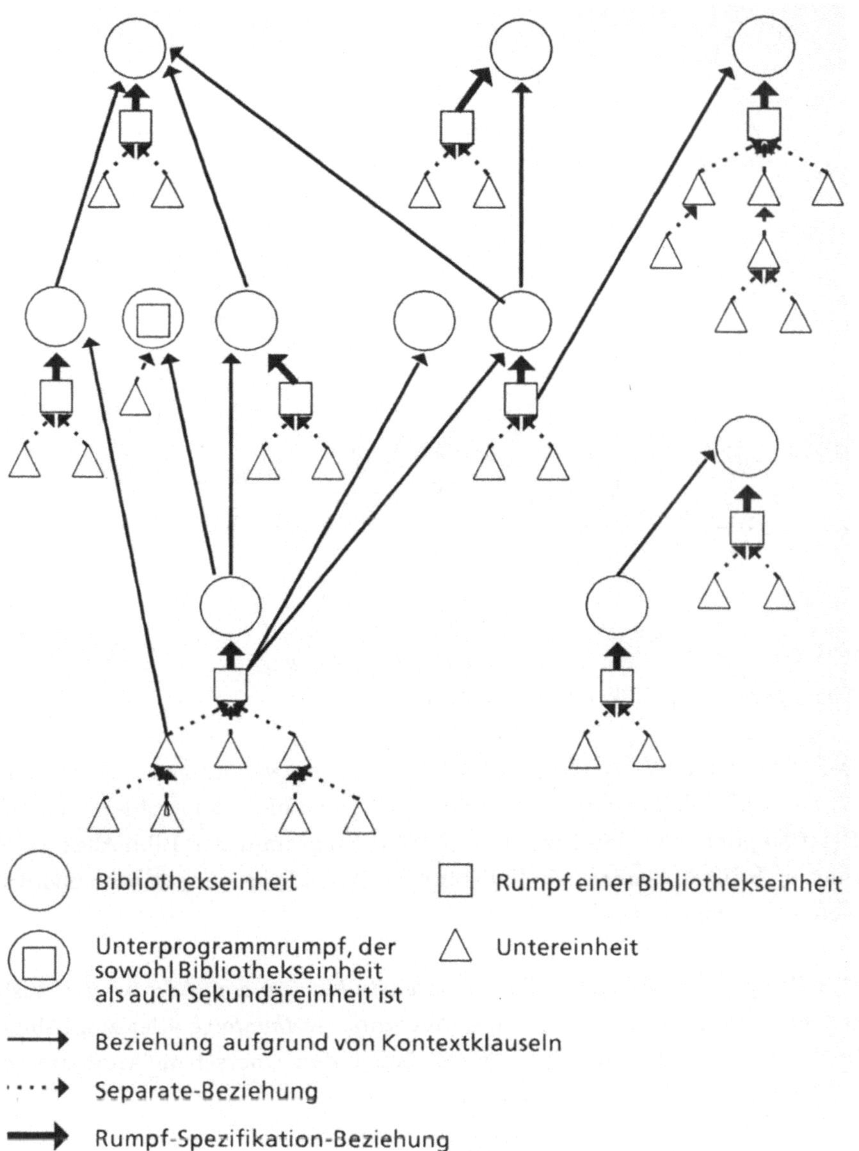

Bild 5.1: Der Abhängigkeitsgraph einer Programmbibliothek, hier aus 2 disjunkten Teilen bestehend.

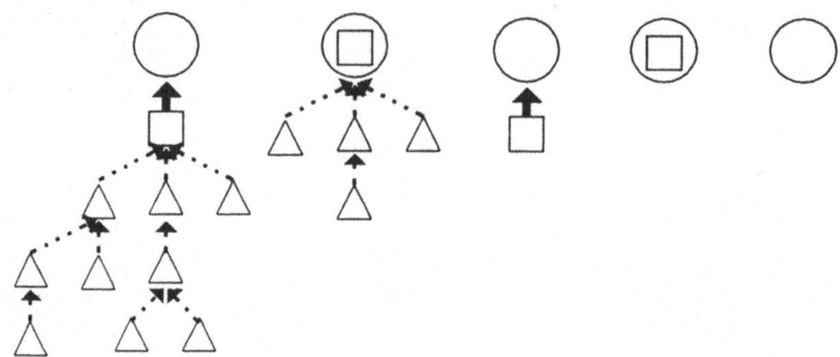

Bild 5.2:   Mögliche Formen von Stammbäumen.
In den letzten beiden Fällen besteht der Stammbaum jeweils
nur aus der Wurzel, einer Bibliothekseinheit.
(Die Elemente der Zeichnung haben die gleiche Bedeutung
wie in Bild 5.1.)

Übersetzungseinheiten gültig, und andererseits, welche obsolet sind und eine
Nachübersetzung (Rekompilierung) erfordern.

- Der Compiler muß erlaubte *Reihenfolgen* von notwendig gewordenen *Nach-übersetzungen* definieren und ausgewählte Reihenfolgen kontrollieren können.
  Der Compiler muß den Status von jedem Programm der Bibliothek in Er-
  fahrung bringen können; die Vollständigkeit von Programmen muß überprüft
  werden können.

- Der Compiler muß Informationen bereitstellen für den *Ada-Binder*, insbesondere muß es möglich sein, eine *Elaborationsreihenfolge* aller zum Ablauf-
  beginn des vorgesehenen Programmes benötigten Übersetzungseinheiten der
  Programmbibliothek zu bestimmen.

Aus dem Abhängigkeitsgraphen läßt sich der *aktuelle Entwicklungsstand* der
Programme einer Bibliothek direkt ersehen. Insofern könnte der Abhängigkeitsgraph auch als wichtiges Element einer *Projekt(management)bibliothek* dienen.

5.4 Ordnungsrelationen im Programmgraphen aufgrund semantischer Regeln

Der Klarheit wegen seien hier die vom Compiler einzuhaltenden Regeln für die Reihenfolge von Übersetzungen und Nachübersetzungen aufgeführt; schließlich werden die Vorschriften bezüglich der Elaborationsordnung der Übersetzungseinheiten eines Programmsystems erörtert.

All diese Regeln und Vorschriften sind letztlich unmittelbare *Schlußfolgerungen* aus den *Sichtbarkeitsregeln* für Namen.

Salopp ausgedrückt, muß eine externe Größe, die sichtbar und benutzbar sein soll, einer Einheit entstammen, die im Hinblick auf den *Übersetzungszeitpunkt zuvor übersetzt,* bzw. die im Hinblick auf den *Ablaufzeitpunkt zuvor elaboriert* worden ist.

5.4.1 Semantische Regeln für die Übersetzungsreihenfolge

Die Regeln, die für die Reihenfolge von Übersetzungen maßgeblich sind, lassen sich wie folgt zusammenfassen:

- Die in den Kontextklauseln einer Übersetzungseinheit genannten Bibliothekseinheiten müssen vor dieser Übersetzungseinheit übersetzt werden.

- Eine Bibliothekseinheit muß vor ihrem Rumpf, falls es einen solchen gibt, übersetzt werden.

- Eine *Vatereinheit* muß vor jeder ihrer Untereinheiten übersetzt werden.

Die *Vatereinheit einer Untereinheit* ist die Übersetzungseinheit, die den *Platzhalter für die Untereinheit (Pseudorumpf, stub)* enthält; die Vatereinheit ist entweder der Rumpf einer Bibliothekseinheit oder selbst eine Untereinheit.

Die Einhaltung dieser drei semantischen Regeln, die eine *teilweise* Ordnung *(antireflexive Halbordnung)* in der Programmbibliothek definieren, ist vom Compiler zu überwachen.

Bei Nichtbeachtung einer Regel scheitert die Übersetzung, der Zustand der Programmbibliothek bleibt unberührt.

5.4.2 Semantische Regeln für die Reihenfolge von Nachübersetzungen

5.4.2.1 Standardregeln

Während der Entwicklung eines Softwaresystems wird man die meisten Bausteine wegen des Auftretens logischer Fehler oder des Einbringens von Erweiterungen, Verbesserungen, allgemein von Änderungen, mehrmals rekompilieren, d.h. *nachübersetzen* müssen. Die logische *Konsistenz des Gesamtsystems* sollte dennoch erhalten bleiben; sie wird in Ada durch die *Regeln für die Nachübersetzung* von Übersetzungseinheiten garantiert. Diese sind Spiegelbilder der Regeln für die Übersetzungsreihenfolge:

- Die *erfolgreiche* Nachübersetzung einer Bibliothekseinheit macht jede Übersetzungseinheit *ungültig*, die diese Bibliothekseinheit in einer Kontextklausel nennt.

- Die *erfolgreiche* Nachübersetzung einer Bibliothekseinheit macht den zugehörigen Rumpf, falls dieser existiert, *ungültig*.

- Die *erfolgreiche* Nachübersetzung eines Rumpfes - sei es der Rumpf einer Bibliothekseinheit, sei es der eigentliche Rumpf einer Untereinheit - macht alle seine Untereinheiten *ungültig*.

- Jede auf eine der vorgenannten Weisen ungültig gewordenen Übersetzungseinheiten muß *rekompiliert* werden, es sei denn, sie wird im neuen System gar nicht mehr benötigt.

Diese aufgeführten Regeln sind nur semantisch zu befolgen, d.h. eine obsolete Einheit braucht nicht notwendigerweise realiter nachübersetzt zu werden: wenn der Compiler zu erkennen vermag, daß die Änderungen einer Bibliothekseinheit keine Implikationen für eine abhängige Übersetzungseinheit haben, dann darf die Rekompilierung letzterer unterbleiben.

Wird eine Übersetzungseinheit obsolet, so werden damit, anschaulich gesprochen, alle im Abhängigkeitsgraphen „darunterhängenden", eben die abhängigen Einheiten obsolet. Wird zum Beispiel das in Bild 5.1 gezeigte Unterprogramm, das zugleich eine Bibliotheks- und eine sekundäre Einheit darstellt, ungültig, dann

werden dadurch genau die eine Untereinheit des Unterprogrammes und die neun
Einheiten des abhängigen Stammbaumes ungültig gemacht.

Durch diese Rekompilierungsregeln wird eine neue einseitige Abhängigkeit
zwischen den Übersetzungseinheiten einer Programmbibliothek geschaffen.

Es seien P und Q zwei verschiedene Übersetzungseinheiten derselben Programmbibliothek. Wenn Q von P in dem Sinne abhängt, daß ein erfolgreiches Rekompilieren von P Q ungültig macht und dessen Nachübersetzung erfordert, dann
heiße diese (einseitige) Beziehung *Rekompilierungsabhängigkeit*.

Alle Rekompilierungsabhängigkeiten müssen im Programmgraphen der zugehörigen Bibliothek registriert werden. Die letzte der aufgeführten Regeln, zusammen mit den vorangehenden anderen, besagt, daß die drei auf den Sichtbarkeitsregeln basierenden Standardrelationen (Beziehung aufgrund einer Kontextklausel,
Separate-Beziehung, Rumpf-Spezifikation-Beziehung) *zugleich* Rekompilierungsabhängigkeiten darstellen, und dementsprechend nicht gesondert im Programmgraphen ausgewiesen zu werden brauchen.

Zusätzliche Rekompilierungsabhängigkeiten können jedoch durch die Sprachimplementierung eingeführt werden. Sie bedeuten für den Compiler einen Verwal-
tungsmehraufwand und können z.B. durch das Ausnützen erlaubter Sprachein-
schränkungen ins Spiel kommen, aber auch durch das Gegenteil davon, nämlich
das Bestreben, gewisse optionale Sprachzüge voll zu implementieren; so erzwingt
eine möglichst weitgehende Unterstützung des Pragma INLINE, daß eine spezielle, damit verknüpfte Rekompilierungsabhängigkeit eingeführt werden muß.

Die nachfolgenden Abschnitte behandeln zwei verschiedene Rekompilierungsabhängigkeiten, darunter die durch Pragma INLINE bedingte.

5.4.2.2 Durch offenen Einbau von Unterprogrammen eingeführte Rekompilierungsabhängigkeiten

Entschließt man sich bei der Implementierung eines Compilers, den *offenen
Einbau (inline expansion)* von Unterprogrammen - sei es aus Optimierungs-
gründen, sei es wegen der Berücksichtigung der Compileroption Pragma INLINE -
zu berücksichtigen, und zwar *über die Grenzen von Übersetzungseinheiten hinweg*,
so muß man eine (nunmehr implementierungsbedingte) neue, diese Tatsache

widerspiegelnde Rekompilierungsabhängigkeit in den Programmgraphen der Bibliothek einführen.

Pragma INLINE ist an die Deklaration eines Unterprogrammes gekoppelt und spricht die Empfehlung aus, daß jeder Aufruf des Unterprogrammes (im Programmtext) den offenen Einbau seines Rumpfes an der Aufrufstelle nach sich ziehen soll.

Es gibt Fälle, wo eine Implementierung der Empfehlung prinzipiell nicht nachkommen kann: ein solcher Fall liegt zum Beispiel vor, wenn das betreffende Unterprogram direkt rekursiv ist. Ist der Compiler jedoch einmal der Empfehlung gefolgt, wie für den in Bild 5.3 dargestellten Fall angenommen wird, so muß er Buch führen über die neu eingetretene Abhängigkeit der rufenden Übersetzungseinheit vom Rumpf des gerufenen Unterprogrammes. Diese Abhängigkeit ist nur für Nachübersetzungen relevant. Die folgende *Rekompilierungsregel* ist den Standardregeln hinzuzufügen:

- Wird der Rumpf eines Unterprogrammes P (der Untereinheit oder Rumpf einer Bibliothekseinheit sein kann) oder der Rumpf eines Bibliothekspaketes, das den Rumpf eines Unterprogrammes P enthält, erfolgreich nachübersetzt, so sind alle diejenigen P rufenden Übersetzungseinheiten obsolet und zu rekompilieren, die den Rumpf von P offen eingebaut haben.

Der Grund für diese Regel liegt auf der Hand: Wenn sich die Definition eines Unterprogrammrumpfes ändert, dann müssen alle rufenden Einheiten, die den Rumpf *bisher* offen eingebaut haben, die *neue Version* des Rumpfes übernehmen; nur so ist die Konsistenz des Programmsystems gewährleistet. Dieser Schluß folgt auch aus der allgemeinen Sprachforderung, daß jede Optimierung und jede Berücksichtigung einer Compileroption - wie die von Pragma INLINE - sprachlich gesehen „semantisch neutral" sein muß.

Im Programm von Bild 5.3 erfordert zum Beispiel die Nachübersetzung des Rumpfes vom Bibliothekspaket Q die der Deklaration und des Rumpfes von Paket R.

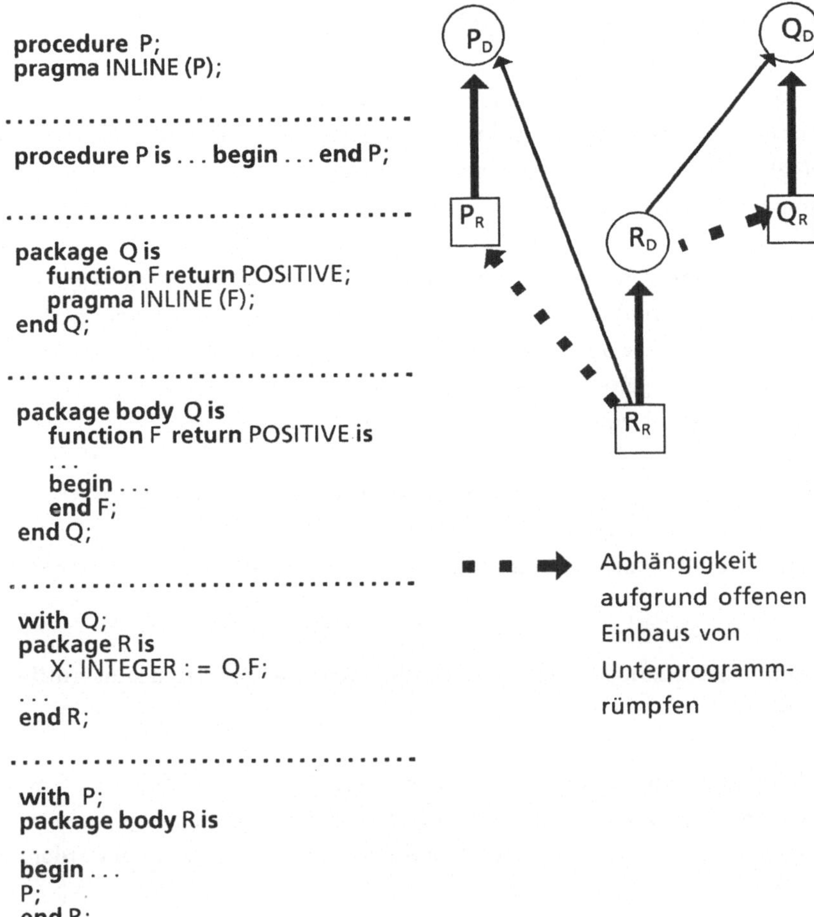


```
procedure P;
pragma INLINE (P);

. . . . . . . . . . . . . . . . . . . . . . . . . . . . . . . . . . .

procedure P is ... begin ... end P;

. . . . . . . . . . . . . . . . . . . . . . . . . . . . . . . . . . .

package Q is
    function F return POSITIVE;
    pragma INLINE (F);
end Q;

. . . . . . . . . . . . . . . . . . . . . . . . . . . . . . . . . .

package body Q is
    function F return POSITIVE is
    . . .
    begin . . .
    end F;
end Q;

. . . . . . . . . . . . . . . . . . . . . . . . . . . . . . . . . . .

with Q;
package R is
    X: INTEGER : = Q.F;
. . .
end R;

. . . . . . . . . . . . . . . . . . . . . . . . . . . . . . . . . .

with P;
package body R is

begin . . .
P;
end R;
```


Bild 5.3: Programmbeispiel für Abhängigkeiten, die durch von Pragma
INLINE verursachten offenen Einbau zustandekommen, und der
entsprechende Abhängigkeitsgraph.
(Die Elemente der Zeichnung haben die gleiche Bedeutung wie
in Bild 5.1. Die Subskripte D und R stehen für Deklaration bzw.
Rumpf.)

5.4.2.3 Durch generische Instantiierungen eingeführte Rekompilierungsabhängigkeiten

Durch *generische Instantiierungen* können implementierungsbedingte neue Rekompilierungsabhängigkeiten im Programmgraphen zu berücksichtigen sein. Die Möglichkeit dieser zusätzlichen Beziehung zwischen den Einheiten einer Programmbibliothek kann z.B. aus folgendem Sachverhalt resultieren:

Wenn der Compiler generische Instantiierungen in der Art von *Makroexpansionen* implementiert, wenn also am Ort der Instantiierung mit dem generischen Rumpf als Schablone, als Vorlage, Code für die Ausprägung (instance) generiert wird, dann macht naturgemäß jede Veränderung an der Schablone eine neue Instantiierung erforderlich.

Unter dem Begriff *instantiierende Einheit* sei im folgenden verstanden:

- eine Bibliothekseinheit, die selbst eine generische Instantiierung darstellt, oder

- eine Übersetzungseinheit, innerhalb derer eine generische Instantiierung auftritt.

Eine Rekompilierungsabhängigkeit der instantiierenden Einheit vom entsprechenden generischen Rumpf entsteht unter der Prämisse, daß generische Ausprägungen - wie oben erläutert - durch Makroexpansionen gewonnen werden, stets dann, wenn

- die generische Deklaration und der generische Rumpf zwei verschiedene Übersetzungseinheiten (Bibliothekseinheit und entsprechender Rumpf) darstellen oder in zwei verschiedenen Übersetzungseinheiten enthalten sind und

- - für den Fall, daß die generische Einheit keine Bibliothekseinheit ist - die instantiierende Einheit eine andere Einheit ist als die, die den generischen Rumpf umfaßt.

Die Analogie zwischen dem offenen Einbau eines Unterprogrammes einerseits und der in der Art einer Makroexpansion implementierten generischen Instantiierung

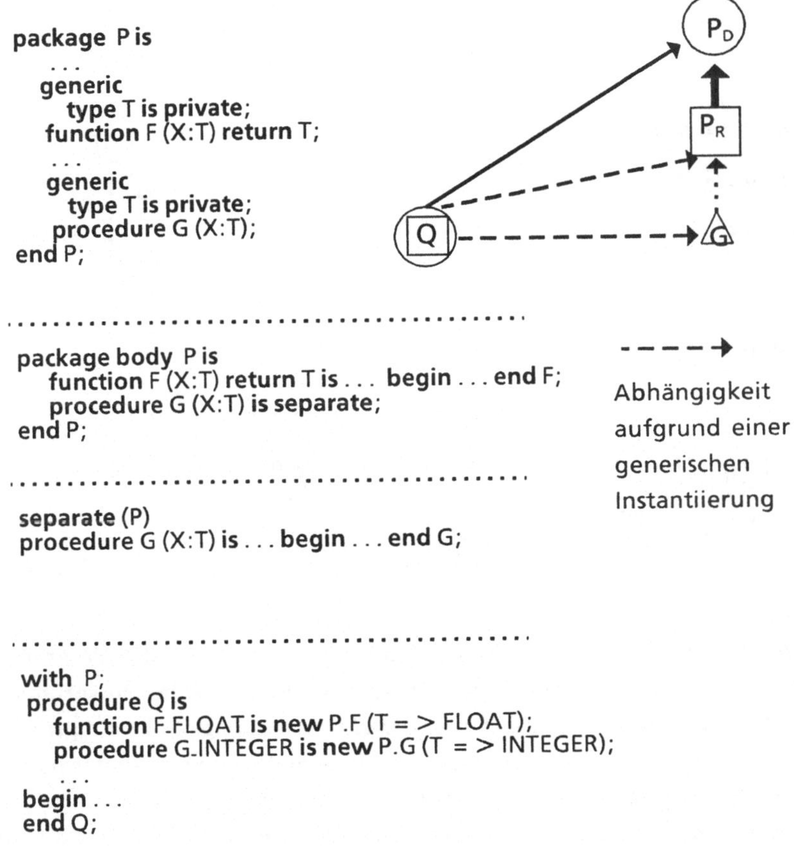

Bild 5.4: Programmbeispiel für durch generische Instantiierungen zustandekommende Rekompilierungsabhängigkeiten und der entsprechende Abhängigkeitsgraph.
(Die Elemente der Zeichnung haben die gleiche Bedeutung wie in Bild 5.1. Die Subskripte D und R stehen für Deklaration bzw. Rumpf.)

andererseits ist offensichtlich. Es ist daher nicht verwunderlich, daß die beiden verschiedenen Fälle ähnliche Rekompilierungsabhängigkeiten verursachen.

Im Programmbeispiel von Bild 5.4 muß die Bibliotheksprozedur Q als instantiierende Einheit nachübersetzt werden, sobald der Paketrumpf P_R oder dessen Untereinheit G, die generische Rümpfe beinhalten, rekompiliert worden sind.

```
package P is
   generic
      type T is private;
      . . .
      procedure G (X:T);
      . . .
      procedure G_FLOAT is new G (T = > FLOAT);
end P;
...............................................

package body P is
   procedure G (X:T) is . . . begin . . . end G;
   . . .
end P;
```

Bild 5.5: Beispiel für eine zirkuläre Abhängigkeit im Programmgraphen. Die
Zirkularität zeigt an, daß zur Laufzeit die Ausnahme
PROGRAM_ERROR ausgelöst wird.
(Die Elemente der Zeichnung haben die gleiche Bedeutung wie in
Bild 5.4. Die Subskripte D und R stehen für Deklaration bzw. Rumpf.)

Bild 5.5 demonstriert einen pathologischen Sonderfall. Das dargestellte Programm
ist *legal* und muß daher fehlerfrei übersetzt werden können. Wenn so verfahren
wird wie im Beispiel vorher, resultiert eine *zirkuläre Abhängigkeit* im Programmgraphen. Nach dem bisher Gesagten würde die Rekompilierung einer der beiden
Einheiten P_D, P_R eine unendliche Kette von Nachübersetzungen in Szene setzen.
Um dies zu verhindern, bedürfte es weiterer Regeln und Konventionen für die Implementierung: würde z.B. der Paketrumpf P_R durch Rekompilieren ausgetauscht,
dann müßte der Compiler unmittelbar im Anschluß an die erfolgreiche Nachübersetzung von P_R *automatisch*, von sich aus, die Deklaration P_D genau einmal
nachübersetzen, ohne damit den Rumpf P_R erneut obsolet zu machen.

Die *Zirkularität* ist hier jedoch ein *Indiz* für einen *Laufzeitfehler*: Beim Versuch,
die Instantiierung von G_FLOAT abzuarbeiten, wird der erforderliche
ELABORATION_CHECK negativ verlaufen und die Ausnahme PROGRAM_
ERROR auslösen. In einem solchen Falle darf der Compiler *optimieren* und die
fruchtlose Instantiierung direkt durch die Ausnahme PROGRAM_ERROR aus-
lösenden Code ersetzen. Die Ada-Regeln verlangen zwar, daß P_R übersetzt worden
sein muß, ehe das Programm ablaufen kann, aber die Existenz von P_R ist im
Prinzip ohne Bedeutung. Rückwirkungen von P_R auf P_D, wie sie in der zirkulären
Abhängigkeit zum Ausdruck kommen, können ignoriert werden: die Zirkularität
ist gebrochen.

Die geschilderten Sachverhalte folgen aus der "No *actual* access before elaboration"-Regel [5.2], [5.3].

Die vorangehenden Abschnitte machen deutlich, daß die in [5.10] getroffene Feststellung "Note finally that recompilation of the package bodies does not affect other compilation units since *no compilation unit ever depends on a package body.*" nur *cum grano salis* gilt und deswegen für die Sprachimplementierung nicht unerhebliche Konsequenzen nach sich zieht.

5.4.3   Semantische Regeln für die Elaborationsreihenfolge

5.4.3.1   Standardregeln

Die logische Auswirkung der Kompilierung einer Übersetzungseinheit besteht im wesentlichen darin, daß diese als neues Element einer Programmbibliothek definiert und eingeführt wird oder - im Falle der Nachübersetzung - daß diese bereits existierende Elemente redefiniert und ersetzt. Sind sämtliche Komponenten eines Programmes kompiliert und möchte es der Benutzer ablaufen lassen, muß er die *Bibliothek* und *eine Übersetzungseinheit* daraus nennen, die das *Hauptprogramm* sein soll.

In Ada muß das *Hauptprogramm* - besser gesagt: der Hauptmodul oder die Hauptübersetzungseinheit eines Ada-Programmsystems - eine Unterprogramm-Bibliothekseinheit sein. Eine spezielle Implementierung darf hier weiter einschränken: das Mindeste, was als Hauptprogramm gestattet sein muß, sind parameterlose Bibliotheksprozeduren. Das Hauptprogramm ist per definitionem die Einheit, die von der Umgebung aufgerufen wird, also von einem Prozeß des Betriebssystems oder von einem "Ada Programming and Support Environment" (APSE) [5.12] aus gestartet wird.

Das Ausführen eines Programmes geschieht in zwei Stufen:

- Alle Elemente einer bestimmten, hier als *„Elaborationsmenge des Hauptprogrammes"* bezeichneten Gesamtheit von Übersetzungseinheiten werden *elaboriert.*
- Das Hauptprogramm wird ausgeführt.

Unter *Elaboration* versteht man in Ada das Abarbeiten von Deklarationen zum Ablaufzeitpunkt des Programmes. Grundsätzlich muß jede Größe wie auch jede Übersetzungseinheit elaboriert, d.h. gewissermaßen in Szene gesetzt worden sein, ehe sie referiert und benutzt werden kann. (Ein typisches Beispiel für die Wirkung der Elaboration ist die Initialisierung von Objekten.)

Von der Elaboration betroffen sind alle *Bibliothekseinheiten, die* von den Kontextklauseln des Hauptprogrammes, seines Rumpfes und seiner sämtlichen Untereinheiten genannt werden; alle Bibliothekseinheiten, die in den Kontextklauseln von diesen so ermittelten Bibliothekseinheiten, von ihren Rümpfen und von deren sämtlichen Untereinheiten aufgeführt werden; alle weiteren Bibliothekseinheiten, die auf gleiche Weise transitiv erreicht werden; und schließlich sämtliche *Rümpfe der zuvor festgestellten Bibliothekseinheiten.* Damit ist die „Elaborationsmenge eines Hauptprogrammes" definiert. Sie umfaßt ausschließlich Bibliothekseinheiten und deren Rümpfe, jedoch keine Untereinheiten. Sie ist insofern eine „Funktion" des Hauptprogrammes, als sich ihre Zusammensetzung im allgemeinen ändern wird, wenn man ein anderes Hauptprogramm auswählt.

Die Elaboration der Elemente dieser Menge darf nicht ungeordnet geschehen, sie muß vielmehr gewisse *Regeln* einhalten, die den Regeln für die Übersetzungsreihenfolge analog sind und wie diese aus den Sichtbarkeitsregeln resultieren:

- Die Bibliothekseinheiten und deren Rümpfe werden in einer Reihenfolge elaboriert, die der durch die Übersetzungsreihenfolge definierten Teilordnung entspricht und die insbesondere mit den Kontextbeziehungen verträglich ist.

- Eine Bibliothekseinheit, die von der Kontextklausel einer Untereinheit angesprochen wird, muß vor der Stammeinheit der Untereinheit elaboriert werden.

Die *Stammeinheit einer Untereinheit* ist der Rumpf von der Wurzel des Stammbaumes, dem die Untereinheit angehört.

Die zweite Regel folgt aus der Tatsache, daß die Kontextklauseln von Untereinheiten, semantisch gesehen, bei der zugeordneten Stammeinheit angesiedelt sind. Sie ist auch deswegen sinnvoll, weil die *Elaboration einer Untereinheit* bei der Elaboration des entsprechenden Platzhalters, also während der Elaboration der Deklarationen in der zugeordneten Vatereinheit erfolgt.

Durch diese Regeln wird ähnlich wie bei der Festlegung der Übersetzungsreihenfolge eine nur *teilweise* Ordnung definiert.

5.4.3.2   Die Auswirkungen von Pragma ELABORATE

Während der Elaboration einer Übersetzungseinheit kann es geschehen, daß der
Rumpf einer angesprochenen Bibliothekseinheit bereits zuvor hätte elaboriert
worden sein müssen, wenn vermieden werden soll, daß die Ausnahme PROGRAM_
ERROR ausgelöst wird. Die obigen Regeln garantieren dies jedoch nicht.

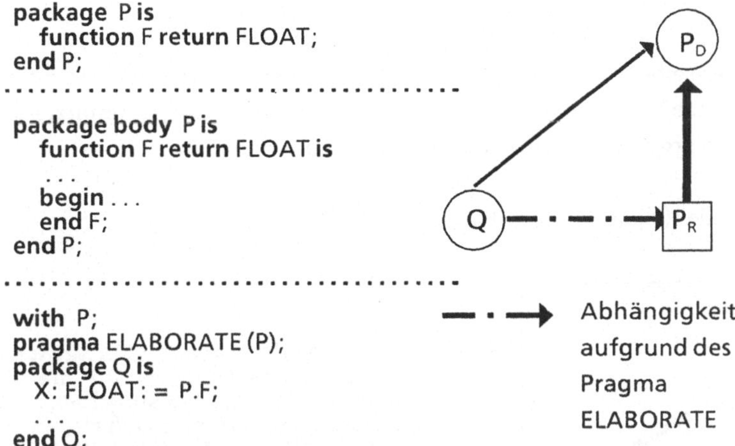

Bild 5.6: Beispiel für die Verwendung des Pragma ELABORATE
und der zugehörige Abhängigkeitsgraph
(Die Elemente der Zeichnung haben die gleiche Bedeutung
wie in Bild 5.1. Die Subskripte D und R stehen für Deklaration
bzw. Rumpf.)

Um solchen Situationen gerecht zu werden, sieht die Sprachdefinition die
Compileranweisung Pragma ELABORATE vor, die die Bibliothekseinheiten
nennt, deren Rümpfe vor der betrachteten Übersetzungseinheit zu elaborieren
sind. Steht dieses Pragma vor einer Untereinheit, bedeutet dies, daß die Rümpfe
der angesprochenen Bibliothekseinheiten vor der Stammeinheit der Untereinheit
elaboriert werden müssen entsprechend der dritten Elaborationsregel von oben.

Für das Beispielprogramm aus Bild 5.6 existieren genau zwei verschiedene legale Elaborationsreihenfolgen, wenn man alleine die Elaborationsregeln befolgt und sich das Pragma ELABORATE wegdenkt: P_D, P_R, Q und P_D, Q, P_R. Die zweite Möglichkeit löst während der Elaboration von Q, d.h. genauer während der Abarbeitung der Deklaration von X, die Ausnahme PROGRAM_ERROR aus. Das Vorhandensein des Pragma erzwingt P_D, P_R, Q als einzig erlaubte Reihenfolge und vermeidet damit das Eintreten des genannten Laufzeitfehlers.

Der Compiler muß die von Pragma ELABORATE eingeführte Abhängigkeit einer Übersetzungseinheit von Bibliotheksrümpfen im Programmgraphen vermerken.

Diese Information wird benötigt

- vom Compiler selber zur Feststellung der Existenz einer legalen Elaborationsreihenfolge; eine Zirkularität in den Abhängigkeitsbeziehungen impliziert die Illegalität des Programmes (Bild 5.7 gibt hierfür ein Beispiel);

- vom Ada-Binder (siehe Abschnitt 5.7).

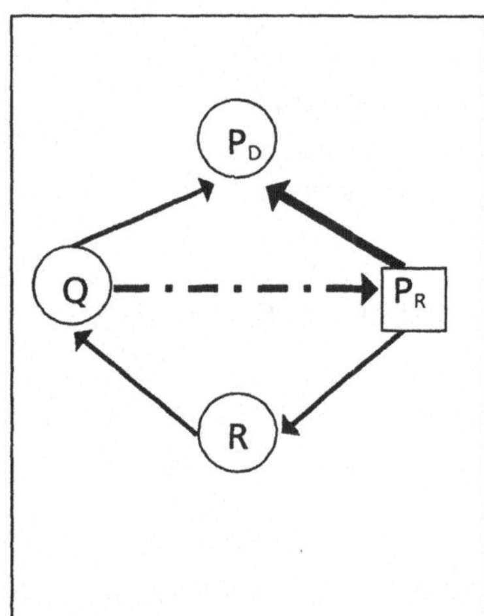

Bild 5.7: Ein illegaler Abhängigkeitsgraph. Bei der Übersetzung von P_R, die nach der von P_D, Q, R stattfindet, erkennt der Compiler, daß wegen der zirkulären Abhängigkeit zwischen Q, P_R und R keine gültige Elaborationsreihenfolge existiert.
(Die Elemente der Zeichnung haben die gleiche Bedeutung wie in Bild 5.6. Die Subskripte D und R stehen für Deklaration bzw. Rumpf.)

5.5   Der Deskriptor für eine Übersetzungseinheit

Die vorangehenden Abschnitte weisen den Programmgraphen als die zentrale Informationsquelle für das System der getrennten Übersetzbarkeit aus. (Er trägt die Informationen, die für die Übersetzungen von Einheiten, für Nachübersetzungen und für den Ada-Binder gebraucht werden.) Hier soll kurz zusammengefaßt werden, welche Informationen im einzelnen von der Implementierung benötigt werden (und wie man diese abspeichern kann).

Jeder Knoten des Graphen steht für genau eine Übersetzungseinheit, und umgekehrt: jede Übersetzungseinheit wird durch genau einen Knoten repräsentiert. Implementierungstechnisch ist ein Knoten nichts anderes als der *Deskriptor für eine bestimmte Übersetzungseinheit*. Die *Attribute* des Knotens sind die Felder des Deskriptors, in denen alle für die separate Kompilierung wesentlichen Informationen über eine Übersetzungseinheit gespeichert sind. Im Deskriptor werden u.a. Felder für die folgenden Angaben vorzusehen sein:

- Name der Übersetzungseinheit

- Art der Übersetzungseinheit:
  Unterprogramm (d.h. Prozedur oder Funktion), Paket oder Prozeß;
  Bibliothekseinheit (nicht-generische Einheit, generische Deklaration oder generische Instantiierung);
  Rumpf einer Bibliothekseinheit (generisch oder nicht-generisch) oder Untereinheit;

- Übersetzungszeitpunkt („Zeitstempel");

- Indikator für erforderliche Nachübersetzungen;

- Liste der Bibliothekseinheiten aus den Kontextklauseln einer Einheit (With-Liste und Use-Liste);

- Name der Vatereinheit in vollständig expandierter Form, falls die betrachtete Einheit eine Untereinheit darstellt (Separate-Information);

- Information, um den exakten Kontext für eine Untereinheit definieren zu können (Ort des Platzhalters in der Vatereinheit);

- Information über zusätzliche, implementierungsbedingte Abhängigkeiten (z.B. aufgrund von Optimierungen, offenem Einbau von Unterprogrammen, generischen Instantiierungen);

- Information über vom Pragma ELABORATE induzierte Abhängigkeiten;

- Liste der aufbewahrten oder aufzubewahrenden internen Datenstrukturen: Symboltabelle (falls Deklarationen existieren, die von anderen Einheiten gesehen werden können), Programmdarstellung der Einheit in einer Zwischensprache wie z.B. DIANA [5.7], andere interne Tabellen;

- Adressen der Behälter (Namen der Dateien), in denen die vorgenannten Datenstrukturen abgelegt werden;

- Adressen der Behälter, die die für die Übersetzungseinheit generierten Bindemoduln und den vom Systembinder erzeugten Lademodul enthalten.

Zusätzliche Einträge können für die Unterstützung bestimmter Werkzeuge der Programmierumgebung notwendig werden. Enthält die Programmierumgebung z.B. einen symbolischen Debugger, dann müssen für die Einheiten, die damit getestet werden sollen, komplette Symboltabellen abgespeichert und zugreifbar gemacht werden, auch wenn das Separate Compilation System dies nicht verlangt. Die Attribute, die Deskriptorfelder, die die vernetzte Waldstruktur des Programmgraphen im wesentlichen bestimmen, sind bereits weiter oben besprochen worden und in der Liste leicht wiederzuerkennen. Die Bedeutung der übrigen Attribute ist entweder evident oder wird weiter unten erläutert.

5.6   Die Compilerstruktur

5.6.1   Der Einfluß der getrennten Übersetzbarkeit: Überblick über die Grobstruktur des Compilers

Wenn eine Übersetzungseinheit U Deklarationen enthält, die von anderen nachgeordneten Übersetzungseinheiten aus potentiell sichtbar und also benutzbar sind, so muß eine geeignete Darstellung dieser Deklarationen (bei der Übersetzung von U) vom Compiler in der Programmbibliothek abgespeichert werden. Dies ist genau dann der Fall, wenn

- die Übersetzungseinheit U eine Bibliothekseinheit ist oder wenn

- die Übersetzungseinheit U eine solche sekundäre Einheit darstellt, die den Platzhalter für einen Rumpf enthält (der Platzhalter steht dann zwangsläufig im äußersten Deklarationsteil).

Im ersteren Falle kann die Sichtbarkeit auf U von irgendeiner anderen Übersetzungseinheit aus, die nicht zum Stammbaum von U gehört, nur durch eine Kontextklausel hergestellt werden.

Im letzteren Falle bleibt die Sichtbarkeit auf (und in) die sekundäre Einheit U beschränkt auf ihre sämtlichen Untereinheiten, es sei denn U ist zugleich eine Bibliothekseinheit.

Die vom Compiler generierte und der Programmbibliothek übergebene Datenstruktur (interne Darstellung), die die Informationen über die (von außen sichtbaren)Deklarationen aufnimmt, wird hier wie in [5.9] *Symboltabelle* genannt und entspricht z.B. im European Ada Compiler Project ([5.8], [5.15]) in der Tat einer Symboltabelle im üblichen Sinne (in [5.4], wo eine andere interne Darstellung benutzt wird, heißt die analoge Datenstruktur Definitionstabelle, vgl. Abschnitt 5.6.2.3).

Bei der späteren Übersetzung irgendeiner Übersetzungseinheit, die Deklarationen von U benutzt, muß der Compiler die Symboltabelle von U in der Programmbibliothek ausfindig machen und auf die benötigte Information zugreifen.

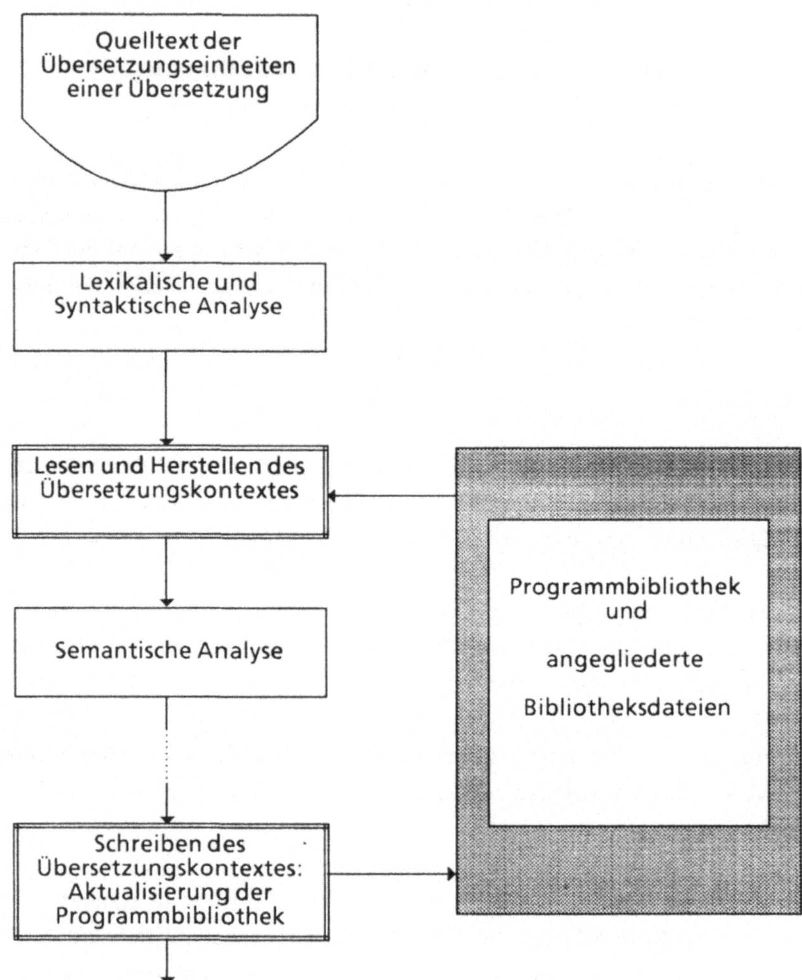

Bild 5.8: Einfluß der getrennten Übersetzbarkeit auf die Struktur des Compilers
(die Pfeile kennzeichnen den Datenfluß).

Bei der Übersetzung, sprich, bei der semantischen Analyse irgendeiner Übersetzungseinheit, benötigt der Compiler die Menge der Namen und Beschreibungen sämtlicher Größen, die in anderen Einheiten deklariert sind und von der laufenden (zu übersetzenden) Einheit benutzt werden. Hierzu muß der Compiler alle potentiell benötigten Symboltabellen in der Projektbibliothek aufsammeln und zugreifbar machen (z.B. durch Laden in den virtuellen Speicher). In der Folge dieser Tätigkeit ist eine weitere Aufgabe zu erledigen: die Überprüfung der Legalität des Übersetzungskontextes. Der gesamte hier geschilderte Prozeß, das Lesen und Herstellen des Übersetzungskontextes, läßt sich als eine eigene, vor der semantischen Analyse ablaufende Phase des Compilers (oder als am Anfang der semantischen Analyse angesiedelte Subphase) implementieren. Nach Ablauf dieser Phase läßt sich auf Symboltabellen-Einträge, die von Übersetzungs-einheiten des Kontextes stammen, also vom Compiler in früheren Übersetzungen generiert wurden, in gleicher Weise zugreifen wie auf Symboltabellen-Einträge, die für die Deklarationen der laufenden Übersetzungseinheit erzeugt wurden.

Die Existenz der getrennten Übersetzbarkeit ist daher (im wesentlichen) trans-parent für die nachfolgenden Phasen des Compilers (einschließlich der semantischen Analyse) und spielt erst wieder beim Ada-Binder (s.u.) eine Rolle.

Nach der erfolgten Übersetzung einer Übersetzungseinheit, die Deklarationen enthält, die von anderen Übersetzungseinheiten aus sichtbar sein können, muß der Compiler die Symboltabelle dieser Übersetzungseinheit in der Programm-bibliothek abspeichern. Diese Aktion kann von einer eigenen Phase, dem „Schrei-ber" des Übersetzungskontextes, verrichtet werden.

Bild 5.8 zeigt den Einfluß der getrennten Übersetzbarkeit auf die Compiler-struktur.

5.6.2 Die Konstruktion der Umgebung für eine Übersetzung: Lesen und Herstellen des Übersetzungskontextes

Diese Phase besteht im wesentlichen aus drei nacheinander ablaufenden Aktionen:

- der Bestimmung des Übersetzungskontextes,
- der Überprüfung der Gültigkeit des Übersetzungskontextes,
- dem Herstellen des Übersetzungskontextes, d.h. der Konstruktion der Umge-bung für eine Übersetzung.

5.6.2.1 Die Bestimmung des Übersetzungskontextes

Der Name der laufenden (in Übersetzung befindlichen) Übersetzungseinheit, die
Namen der in ihren Kontext-Klauseln aufgeführten Bibliothekseinheiten und - im
Falle einer Untereinheit - der volle Name der Vatereinheit können während der
syntaktischen Analyse erkannt werden.

Diese Namen gestatten - zusammen mit dem Abhängigkeitsgraphen der Biblio-
theksdatei - eine Liste derjenigen Übersetzungseinheiten zu erstellen, auf deren
Symboltabellen bei der Übersetzung zugegriffen werden können muß.

Dieser Liste, die den *Übersetzungskontext* definiert, gehören an

- alle Vorgängereinheiten des Stammbaumes, falls die in Rede stehende
  Einheit eine Untereinheit ist,
- alle in Kontext-Klauseln aufgeführten Bibliothekseinheiten und
- - transitiv fortgesetzt - deren in Kontext-Klauseln genannte Bibliothekseinheiten.

Unter den letzteren werden im allgemeinen solche sein, auf die von der zu
übersetzenden Einheit aus gar keine Sicht besteht. Weitere Einheiten können
aufgrund anderer Abhängigkeiten, von denen einige oben erörtert worden sind,
hinzukommen.

5.6.2.2 Die Überprüfung der Gültigkeit des Übersetzungskontextes

Die Namen und die Übersetzungsreihenfolge der Einheiten des Übersetzungskontextes müssen auf *Gültigkeit* überprüft werden. Die im folgenden aufgeführten
Prüfungen sind direkte Spiegelbilder der in Abschnitt 5.4 aufgeführten Sprach-
regeln und finden an Hand des Abhängigkeitsgraphen statt.

Namensüberprüfungen

- Falls die laufende Übersetzungseinheit eine Untereinheit ist, muß der volle
  Name der Vatereinheit validiert werden, d.h. jeder einfache Name der als
  Bestandteil im vollen Namen der Vatereinheit genannt ist, muß einer

deklarierten Untereinheit entsprechen - von der Stammeinheit abgesehen, die ihrerseits dem Rumpf einer Bibliothekseinheit zu entsprechen hat; d.h. der volle Name der Vatereinheit muß bijektiv einem bei einer Wurzel beginnenden Ast im Stammbaum entsprechen.
In der Vatereinheit muß ein Pseudo-Rumpf, ein Platzhalter für den Rumpf, auf dem äußersten Deklarationsniveau erklärt sein.

- Falls die in Übersetzung befindliche Einheit den Rumpf einer Bibliothekseinheit darstellt, muß eine dazu *namentlich* und *artmäßig* passende Spezifikation (Bibliothekseinheit) existieren.

- Allen in Kontextklauseln genannten Namen müssen *Bibliothekseinheiten* entsprechen.

Überprüfung der Übersetzungsreihenfolge der zum Übersetzungskontext zählenden Einheiten

- Diese Überprüfung kann an Hand des Übersetzungsdatums, des Zeitstempels, erfolgen, der ja Bestandteil eines jeden Deskriptors für eine in der Programmbibliothek verzeichnete Übersetzungseinheit ist.

- Jedes Element im Stammbaum muß später als sein Vater übersetzt worden sein.

- Jede Übersetzungseinheit des Übersetzungskontextes, die eine Bibliothekseinheit in ihrer Kontextklausel erwähnt, muß später als jene übersetzt worden sein.

5.6.2.3 Die Konstruktion der Umgebung einer Übersetzung

Nachdem die zum Übersetzungskontext zählenden Einheiten ermittelt sind und deren Gültigkeit überprüft ist, müssen schließlich die *Symboltabellen* dieser Einheiten in irgendeiner Form *zugreifbar* gemacht werden.

Dies kann durch *"Table loading"* [5.9] geschehen, d.h. dadurch, daß die einzelnen Symboltabellen sämtlicher Einheiten des Übersetzungskontextes „assembliert" werden, damit ist gemeint: in den Hauptspeicher *geladen* und dort unter Berücksichtigung von *Adreßverschiebungen* zu einer *Globalsymboltabelle* zusammengesetzt werden. Der Nachteil dieses Verfahrens liegt vor allem im hohen Speicheraufwand (real oder virtuell).

Eine andere Strategie wird im European Ada Compiler Projekt verfolgt. Dort werden die Symboltabellen einer Compiler-internen virtuellen Adressierung und einem eigenen Software-Seitenwechsel unterzogen [5.5] , [5.8]. Jeder einzelne Symboltabelleneintrag ist über eine eindeutige virtuelle Adresse ansprechbar. Eine virtuelle Adresse ist ein Verbund, bestehend aus einem Kennzeichen für die Bibliothek, einem Code für die Übersetzungseinheit, der Seitennummer und der Distanz des Symboltabelleneintrages relativ zum Seitenanfang. Der Compiler hat auf jeden Symboltabelleneintrag des Übersetzungskontextes *wahlfreien Zugriff* und braucht während der Übersetzung nur die Seiten in den Speicher zu laden, die *aktuell benötigte Einträge* enthalten.

Diese Methode vermeidet den hohen Hauptspeicheraufwand des "Table-loading" - Verfahrens und eignet sich daher auch für Host-Maschinen mit kleinen Adreß-räumen. Sie bringt jedoch naturgemäß die generellen Nachteile der virtuellen Adressierung mit sich, nämlich: zusätzliche Indirektionen beim Zugriff und gelegentliche zusätzliche Ein- und Ausgabe - Operationen.

Die hier betrachteten Datenstrukturen sind insofern Symboltabellen im üblichen (engeren) Sinne, als in ihnen ausschließlich Informationen über Deklarationen abgespeichert sind. Sie stellen eine speicherplatzoptimale Schnittstelle zum Separate Compilation System dar.

Im Ada - Projekt der Universität Karlsruhe [5.4] stellen die internen Programmdarstellungen (die DIANA-Bäume und - in früheren Stadien des Projekts - die AIDA-Bäume der Übersetzungseinheiten) die Schnittstelle zum Separate Compilation System dar; aus diesen muß die relevante deklarative Information erst *extrahiert* und in sogenannten *Definitionstabellen* zusammengefaßt werden.

Nachdem der Übersetzungskontext hergestellt ist, kann die semantische Analyse ablaufen, die insbesondere die *Symboltabelle* der *aktuell zu übersetzenden Einheit* aufzubauen hat.

5.6.3 Die Aktualisierung der Programmbibliothek: das Schreiben des Übersetzungskontextes

Diese Phase beinhaltet die Übergabe der vom Compiler erzeugten Produkte an die Programmbibliothek, die als Bestandteil der Programmierumgebung aufgefaßt werden kann.

Am Ende einer erfolgreichen Übersetzung muß der Compiler die zugeordnete Programmbibliothek aktualisieren, d.i. die Programmbibliothek, die den Übersetzungskontext bereitstellt. Die im aktuellen Übersetzungslauf übersetzten Einheiten müssen als neue Bestandteile der Programmbibliothek registriert werden:

- Deskriptoren für zum ersten Male übersetzte Bibliothekseinheiten müssen angelegt und mit Informationen gefüllt werden. Z.B. müssen With- und Use-Listen aufgebaut werden, und muß der Übersetzungszeitpunkt festgehalten werden (vgl. die in Abschnitt 5.5 beschriebenen Felder).

- Im Falle von Nachübersetzungen müssen die Inhalte bereits existenter Deskriptoren aktualisiert werden. Insbesondere muß der Abhängigkeitsgraph der Programmbibliothek auf den neuesten Stand gebracht werden.

Ist die aktuell (zum ersten Male) übersetzte Einheit eine Bibliothekseinheit, die einen Rumpf benötigt, oder eine sekundäre Einheit, die den Platzhalter für einen Rumpf enthält, dann kann bereits zum jetzigen Zeitpunkt ein Deskriptor für den Rumpf, dessen Übersetzung erst noch erfolgen muß, kreiert und im Indikator für die Nachübersetzung die Nicht-Existenz des Rumpfes vermerkt werden. Ähnliche Überlegungen treffen im Falle von Nachübersetzungen zu. Dieses Verfahren besitzt den Vorteil, daß die Vollständigkeit eines Programmes leicht überprüft, d.h. im Detail herausgefunden werden kann, welche Einheiten noch ausstehen.

Symboltabellen-Einträge von solchen Deklarationen müssen gerettet werden, die potentiell für die Konstruktion des Übersetzungskontextes nachfolgender Übersetzungen benötigt werden.

Demnach sind prinzipiell - wie bereits oben erwähnt - sämtliche Bibliothekseinheiten und solche sekundäre Einheiten betroffen, die Platzhalter für Rümpfe enthalten. Z.B. müssen die Symboltabellen-Einträge aller Deklarationen eines Bibliothekspaketes aufbewahrt werden. Ist z.B. die aktuell übersetzte Bibliothekseinheit ein Unterprogrammrumpf, der selbst keinen Platzhalter für einen

Rumpf enthält, dann brauchen nur die der Unterprogrammspezifikation entsprechenden Teile der Symboltabelle aufbewahrt zu werden (insbesondere Informationen über die Parameterspezifikationen und bei Funktionen zusätzlich über den Ergebnisuntertyp).

Last, but not least müssen die vom Compiler generierten Objektprogramme (Code- und Datenmoduln, Informationen für den Systembinder) und Listen abgespeichert und über die Programmbibliothek zugreifbar gemacht werden.

Treten während der Übersetzung Fehler auf, - seien es lexikalische, syntaktische, statisch-semantische oder interne, vom Compiler verursachte Fehler -, so hat jede Veränderung an der zugeordneten Programmbibliothek zu unterbleiben. Damit wird vermieden, daß die bereits bestehenden Programme und Programmteile der Programmbibliothek in einen inkonsistenten Zustand geraten: die Konsistenz bleibt stets voll erhalten.

Das Aktualisieren des Abhängigkeitsgraphen und das Einbringen der Symboltabellen in die Programmbibliothek können im Prinzip unmittelbar im Anschluß an die fehlerfrei verlaufene semantische Analyse erfolgen. Sollten im weiteren Verlauf der Übersetzung, also z.B. während der Codegenerierung interne Fehler auftreten, so müßten die vorgenannten Aktionen rückgängig gemacht werden. Es empfiehlt sich daher, alle hier beschriebenen Aufgaben erst am Ende einer kompletten und erfolgreichen Übersetzung auszuführen.

5.7   Der Ada - Binder

Nachdem der Benutzer alle oder vermeintlich alle Einheiten eines Programmes der vorgesehenen Bibliothek durch Übersetzungen bekannt gemacht hat, möchte er in der Regel das Programm ablaufen lassen. Ehe dies geschehen kann, muß üblicherweise ein Lauf des Systembinders stattfinden.

Dieser ordnet die verschiedenen durch unabhängige oder getrennte Übersetzungen gewonnenen Komponenten, die Bindemoduln, in einer linearen oder segmentierten Struktur an und faßt sie zu einer neuen Einheit, dem Lademodul, zusammen, wobei vom Compiler offen gelassene Adressen relativiert, d.h. endgültig ausgerechnet werden.

Im Falle eines Ada-Systems genügen diese Aktionen jedoch nicht. Es gibt eine Reihe von Aufgaben, vor allem auch *semantische Überprüfungen*, die ausgeführt werden müssen, bevor der Systembinder bemüht werden kann. Dazu bedarf es eines Werkzeuges, das hier - im Gegensatz zum Systembinder - *Ada-Binder* genannt werden soll. Die Eingabeparameter für den Ada-Binder sind:

- die Programmbibliothek,
- das Hauptprogramm.

Der Ada-Binder führt dann die folgenden Aktionen aus:

- Er bestimmt die Menge der zu elaborierenden Übersetzungseinheiten der Bibliothek in Abhängigkeit vom gewählten Hauptprogramm (die oben definierte Elaborationsmenge).

- Er prüft diese Menge auf *Vollständigkeit*, d.h. er kontrolliert, ob alle von der Sprache verlangten *Rümpfe* in der Bibliothek existieren. (Die Teilmenge der Bibliothekseinheiten braucht nicht auf Vollständigkeit geprüft zu werden, sie ist vollständig per se, d.h. aufgrund der bereits vom Compiler einzuhaltenden Konstruktionsvorschriften.)

- Er prüft diese Menge auf *Gültigkeit*. D.h. er kontrolliert, an Hand des Zeitstempels oder des Rekompilierungsindikators, ob die Menge in sich konsistent bezüglich der Übersetzungsreihenfolge ist oder ob sie obsolete Elemente enthält.

- Er stellt fest, ob für diese Menge eine legale Elaborationsreihenfolge existiert, und *wählt* im positiven Falle eine *gültige Elaborationsreihenfolge aus*.

- Er erzeugt unter Umständen Code für einen speziellen „*Elaborationsmodul*", der die Initialisierung aller Bibliothekseinheiten der Elaborationsmenge in Übereinstimmung mit der zuvor festgelegten Elaborationsreihenfolge koordiniert und ausführt; zur Initialisierung gehören die Speicherzuweisung für die Datenbereiche der Bibliothekspakete und das Ausführen des Codes von Paketrümpfen gemäß der Elaborationsreihenfolge.

- Er generiert die *Steueranweisungen und Parameterlisten* für den Systembinder an Hand der definierten Elaborationsreihenfolge.

- Er *ruft* den *Systembinder auf.*

Als zentrale Informationsquelle für den Binder erweist sich auch hier wieder der Abhängigkeitsgraph der Programmbibliothek.

5.8 Erweiterung des elementaren Bibliothekskonzeptes

5.8.1 Das Multibibliothekskonzept

Die Ada-Sprachdefinition sieht ein elementares *Monobibliothekskonzept* vor: während eines Übersetzungsvorganges kann der Compiler nur auf einer *einzigen* Programmbibliothek operieren.

Für die rationelle Entwicklung und Wartung eines (größeren) Softwareproduktes ist es wesentlich, daß *mehrere Konfigurationen, Versionen, Varianten* dieses Produktes übersichtlich verwaltet und daß insbesondere *globale Programmteile* isoliert und von verschiedenen Entwicklern *gemeinsam* benutzt werden können. Dies ist im Rahmen eines Monobibliothekssystems nur bedingt möglich, d.h. mit Einbußen an Flexibilität, Effizienz und Sicherheit verbunden: Entweder arbeiten alle Entwickler in derselben Bibliothek; dann müssen Namenskonflikte durch Konventionen verhindert, gleichzeitige Übersetzungsvorgänge koordiniert, unbeabsichtigte Übergriffe auf fremde Teile der Bibliothek möglichst ausgeschaltet werden; oder jeder Entwickler verfügt über eine völlig eigenständige Bibliothek; dann müssen Kopien gemeinsamer Interfaces in *jeder* Bibliothek angelegt werden, wobei jede Änderung an ihnen entsprechend mehrfaches Nachübersetzen impliziert.

Eine angemessenere Lösung läßt sich durch ein *Multibibliothekskonzept* erzielen, bei dem der Compiler während eines Übersetzungsvorgangs, d.h. im wesentlichen bei der Konstruktion des Übersetzungskontextes, auf mehrere Programmbibliotheken (wie unten beschrieben) gleichzeitig zugreifen kann. Die Gesamtheit der auf diese Weise gleichzeitig zugreifbaren Bibliotheken soll hier *Projektbereich* genannt werden. Innerhalb eines Projektbereichs kann der Compiler jedes Element *eindeutig* identifizieren. Jede Bibliothek aus einem Projektbereich stellt eine Programmbibliothek im üblichen Ada-Sinne dar. Jedoch soll eine Bibliothek Übersetzungseinheiten aus *anderen* Bibliotheken *desselben* Projektbereichs *importieren* können. Die importierende Bibliothek legt für die importierten Einheiten *Deskriptoren im Programmgraphen* an. Die Deskriptoren enthalten als wesentliche Information *Verweise auf die jeweils exportierenden Bibliotheken.* Jedwede Duplikation von Information wird vermieden. Z.B. werden Symboltabellen und interne Programmdarstellungen von Einheiten innerhalb eines Projektbereiches *physisch* nur einmal angelegt; *logisch* existieren diese Datenstrukturen so oft, wie importierende Bibliotheken auftreten plus eins (für die exportierende Bibliothek).

Das Importieren einer Übersetzungseinheit entspricht einer (impliziten) Übersetzung dieser Einheit; deshalb müssen alle Abhängigkeitsregeln beachtet werden. Der Versuch, eine Einheit zu importieren, scheitert, wenn z.B. eine Zirkularität resultiert.

Für den Compiler findet die Übersetzung einer Einheit logisch gesehen nach wie vor in einer *einzigen* Bibliothek statt, wobei physisch gesehen viele verschiedene Bibliotheken angesprochen sein können. *Konsistenzprüfungen* müssen demgemäß Bibliotheksgrenzen überschreitend - „projektbereichsweit" - ausgeführt werden; dies trifft nicht nur für den Compiler, sondern auch für den Ada-Binder zu (und alle anderen Werkzeuge der Programmierumgebung).

Globale Ressourcen, die vielen Programmierern (Bibliotheken) zur Verfügung stehen müssen, brauchen physisch nur einmal in einer Bibliothek des Projektbereichs angelegt zu werden. Alle anderen, die globalen Ressourcen benutzenden Bibliotheken brauchen sie nur zu importieren, d.h. einen Verweis auf sie anzulegen. Damit wird Speicherplatz gespart und die Anzahl von Nachübersetzungen reduziert. Letzteres erspart nicht nur Kompilationszeiten, sondern erhöht auch die Sicherheit.

Dieses Multibibliothekssystem, eine einfache Erweiterung des Monobibliothekskonzepts, unterstützt die Entwicklung und Wartung von Programmsystemen, erleichtert das Konfigurationsmanagement, wenn auch eine automatische Versionenkontrolle damit noch nicht erreicht ist.

5.8.2   Die zentrale Datenbasis

Erweitert man die Programmbibliotheken und die ihr angegliederten Bibliotheksdateien um solche Informationen, die für die Werkzeuge der Programmierumgebung, den Tools eines APSE, gebraucht werden, so erhält man eine *zentrale Datenbasis für die gesamte Programmierumgebung* schlechthin (vgl. auch Abschnitt

5.2). Solche zusätzlichen Informationen können u.a. die folgenden Angaben umfassen:

- vollständige Symboltabellen (z.B. für den Ada-Debugger),
- Darstellungen der Übersetzungseinheiten in den diversen Zwischensprachen des Compilers (z.B. für einen pretty printer, für einen syntaxgesteuerten Editor, für einen Interpreter),
- Quelltexte der Übersetzungseinheiten,
- Dokumentation zu den Übersetzungseinheiten.

5.8.3   Das Bibliotheksverwaltungssystem

Sämtliche Zugriffe auf die zentrale Datenbasis, die Programmbibliotheken des Projektbereiches, können von einer eigenen Komponente der Programmierumgebung, dem *Bibliotheksverwaltungssystem*, ausgeführt werden. Dieses muß *Schnittstellen* zum *Compiler* und allen sonstigen *Werkzeugen* der Programmierumgebung besitzen und sollte darüberhinaus über eine *Kommandoschnittstelle* für den Benutzer verfügen. Dem Benutzer sollte es u.a. möglich sein,

- Projektbereiche neu einzurichten und zu initialisieren (diese Aktionen können z.B. das Einrichten des vordefinierten Pakets STANDARD und der anderen vordefinierten Systempakete einschließen),
- Projektbereiche zu löschen,
- Programmbibliotheken neu einzurichten und zu initialisieren,
- Programmbibliotheken zu löschen,
- das Inhaltsverzeichnis eines Projektbereiches, das Inhaltsverzeichnis einer bestimmten Bibliothek und den Abhängigkeitsgraphen einer Bibliothek ausdrucken zu lassen,
- den Inhalt der Deskriptoren von Übersetzungseinheiten ausgeben zu lassen,
- den Status einzelner Übersetzungseinheiten abzufragen,
- Konsistenzprüfungen zu veranlassen,
- Übersetzungseinheiten zu importieren.

Danksagung: Die Autoren danken den Herren Th. Mehner, H. Huener, A. Büchler, P. Herrmann, H. Kern und R. Klebe vielmals für die sorgfältige Durchsicht des Manuskripts und hilfreiche Anregungen.

Literaturverzeichnis

5.1 Ada Integrated Environment; Computer Program Development Specification: Ada Compiler Phases. Intermetrics, Inc.; Cambridge; Nov. 1982

5.2 Belmont, P. A.: On the Access-Before-Elaboration Problem in Ada. In Proceedings of the AdaTEC Conference on Ada, Arlington, Virginia, October 6-8, 1982; ACM, New York 1982, 112-119

5.3 Brosgol, B. M.: Summary of Ada Language Changes. Ada Letters I, 3 (1982) 34-43

5.4 Dausmann, M.; Persch, G.; Drossopoulou, S.; Winterstein, G.: A Separate Compilation System for Ada. In: Goos, G. (Hrsg.): Werkzeuge der Programmiertechnik, GI-Arbeitstagung, Karlsruhe, März 1981. Springer-Verlag, Berlin, Heidelberg, New York 1981, S. 197-213

5.5 de Bie, D.; Maurel, O.: A Portable Ada Compiler. Joint Ada-Europe/Ada-TEC Meeting, Brussels, 17/18th March 1982

5.6 Fischer, R.; Goos, G.; Hummel, H.; Krieg-Brückner, B.; Nagl, M.; Schneider, H.J.; Schwald, A.; Teller, J.; Wegner, E.; Wehrum, R.P.; Winterstein, G.; Zimmer, R.: Ein Vorschlag für eine deutsche Ada-Terminologie. Zur Veröffentlichung vorgesehen.

5.7 Goos, G.; Wulf, W. A. (Hrsg.): DIANA Reference Manual. Institut für Informatik II, Universität Karlsruhe, Bericht 1/81. Revision 3, Technical Report TL-83-4, Tartan Laboratories Inc., Pittsburgh, PA, Feb. 1983

5.8 Héliard, J. C.; Roubine, O.; Teller, J.: The European Ada Compiler Project. Joint Ada-Europe/Ada-TEC Meeting, Brussels, 17/18th March 1982

5.9 Ichbiah, J. D.; Barnes, J. G. P. B:; Héliard, J. C.; Krieg-Brückner, B.; Roubine, O.; Wichmann, B. A.: Rationale for the Design of the Ada Programming Language. SIGPLAN Notices Vol. 14, 6 part B. (June 1979)

5.10 Ichbiah, J. D.: On the Design of Ada. In: Information Processing 83, Mason, R.E.A. (ED.); Proceedings of the IFIP 9th World Computer Congress, Paris, September 19-23, 1983. North-Holland, Amsterdam-New York-Oxford, 1983, pp 1-10

5.11 Jensen, K.; Wirth, N. :Pascal User Manual and Report. Springer Verlag; Berlin, Heidelberg, New York 1975

5.12 Requirements for Ada Programming and Support Environments STONEMAN; United States Department of Defense, Washington D.C., Feb. 1980

5.13 The Ada Study Team: United Kingdom Ada Study, Final Technical Report. Department of Industry, Reading 1981

5.14 Reference Manual for the Ada Programming Language; ANSI/MIL-STD-1815A; United States Department of Defense, Washington D.C., Jan. 1983

5.15 Wehrum, R .P.: Die Entwicklung eines Ada-Compilers bei Siemens. In: Jaschke, J. (Hrsg.): Proceedings der STARG-Benutzertagung Konstanz 19. - 21. Sept. 1983 S. 395 - 409; Universität Konstanz , Dez. 1983

5.16 Wijngaarden, A. van; Mailloux, B.; Peck, J.; Koster, C.: Report on the Algorithmic Language ALGOL68; Numerische Mathematik 14,2 (1969) 79-218; Revised Report on the Algorithmic Language ALGOL68; Acta Informatica 5 (1975) 1-236

6. Inkrementelle Compiler und Programmierumgebungen zur interaktiven Programmentwicklung

W. Hoyer, H. Raffler, M. Stadel, R. P. Wehrum

Während konventionelle Compiler als eines von vielen Werkzeugen in einer Programmierumgebung eingebettet sind, sind inkrementelle Compiler ein erster Schritt zur Integration der Einzelwerkzeuge zu einem einzigen Werkzeug, der inkrementellen Programmierumgebung (siehe z.B. den *Cornell Program Synthesizer* [6.20]). Bei inkrementellen Programmierumgebungen sind syntaxgesteuerte Editoren, inkrementelle Compiler und Binder und schließlich ein symbolischer Debugger, der auch partielle Ausführungen noch unvollständiger Programme ermöglicht, zu einem Werkzeug vereinigt. Schließlich wird bei diesem Werkzeug auch die Ablage von Quell- und Objektcode verschmolzen: Es wird lediglich der attributierte Syntaxbaum mit zusätzlichen Code-Attributen in einer einzigen Datei oder einem einzigen Element einer Projektbibliothek abgelegt.

Die Grundidee beim inkrementellen Übersetzen läßt sich am besten durch Vergleich mit der Übersetzung natürlicher Sprachen beschreiben:

Angenommen es liegt ein englischer Originaltext und eine deutsche Übersetzung dieses Textes vor. Nun wird eine Änderung im englischen Original eingebracht und diese Änderung soll in der deutschen Übersetzung nachgezogen werden. In diesem Fall würde niemand auf die Idee kommen, den gesamten englischen Text neu zu übersetzen; lediglich die geänderten oder eingefügten Abschnitte würde man neu übersetzen und die Ergebnisse in die deutsche Fassung einbringen. Dazu ist es notwendig, daß man die Zuordnung der Abschnitte und Sätze des englischen Originals zu den entsprechenden Abschnitten und Sätzen der deutschen Übersetzung kennt. Ferner muß selbstverständlich bekannt sein, welches die geänderten Stellen im englischen Original sind. Es ist noch zu unterscheiden, ob die deutsche Übersetzung in Buchform gebunden ist (und damit völlig neu gebunden werden muß), oder ob sie als Blatt-Sammlung in einem Ordner zusammengeheftet ist (und damit nur die geänderten Seiten ausgetauscht werden müssen).

In den Anfangszeiten der elektronischen Datenverarbeitung wurden Programme im Quelltext (*Quellprogramme*) auf Lochkarten aufbewahrt. Falls die zugehörigen

Ladeformate der Maschinenbefehle eines Programms (*Objektprogramm*) auch aufbewahrt wurden, so war dies ein weiterer Lochkartenstapel, der keinerlei Beziehung zum Lochkartenstapel des Quellprogramms hatte; damals war deshalb inkrementelles Übersetzen unmöglich.

Eine erste Abhilfe war die Zerlegung des Quellprogramms in Module, die getrennt übersetzt und mit einem Binder dann zu einem einzigen Objektprogramm zusammengefaßt werden konnten. Bei dieser Vorgehensweise brauchten nur noch die geänderten Module neu übersetzt zu werden. Dies kann man als ersten Schritt in Richtung inkrementelles Übersetzen deuten; allerdings ist das Binden, bei dem ja das Programm neu gebunden werden muß, eine nicht-inkrementelle Phase.

Heute werden sowohl Quell- als auch Objektprogramme i.a. in Dateien **einer** Rechenanlage, auf der dann auch die Übersetzung stattfindet, gespeichert. Damit ist es möglich geworden, wesentlich detailliertere Beziehungen zwischen dem Quellprogramm und dem Objektprogramm zu definieren und abzuspeichern. Da die Quellprogramme auch mittels eines Editors (i.a. auf derselben Rechenanlage) geändert werden, ist es möglich, lediglich die Änderungen festzuhalten oder gar eine inkrementelle Übersetzung während des Editierens durchzuführen (siehe Kapitel 3). In jedem Fall ist heute eine inkrementelle Übersetzung auf der Basis kleinerer Programmeinheiten (z.B. Unterprogramme oder einzelne Anweisungen) als auf der Basis von ganzen Moduln durchführbar. Und selbst das Binden kann nun inkrementell geschehen (zu vergleichen mit dem Austausch einzelner Seiten bei dem deutschen Manual, wenn dieses als geheftete Blatt-Sammlung vorliegt).

Der Vorteil der inkrementellen Übersetzung liegt in der Zeiteinsparung, die den Programmentwicklungsprozeß (Bild 6.1) wesentlich beschleunigt.

Bei der *Top-Down-Entwicklung* von Programmen durch *schrittweise Verfeinerung* sind Zwischenstufen der Quellprogramme noch unvollständig, d.h. einige Anweisungen sind noch nicht ausgearbeitet und vorläufig durch Kommentare ersetzt. Es kann sinnvoll sein, solche Zwischenstufen schon zu testen, wenn die noch nicht ausgearbeiteten Anweisungen bei dem Test nicht angesprochen werden. Eine Variante des inkrementellen Übersetzens erlaubt deshalb auch die (teilweise) Übersetzung von unvollständigen oder gar fehlerhaften Progammen. Den ersten Kontakt mit diesem Ansatz hatten wir im Kapitel 3, als es um syntaxgesteuerte Editoren ging. Die inkrementelle Vorgehensweise kann man in diesem Zusammenhang bis in die Ausführung der (noch unvollständigen oder fehlerhaften) Programme fortführen; wobei dann die Ausführung unterbrochen wird, sobald man

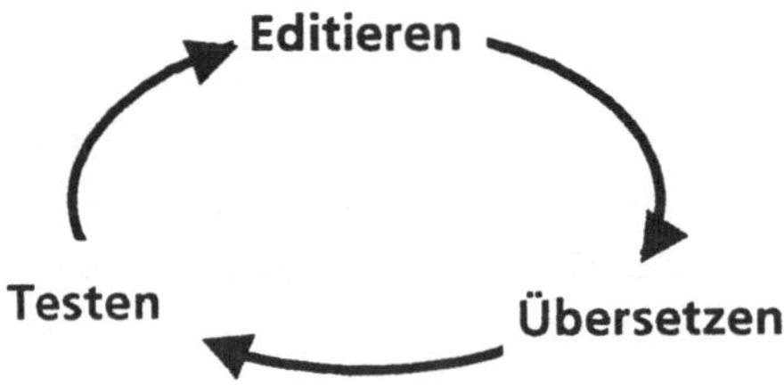

Bild 6.1:   Der Programmerstellungszyklus

auf noch unvollständige oder fehlerhafte Anweisungen stößt. Während einer solchen Unterbrechung kann das Quellprogramm ergänzt oder korrigiert werden und dann (nach der inkrementellen Übersetzung der Änderungen) die Ausführung fortgesetzt werden. Diesen Weg geht z.B. der *Cornell Programm Synthesizer* [6.20] aber auch die interpretativen Programmiersysteme wie z.B. *Interlisp* [6.21] oder jedes (interpretative) *BASIC*-System. Im Zusammenhang mit inkrementellen Übersetzern wollen wir jedoch die interpretativen Systeme ausklammern.

6.1   Definitionen

Vorweg wollen wir ein paar Notationen vereinbaren. Bei der inkrementellen Übersetzung liegt eine *Original-Quelle* vor, die ein Quellprogramm in einer ursprünglichen Fassung darstellt. Die Original-Quelle kann dabei unvollständig oder gar fehlerhaft sein. Für die fehlerfreien Teile der Original-Quelle liegt eine Übersetzung vor: der *Original-Objektcode*. Nun werden mittels eines Editors Korrekturen und Ergänzungen in der Original Quelle durchgeführt. Als Ergebnis entsteht die *modifizierte Quelle*. Die Abweichungen der modifizierten Quelle von der Original-Quelle sind die *Quell-Modifikationen*. Durch inkrementelle Übersetzung der modidfizierten Quelle entsteht der *modifizierte Objektcode*. Das Ziel der inkrementellen Übersetzung ist es nun, möglichst nur die Quell-Modifikationen neu zu übersetzen und die Ergebnisse als *Objektcode-Modifikationen* in den

Original-Objektcode einzubringen. Unter Objektcode-Modifikationen wollen wir dabei die Abweichungen des modifizierten Objektcodes vom Original-Objektcode verstehen.

Nun zu den verschiedenen Varianten der inkrementellen Übersetzung: Zunächst wollen wir unterscheiden zwischen *online* und *offline*. Bei der Offline-Variante beginnt die inkrementelle Übersetzung erst nachdem alle Editierarbeiten abgeschlossen sind und alle Modifikationen der Original-Quelle vorliegen. Im Gegensatz dazu findet das inkrementelle Übersetzen bei der Online-Variante während des Editierens statt. Jeder einzelne *Editierschritt* bewirkt eine *lokale Quell-Modifikation*; für diese wird prompt eine inkrementelle Übersetzung und die entsprechende Objektcode-Modifikation durchgeführt. Dabei ist dann zu unterscheiden, was man unter einem Editierschritt verstehen will: Ein Editierschritt kann im einen Extrem jedes Editierkommando und jeder Tastendruck, der die Original-Quelle verändert, sein. Im anderen Extrem kann man als einen Editierschritt eine gesamte Editiersitzung verstehen und ist somit wieder bei der Offline-Variante angelangt. Wir bezeichnen den von einem Editierschritt erfaßte Teil der Quelle als *Editier-Einheit*. Vernünftig erscheint es, Editier-Einheiten in der Größenordnung von Unterprogrammen oder Anweisungen zu wählen.

Da insbesondere größere Editierschritte aus vielen Editierkommandos zusammengesetzt sind, ist zu klären, wie der Abschluß eines Editierschrittes vom Editor festgestellt wird. Dies kann z.B. durch spezielle Editierkommandos geschehen, die dann den inkrementellen Übersetzer anstoßen. Es ist aber auch möglich, das Ende eines Editierschrittes durch die Cursor-Bewegung zu definieren: Ein Editierschritt ist beendet, wenn der Cursor aus einer Editier-Einheit herausbewegt wird.

Während des inkrementellen Übersetzens werden gewisse Konstrukte der Quelle als eine Einheit aufgefaßt, die stets vollständig übersetzt werden. Solche Konstrukte wollen wir im folgenden *Modifikations-Einheiten* nennen. Eine Editier-Einheit kann mehrere Modifikations-Einheiten enthalten. Sind beispielsweise Unterprogramme Editier-Einheiten, so können Modifikations-Einheiten Anweisungen oder Ausdrücke sein. In diesem Fall können in einem Unterprogramm mehrere Anweisungen geändert werden; die inkrementelle Übersetzung wird jedoch nicht für jede geänderte Anweisung einzeln durchgeführt, sondern erst bei Verlassen des Unterprogramms (mit dem Cursor) angestoßen. Es wird dann nicht das gesamte Unterprogramm neu übersetzt, sondern lediglich die geänderten Anweisungen in diesem Unterprogramm.

Verschiedene Kombinationen bei der Wahl der Editier-Einheiten und der Wahl der Modifikations-Einheiten definieren verschiedene Varianten des inkrementellen Übersetzens.

Ähnlich wie bei nicht inkrementellen Übersetzern besteht auch ein inkrementeller Übersetzer aus mehreren Phasen:

inkrementelles Parsen
inkrementelle Semantikanalyse
inkrementelle Codeerzeugung / inkrementelles Binden

Im allgemeinen werden die einzelnen Phasen mit verschiedenen Modifikations-Einheiten arbeiten. So ist ein Token für den Parser eine geeignete Modifikations-Einheit, während für die Semantikanalyse ein Block (identifier scope) sinnvoll ist. Für die Codeerzeugung bieten Unterprogramme als Modifikations-Einheiten die geringsten Probleme.

Aber nicht nur die Modifikations-Einheiten, sondern auch die Editier-Einheiten können von Phase zu Phase verschieden sein. Im Gandalf Editor *ALOE* [6.13] kann beispielsweise eine *Aktionsroutine* zur Durchführung der Semantikanalyse bei Verlassen eines Unterprogramms angestoßen werden, während für das Parsen Ausdrücke als Editier-Einheiten angesehen werden.

In den folgenden Abschnitten werden die für die einzelnen Phasen der inkrementellen Übersetzung geeigneten Verfahren ausführlich dargestellt.

6.2   Inkrementelles Parsen

Im folgenden werden zunächst die wesentlichsten Arbeiten, die die Theorie des inkrementellen Parsens behandeln, vorgestellt. Während das inkrementelle Parsen für Sprachen ohne geschachtelte Anweisungen (wie z.B. *FORTRAN*) verhältnismäßig einfach ist (indem man als Editier- und Modifikations-Einheit eine Anweisungszeile wählt), bereiten Sprachen mit geschachtelten Anweisungen die eigentlichen Probleme (siehe [6.4]). In [6.10] und [6.19] werden inkrementelle Top-Down-Parser beschrieben; [6.3], [6.7], [6.8] und [6.22] beschreiben inkrementelle Bottom-Up-Parser. Diese Parser setzen jedoch voraus, daß eine Editiereinheit mit einer Modifikations-Einheit identisch ist und daß ein Editierschritt eine einfache Einfügung oder Löschung eines Teilstrings der Original-Quelle ist.

Ferner wird meist vorausgesetzt, daß die Original-Quelle und die modifizierte Quelle keine Syntaxfehler enthalten. Hingegen stellt [6.9] eine Variante eines inkrementellen Bottom-Up-Parsers vor, bei dem eine Editier-Einheit mehrere Modifikations-Einheiten enthalten kann und bei dem die Quellen auch (zwischenzeitlich) fehlerhaft sein können.

Die Grundidee des inkrementellen Parsens ist, sich die während des Parsens der Original-Quelle auftretenden Parse-Zustände zu merken. Sei uvw die Original-Quelle und $uv'w$ die modifizierte Quelle. Dann braucht beim Parsen der modifizierten Quelle für u nicht erneut das Parsen durchgeführt zu werden; stattdessen wird der Parser in den beim Parsen der Original-Quelle gemerkten Parse-Zustand für das Ende von u versetzt. Mit diesem Zustand beginnt dann das Parsen für v'. Ist danach der Parse-Zustand identisch mit dem beim Parsen der Original-Quelle gemerkten Parse-Zustand für das Ende von v, so ist das inkrementelle Parsen bereits abgeschlossen. Im anderen Fall muß das Parsen von w begonnen und so lange fortgesetzt werden, bis ein Parser-Zustand erreicht wird, der identisch ist mit dem Parse-Zustand, der beim Parsen der Original-Quelle für die gleiche Stelle innerhalb von w auftrat. Wenn der Parser als Ergebnis einen *abstrakten Syntaxbaum* aufbaut, so braucht w nicht auf lexikalischer Ebene vom Parser erneut bearbeitet zu werden, sondern die beim Parsen der Original-Quelle für w erzeugten Teilbäume können verwendet werden (siehe z.B. [6.22]).

Arbeitet der Parser mit einem *Look-Ahead* von k Symbolen (z.B. LL(k)-Parser, LR(k)-Parser mit $k > 0$), so muß der inkrementelle Parser schon beim Anfang der letzten k Symbole von u aufsetzen. Ebenso müssen die ersten k Symbole von w auf lexikalischer Ebene gelesen werden, um festzustellen, ob die beim Parsen der Original-Quelle für w erzeugten Teilbäume auch nach dem Parsen von v' noch passend sind.

Um sich Parse-Zustände zu merken, arbeiten die inkrementellen Parser tabellengesteuert. Die Parse-Zustände werden dann den Tabelleneinträgen entnommen. Die Parse-Zustände werden i.a. in dem von Parser erzeugten abstrakten Syntaxbaum eingetragen. Die Knoten des abstrakten Syntaxbaums sind zusätzlich zur Baumstruktur noch linear verkettet gemäß der Anordnung der von den Knoten abgeleiteten Teilstring in der Quelle (Bild 6.2). Damit ist der jeweilige Zustand des Stacks, der beim Parsen kontextfreier Grammatiken mitgeführt wird, leicht rekonstruierbar.

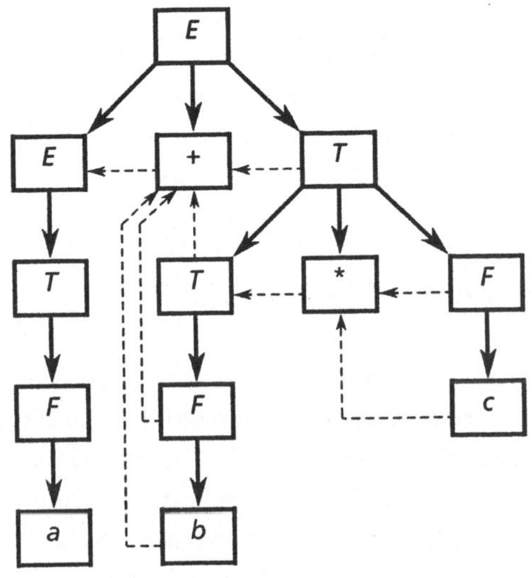

Legende:

⟶ Vater-Sohn-Verweis im Syntaxbaum

◄---- Verweis zum linken Nachbarn

Bild 6.2: Syntaxbaum für den Ausdruck *a + b * c*

Bei dieser Grundidee wird allerdings davon ausgegangen, daß sowohl die Original-Quelle als auch die modifizierte Quelle keine Syntaxfehler enthalten. Enthält eine Quelle Syntaxfehler, so gibt es keinen zugehörigen (vollständigen) abstrakten Syntaxbaum. Es kann jedoch für jeden maximalen Teilstring der Quelle, der sich (fehlerfrei) aus einem Nichtterminalen ableiten läßt, ein abstrakter Syntaxbaum erstellt werden. Eine fehlerhafte Quelle kann dann durch einen *Wald* von derartigen Syntaxbäumen dargestellt werden (vgl. [6.9]). Betrifft eine Quell-Modifikation nur **einen** Syntaxbaum im Wald, der der Original-Quelle zugeordnet ist, so kann das inkrementelle Parsen für diesen Baum wie oben beschrieben durchgeführt werden. Eine Quell-Modifikation, die **mehrere Bäume** gleichzeitig berifft, kann aufgespaltet werden in Modifikationen, von denen jede nur **einen** solchen Baum betrifft. Bedingt durch die Quell-Modifikationen können Syntaxfehler der Original-Quelle korrigiert oder neue Fehler eingebracht werden. Werden Fehler korrigiert, so wirkt sich das so aus, daß nunmehr zwei benachbarte Syntaxbäume *zusammenpassen* und zu einem einzigen Baum zusammengefaßt werden können. Werden neue Fehler eingebracht, so zerfällt ein Syntaxbaum in mehrere nicht mehr zusammenpassende Bäume.

6.3   Inkrementelle Semantikanalyse.

Die inkrementelle Semantikanalyse setzt auf dem Ergebnis des inkrementellen Parsers (z.B. dem abstrakten Syntaxbaum) auf. Die Aufgabe der Semantikanalyse ist u.a. die Überprüfung, ob die Quelle (und damit der zu ihr äquivalente Syntaxbaum) die von der Programmiersprache geforderten semantischen Eigenschaften erfüllt. Dazu ist es z.B. notwendig, *angewandten Auftreten* eines Bezeichners die zugehörige Deklaration zuzuordnen (*Identifikation*), um dabei die Art der durch den Bezeichner referierten Objekte und schließlich deren Zulässigkeit festzustellen. Die Semantikanalyse ermittelt Werte von *semantischen Attributen* der Knoten des abstrakten Syntaxbaums.

Bei der Online-Methode der inkrementellen Semantikanalyse werden die semantischen Attribute während des Aufbaus oder der Modifikation des abstrakten Syntaxbaums durchgeführt. Dazu stößt der inkrementelle Parser beim Auf-bau eines neuen Knotens, beim Ändern und beim Löschen eines Knotens eine *Aktionsroutine* an, die die Werte der semantischen Attribute aktualisiert (vgl. auch den Editor *ALOE* im Gandalf-Projekt: [6.13]). Die Aktionsroutine hängt von der Aktion des Parsers auf dem Syntaxbaum (*Einfügen*, *Ändern* oder *Löschen*) und von der Knotenart ab. Die inkrementelle Semantikanalyse besucht von sich aus - wenn notwendig - Nachkommen und Ahnen des Knotens, der vom Parser bearbeitet wurde, bis alle Attribut-Werte konsistent sind (vgl. auch [6.18]). Das Einfügen und das Löschen eines Knotens kann als Änderung eines Sohn-Verweises im Vater v, d.h. also als Änderung von v angesehen werden. Wird v geändert, so werden zunächst alle semantischen Attribute von v als ungültig erklärt. Anschließend werden alle die Attribute, deren Berechnung von bereits als ungültig erklärten Attributen abhängt, ebenfalls als ungültig erklärt, so lange bis alle direkt oder indirekt von v abhängigen Attribute als ungültig erklärt sind. Schließlich werden die Werte derjenigen als ungültig erklärten Attribute neu berechnet, deren Berechnung nur von gültigen Attributwerten abhängt. Dies wird so lange fortgesetzt bis alle Attribute wieder gültige Werte haben (bei unvollständigen oder fehlerhaften abstrakten Syntaxbäumen können auch noch ungültige Attribut-Werte stehen bleiben).

Bei der Offline-Methode markiert der Parser die Änderungen im Syntaxbaum (indem er z.B. Attributwerte als ungültig erklärt), stößt jedoch das Neuberechnen der semantischen Attribute nicht bei jeder Änderung an. Z.B. bietet sich an, die Neuberechnung erst bei Verlassen einer größeren Editiereinheit (z.B. eines Unterprogramms) anzustoßen. Dies gilt insbesondere im Hinblick auf Änderungen von Deklarationen oder auf Änderungen, die die Blockstruktur und damit die Gültigkeitsbereiche von Bezeichnern betrifft.

Die Zuordnung von angewandten Auftreten eines Bezeichners zu der Deklaration des durch ihn referierten Objektes (*Identifikation*) wird bei der Semantikanalyse über attributierten Bäumen durch Mitführen der jeweils gültigen Symboltabellen in *Umgebungs-Attributen* durchgeführt. Eine Änderung in den Deklarationen eines Blocks macht die Umgebungsattribute aller Nachkommen des Block-Knotens ungültig, d.h. die Semantikanalyse (zumindest was die Identifikation betrifft) muß für den gesamten Block erneut durchgeführt werden.

Ein anderer Weg ist die Mitführung (der relevanten Kanten) eines *Abhängigkeits-Graphen* der Attribut-Werte [6.17]. Dieses Verfahren wird im folgenden am Beispiel der Identifikation erläutert:

Jeder Knoten, der für das angewandte Auftreten eines Bezeichners steht, soll als semantisches Attribut einen Verweis auf den Knoten, der für die zugehörige Deklaration steht, enthalten. Der für unsere Zwecke relevante Teil des Abhängigkeitsgraphen wird durch die *Referenzliste* und durch die *Homonymenliste* dargestellt (siehe Bild 6.3). Die Referenzliste verkettet alle angewandten Auftreten eines Bezeichners. Der Anker der Referenzliste befindet sich in dem Knoten, der die zugehörige Deklaration darstellt. Die Homonymenliste verkettet verschiedene Deklarationen des gleichen Bezeichners. Der Anker dieser Kette befindet sich in dem Symboltabellen-Eintrag, der für diesen Bezeichner vom Parser (genauer: vom Scanner) erzeugt wurde.

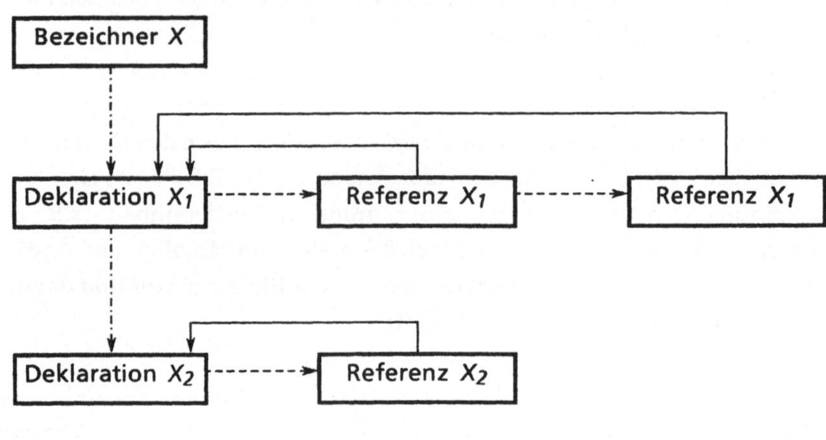

Legende:

$\longrightarrow$ Verweis zur Deklaration

$\dashrightarrow$ Referenzliste

$-\cdot\!\rightarrow$ Homonymenliste

Bild 6.3: Referenz- und Homonymenliste

Folgende Aktionen werden nun bei Quell-Modifikationen, die sich auf Bezeichner auswirken, durchgeführt:

Löschen eines angewandten Auftretens eines Bezeichners:

Der Knoten, der für das angewandte Auftreten steht, wird aus der Referenzliste ausgehängt. Anschließend kann der Knoten gelöscht werden.

Einfügen eines angewandten Auftretens eines Bezeichners:

Es wird davon ausgegangen, daß der Parser einen neuen Knoten A für das einzufügende, angewandte Auftreten des Bezeichners B erzeugt hat. Dabei hat der Parser eventuell auch einen neuen Eintrag in der Symboltabelle vorgenommen, falls noch kein Eintrag für diesen Bezeichner existierte. Wurde ein neuer Eintrag in der Symboltabelle erzeugt, so wird die zugehörige Homonymenliste als leere Liste initialisiert.

Nun wird unter den Knoten, die in der Homonymenliste eingehängt sind, ein Knoten D gesucht, der als Deklaration von B in Frage kommt. Dabei werden selbstverständlich die sprachabhängigen Regeln über Gültigkeitsbereiche und das Überladen von Bezeichnern beachtet.

Existiert eine Deklaration D, so wird der Knoten A in die Referenzliste, die ihren Anker in dem Knoten D hat, eingehängt. Ferner wird ein Rückverweis auf D in A eingetragen.

Existiert keine Deklaration, so wird eine Deklaration imitiert, d.h. es wird ein Knoten D erzeugt, der für die Deklaration eines geeigneten, fiktiven Objektes steht. Der Knoten D wird für den innersten Gültigkeitsbereich erzeugt und in die entsprechende Homonymenliste eingehängt. D wird als *nicht wirklich deklariert* markiert. Schließlich wird wie bei existierender Deklaration D fortgefahren (s.o.). A muß schließlich noch als *fehlerhaft* markiert werden.

Ändern eines angewandten Auftretens eines Bezeichners:

Das Ändern eines Bezeichners ist gleichwertig mit Löschen und anschließendem (Wieder-) Einfügen des modifizierten Bezeichners.

Löschen einer Deklaration eines Bezeichners:

Zunächst wird der zu löschende Knoten D aus der Homonymenliste ausgehängt. Dann werden für jeden Knoten A, der in der in D verankerten Referenzliste hängt, die Aktionen ausgeführt, die unter *"Einfügen eines angewandten Auftretens eines Bezeichners"* beschrieben sind. Da D nicht mehr in der Homonymenliste hängt, kann dabei D nicht als Deklarations-Knoten gefunden werden. War die Deklaration D *überladen*, so sind weitere Aktionen bezüglich der überladenen Deklarationen notwendig. So kann es sein, daß eine Markierung *fehlerhaft* bei einer überladenen Deklaration zurückgezogen werden kann. Schließlich kann D gelöscht werden.

Einfügen einer Deklaration eines Bezeichners:

Es wird davon ausgegangen, daß der Parser einen Knoten D für die einzufügende Deklaration erzeugt hat. Trat der Bezeichner zum ersten Mal auf, so wurde für ihn ein neuer Eintrag in der Symboltabelle angelegt und die zugehörige Homonymenliste als leere Liste initialisiert.

Gibt es in der Homonymenliste bereits einen Deklarations-Knoten D' für den gleichen Bezeichner im gleichen oder einem eingeschachtelten Gültigkeitsbereich, der als *nicht wirklich deklariert* markiert ist, so wird D' durch D ersetzt. Dies bedeutet, daß die Referenzliste von D' für D übernommen wird, daß die Rückverweise aller Knoten A in dieser Referenzliste von D' auf D umgelenkt werden und daß schließlich D' gelöscht wird. Ferner können die Markierungen *fehlerhaft* bei den Knoten in der Referenzliste zurückgenommen werden.

Gibt es in der Homonymenliste bereits einen Knoten D'', der für eine Deklaration in einem umgebenden Gültigkeitsbereich steht, so muß die Referenzliste für D'' überprüft werden. Alle Knoten A in der Referenzliste für D'', die für angewandte Auftreten von Bezeichnern im aktuellen oder einem eingeschachtelten Gültigkeitsbereich stehen, werden aus dieser Referenzliste ausgehändigt und in die Referenzliste für D eingehängt. Dabei muß auch der Rückverweis in A von D'' auf D umgelenkt werden.

Schließlich bleibt noch der Fall, daß bereits ein Knoten D'', der für eine echte Deklaration des gleichen Bezeichners für den selben Gültigkeitsbereich steht, in der Homonymenliste existiert. In diesem Fall wird die Referenzliste für den neuen Knoten D als leere Liste initialisiert und D in die Homonymenliste eingehängt. Bei Sprachen, die Überladen von Bezeichnern unter gewissen Bedingungen erlauben, sind diese Bedingungen zu überprüfen. Im Fehlerfall muß der neue Knoten D als *fehlerhaft* markiert werden.

Ändern eines Bezeichners in einer Deklaration:

Das Ändern eines Bezeichners in einer Deklaration ist gleichwertig mit dem Löschen der Deklaration und anschließendem (Wieder-)Einfügen einer Deklaration des modifizierten Bezeichners.

6.4 Inkrementelle Codeerzeugung

Der inkrementellen Codeerzeugung dient der attributierte abstrakte Syntaxbaum als Eingabe. Das Ergebnis der Codeerzeugung sollte ausführbarer Objektcode sein. Herkömmliche Compiler erzeugen jedoch meist eine Zwischenform, die erst vom Binder und/oder Lader in wirklich ausführbaren Objektcode umgewandelt wird. Bei der Betrachtung inkrementeller Codeerzeugung wollen wir auch den Binder und den Lader mit einbeziehen, ja sogar die Ausführung des geladenen Objektcodes mit berücksichtigen.

Auf die inkrementelle Codeerzeugung kann man verzichten, wenn man einen Interpreter auf dem attributierten abstrakten Syntaxbaum arbeiten läßt. Das Ziel der inkrementellen Codeerzeugung hingegen ist es, einen ablauffähigen Objektcode zu generieren, der sich möglichst nicht von dem Objektcode unterscheidet, der auf herkömmliche Weise mit einem nicht inkrementellen Übersetzer, dem Binder und dem Lader generiert wird. Zwischen diesen beiden Extremen gibt es verschiedene Zwischenstufen.

Die Grundidee der inkrementellen Codeerzeugung ist, den mit semantischen Attributen versehenen abstrakten Syntaxbaum mit weiteren Attributen (*Code-Attribute*) zu versehen, deren Werte Teile des Objektcodes selbst oder Zeiger in den Objektcode sowie Eigenschaften des Objektcodes sind. Bei Modifikationen im abstrakten Syntaxbaum werden diese Code-Attribute - ähnlich wie die semantischen Attribute bei der inkrementellen Semantikanalyse - inkrementell neu berechnet. Damit eine lokale Änderung im Syntaxbaum nicht zu einer vollständigen Neuberechnung aller Code-Attribute führt, muß die Abbildung

$$\text{Syntaxbaum} \Rightarrow \text{Objektcode}$$

sorgfältig gewählt werden.

Im Cornell Programm Synthesizer [6.20] besitzt jeder Knoten des abstrakten Syntaxbaums ein Code-Attribut, das man als ein Objektcode-Stück auffassen kann. Für Knoten, die Deklarationen von Variablen oder Konstanten darstellen ist dies ein Speicherplatz, der die Werte der Variablen bzw. Konstanten aufnehmen kann. Für Knoten, die das angewandte Auftreten eines Variablen- oder Konstanten-Bezeichners darstellen, besteht das Code-Attribut aus einer Lade- bzw. Speicheranweisung. Für Knoten, die unäre oder binäre Operationen darstellen, enthält das Code-Attribut zunächst Sprungbefehle auf die Code-

Attribute der Operanden und dann eine entsprechende Maschinenbefehlsfolge zur Ausführung der Operation. Um nach Ausführung der Code-Attribute der Operanden wieder zum ursprünglichen Knoten zurückzukehren, enden alle Code-Attribute mit einem Rücksprungbefehl in das Code-Attribut des Vater-Knotens. Ähnlich wird bei strukturierten Anweisungen verfahren: Bei einer If-Anweisung besteht das Code-Attribut beispielsweise aus einem Sprungbefehl zum Code-Attribut des Knotens, der für die Bedingung steht (siehe Bild 6.4). Anschließend wird ein bedingter Sprung entweder zum Code-Attribut des *Then-Teils* oder zum Code-Attribut des *Else-Teils* ausgeführt. Schließlich endet das Code-Attribut der If-Anweisung wieder mit einer Sprunganweisung in das Code-Attribut des Vater-Knotens.

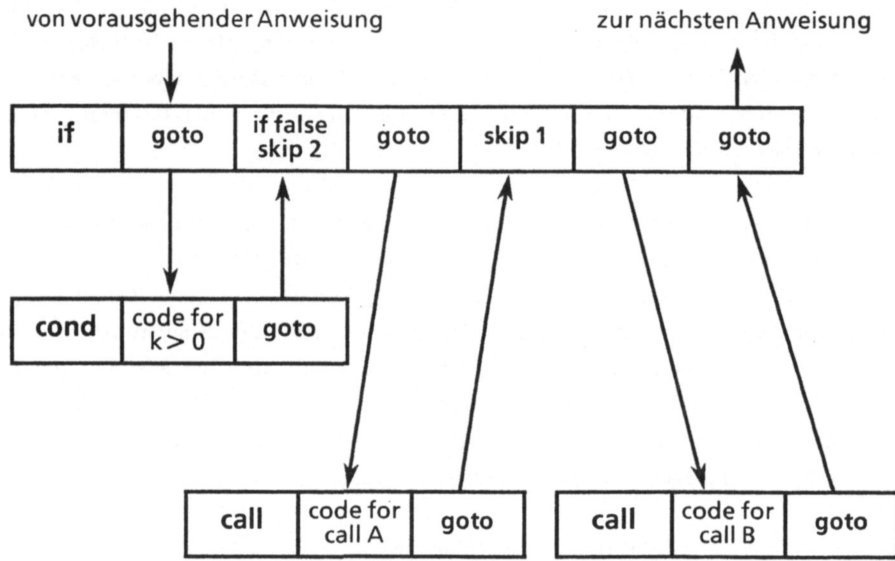

Bild 6.4: Code für eine If-Anweisung: `if k > 0 then A else B`

Bei dieser Art der inkrementellen Codeerzeugung ist der generierte Objektcode eine verkettete Liste von Codestücken (*verketteter Code*). Die Verkettung der (recht kleinen) Codestücke bewirkt erhebliche Vergrößerung der Ausführungszeit, die der eines Interpreters ähnelt. (Beim Cornell Programm Synthesizer wird in der Tat Objektcode einer hypothetischen Maschine erzeugt, der dann interpretiert wird).

Für unvollständige oder fehlerhafte Programmstücke wird beim Cornell Programm Synthesizer ein *Halt-Befehl* (**halt**) als Code-Attribut generiert (siehe Bild 6.5). Die Abarbeitung des Halt-Befehls bewirkt die Unterbrechung der Programmausführung *(Halt-Zustand)*. Im Halt-Zustand kann man sich (per Kommando) Werte von Variablen anzeigen lassen oder diese Werte verändern. Man kann aber auch die Quelle editieren und inkrementell übersetzen lassen. Wenn dadurch der Halt-Befehl eliminiert wird, kann das Programm anschließend fortgesetzt werden (falls dies sinnvoll ist).

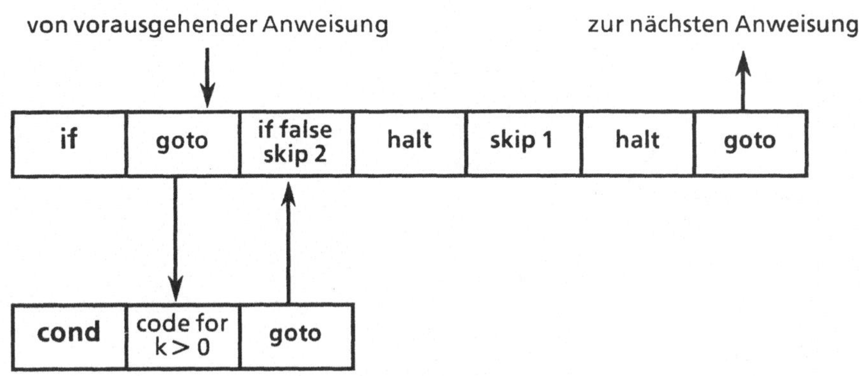

Bild 6.5: Code für eine unvollständige If-Anweisung: `if k > 0 then...else...`

In [6.5, 6.6] wird ein anderer Weg eingeschlagen: Dort sind die Code-Attribute Zeiger in den (mehr oder weniger zusammenhängenden) Objektcode, sowie Angaben über die Größe des gesamten für einen Knoten und seine Nachkommen erzeugten Objektcodes. Wenn eine in den Objektcode einzubringenden Modifikation größer ist als das entsprechende Codestück des Originalcodes, so müssen Codeteile verschoben werden. Wenn die Modifikation kleiner ist als das Original-Codestück, so kann die entstehende Lücke für spätere Erweiterungen freigelassen werden. Wenn man sich aufgrund beschränkten Speicherplatzes Lücken nicht leisten kann, so muß auch bei Verkleinerung von Codestücken eine Verschiebung durchgeführt werden.

Damit das Verschieben von Codestücken (Modifikations-Einheiten) effizient geschehen kann, sollte der Code möglichst ohne Änderung verschiebbar sein (*lageinvarianter Code*). Dies bedeutet, *lokale Adressierungen* innerhalb einer Modifikations-Einheit sollten relativ sein. Für *globale Adressierungen*, die von einer Modifikations-Eingheit in eine andere referieren, kann wie folgt verfahren werden: Es gibt eine globale Adreß-Tabelle, die für jede Modifikations-Einheit (*Code-Modul*) die Anfangsadresse enthält (siehe Bild 6.6). Die Adressierung geschieht dann indirekt über diese Adreß-Tabelle mit einer festen, lageinvarianten *Distanz* (Relativadresse zum Anfang des Codemoduls). Beim Verschieben einer Modifikations-Einheit muß dann lediglich die Adreß-Tabelle entsprechend aktualisiert werden.

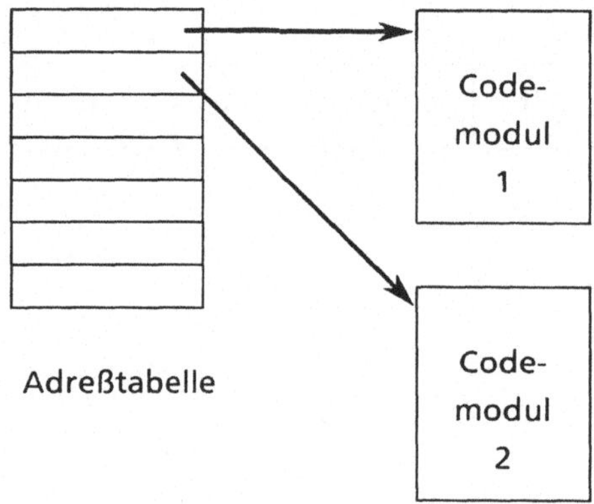

Bild 6.6: Adreßtabelle für lageinvariante Codemodule

Diese Vorgehensweise ist jedoch nur dann sinnvoll, wenn die Modifikations-einheiten entsprechend groß sind (z.B. Unterprogramme oder ganze Module, wie beim inkrementellen Binden). Bei kleineren (und damit zahlreicheren) Modifikations-Einheiten würde die Adreß-Tabelle zu groß und das Problem nur auf die Aktualisierung dieser Tabelle verlagert werden.

Bei kleinen Modifikations-Einheiten (z.B. Anweisungen) und auch bei Rechnern, die keine Relativsprünge kennen, müssen alle Sprungadressen, die in ein zu verschiebendes Codestück verweisen, nach der Verschiebung aktualisiert werden. Das Erkennen von Sprungbefehlen, deren Sprungadressen möglicherweise in das zu verschiebende Codestück verweisen, kann durch einen *Disassembler* oder durch eine mitgeführte Bit-Tabelle, die die Sprungbefehle gegenüber anderen Befehlen kennzeichnet, ermöglicht werden. Eine bessere Lösung ist durch Mitführen eines Abhängigkeits-Graphen (ähnlich wie bei der inkrementellen Semantikanalyse) zu erreichen. Man wird dazu alle Sprungbefehle, die das gleiche Sprungziel haben, zu einer "Referenzliste" verketten. Die Sprungziele selbst werden (pro Modifikations-Einheit) zu einer "Markenliste" verkettet, um schnell alle durch eine Verschiebung betroffenen Sprungziele (und dann über die Referenzliste die zugehörigen Sprungbefehle) auffinden zu können. Die Referenzliste und die Markenliste können als Attribute im abstrakten Syntaxbaum mitgeführt werden und gehören nicht zum erzeugten Objektcode.

Ähnlich wie bei Modifikationen im Anweisungsteil eines Blocks eine Verschiebung von Objektcodestücken notwendig werden kann, kann bei Modifikationen im Deklarationsteil eine Verschiebung von Variablenadressen notwendig werden. Wird der Speicherplatz für die lokalen Variablen eines Unterprogramms erst bei Aufruf dieses Unterprogramms im *Laufzeitstack* allokiert, so hat das Hinzufügen zusätzlicher Variablen am Ende keinen Einfluß auf die Adressierung bisheriger Variablen. Wird jedoch der für eine bestimmte Variable benötigte Speicherplatz durch Änderung des Typs der Variablen größer, so ist eine Verschiebung der anschließend liegenden Variablen unvermeidbar (siehe auch [6.5]).

Wenn inkrementelle Codeerzeugung mit sehr kleinen Modifikations-Einheiten durchgeführt wird, so kann die inkrementelle Übersetzung auch von einer Testhilfe zum Setzen von *Unterbrechungspunkten* verwendet werden. Dazu wird von der Testhilfe auf der Quellsprachenebene bzw. im abstrakten Syntaxbaum eine *Halt-Anweisung* eingefügt. Die inkrementelle Übersetzung erzeugt daraus einen Halt-Befehl, der wie beim Cornell Programm Synthesizer wirkt.

Literaturverzeichnis

6.1: Arthur, J.; Ramanathan, J.: Design of analyzers for selective program analysis; IEEE SE 7, 1 (Januar 1981), S. 39-51

6.2: Ayres, R. B.; Derrenbacher, R. L.: Partial recompilation; in Proc. AFIPS SJCC 38 (1971), AFIPS Press, Motvale, S. 417-502.

6.3: Celentano,A.: Incremental LR Parsers; Acta Informatika 10 (1978), S. 307-321.

6.4: Earley, J.; Caizergues, P.: A Method fo Incrementally Compiling Languages with nested Statement Structure; CACM 15, 12 (Dezember 1972), S. 1040-1044.

6.5: Fritzson, P.: Fine-Grained Incremental Compilation for Pascal-Like Languages; DATALOGI LINKÖPING, Research Report LITH-MAT-R-82-15 (Juli 1982), Software Systems Research Center, Linköping Institute of Technology, Sweden.

6.6: Fritzson, P.: A Systematic Approach to Advanced Debugging through Incremental Compilation; in Proceedings of the ACM SIGSOFT / SIGPLAN SW Eng. Symp. on High Level Debugging (August 1983), S. 130-139.

6.7: Ghezzi, C.; Mandrioli, D.: Incremental Parsing; ACM TOPLAS, 1, 1 (Juli 1979), S. 58-70.

6.8: Ghezzi, C.; Mandrioli, D.: Augmenting Parsers to Support Incrementality; JACM 27, 3 (1980), S. 564-579.

6.9: Jalili, F.; Gallier, J. H.: Building friendly parsers; in 9th ACM Symp. on Princ. of Prog. Lang. (1982), S. 196-206.

6.10: Kahrs, M.: Implementation of an Interactive Programming System; SIGPLAN Notices 14, 8 (August 1979).

6.11: Katzan, H.: Conversational and incremental compilers; in Proc. AFIPS SJCC 34 (1969), AFIPS Press, Montvale, S. 47-56.

6.12: Medina-Mora, P.; Feiler, P. H.: An Incremental Programming Environment; IEEE SE 7, 5 (September 1981), S. 472-482.

6.13: Medina-Mora, P.; Notkin, D. S.: ALOE Users´and Implementers´Guide; Dep. of Comp. Sci., CMU, November 1981.

6.14: Mitchell, J. G.: The Design and Construction of Flexible and Efficient Interactive Programming Systems; Dep. of Comp. Science, CMU (Juni 1970).

6.15: Peccoud, M.; Griffiths, M.; Peltier, M.: Incremental interactive compilation; in Proc. IFIP Congress 1968, North Holland Pub. Co., Amsterdam, S. 384-387.

6.16: Ryan, J. L.; Crandall, R. L.; Medwedeff, M. C.: A conversational system for incremental compilaltion and execution in a time-sharing environment; in Proc. AFIPS FJCC 29 (1966), Spartan Books, N.Y., S.1-21.

6.17: Reps, R.: Optimal-time Incremental Semantic Analysis for Syntax directed Editors; in Proc. ACM Symp. on Princ. of Prog. Lang. 1982, S. 169-176.

6.18: Reps, Th.; Teitelbaum, T.; Demers, A.: Incremental Context-Dependent Analysis for Language-Based Editors; ACM TOPLAS 5, 3 (Juli 1983), S. 449-477.

6.19: Schwartz, M. D.: Incremental LL(k) Parsing; Computer Research Laboratory, Applied Research Group, Tektronix, Inc.

6.20: Teitelbaum, T.; Reps, Th.: The Cornell Program Synthesizer: A Syntax Directed Programming Environment; CACM 24, 9 (September 1981), S. 563-573.

6.21: Teitelman, W.: Interlisp Reference Manual; Xerox Palo Alto Res. Cent., 1978.

6.22: Wegman, M.: Parsing for Structural Editors; in 21st Annual Symp. on Found. of Comp. Sci,. (1980), S. 320-327.

6.23: Wilander, J.: An Interactive Programming System for Pascal; BIT 20, 2 (1980), S. 163-174.

6.24: Wilcox, Th. R.; Davis, A. M.; Tindall, M. H.: The Design and Implementation of a Table Driven, Interactive Diagnostic Programming System; CACM 19, 11 (November 1976), S. 609-616.

7 Einbettung von Programmierumgebungen in Rechnersysteme

Werner Remmele

In der bisherigen Form wurden Programmierumgebungen und Software-Entwicklungsumgebungen grundsätzlich als relativ abstrakte Einheiten, ohne direkten Bezug zu den zugrundeliegenden Rechner- und Rechensystemen gesehen. Ohne Unterstützung von Rechnern und Betriebssystemen ist jedoch auch eine Programmierumgebung nicht denkbar. Die bisher eingeführte und verwendete Unterscheidung von Programmier- und Software-Entwicklungsumgebungen kann in diesem Kapitel zugunsten des einheitlichen Terminus Programmierumgebung unterbleiben.

Für die Diskussion der Einbettung müssen die grundsätzlichen Anforderungen definiert werden, die an Rechner und Betriebssystem zu stellen sind.

7.1 Anforderungen von Programmierumgebungen an Rechnersysteme

7.1.1 Funktionelle Anforderungen

Programmierumgebungen stellen eine Reihe funktioneller Anforderungen, denen ein Rechensystem mindestens genügen muß, damit die Programmierumgebung darauf ablauffähig ist. Von entscheidender Bedeutung sind dabei verschiedene 'Dienste', die in einem solchen System zur Verfügung gestellt werden müssen:

Dateidienst

Durch den Dateidienst werden alle anfallenden Daten im System verwaltet. Normalerweise wird ein Dateiverwaltungsystem im Rechner zur Verfügung gestellt sein, das nicht alle Bedürfnisse einer Programmierumgebung in gleichem Maße befriedigen kann. Aus diesem Grunde werden zwangsläufig bestimmte Mechanismen benötigt, die logisch gesehen über dem allgemeinen Dateiverwaltungssystem angesiedelt und speziell auf sie abgestimmt sind.

Zu den spezifischen Bedürfnissen zählen u. a. Realisierung projektspezifischer Zugriffsrechte oder Freigabemechanismen (sog. Freigabedienst).

- Postdienst

Ein wesentlicher Bestandteil jedes Projektes ist die Kommunikation. Eine Programmierumgebung stellt demnach auch Forderungen an die Kommunikationsfähigkeit zwischen den einzelnen Arbeitsplätzen. Hier muß gewährleistet werden, daß sowohl allgemeine, unformalisierte Dokumente (z. B. in der Entwurfsphase oder allgemeine Informationen, wie Briefe) als auch Programme, Steueranweisungen o. ä. an andere Benutzer weitergegeben werden können.

- Druckdienst

Anfallende Dokumente müssen häufig zusätzlich zur elektronischen Speicherung auch in Papierform weitergegeben werden. Dazu dient der Druckdienst. Er ist dafür verantwortlich, daß Dokumente in adäquate, druckfähige Form umgesetzt und ausgedruckt werden.

- Kommunikationsdienst

Schließlich ist der Kommunkationsdienst notwendig für die Kommunikation zwischen Entwicklern einer Programmierumgebung mit anderen Stellen, deren Adressen evtl. außerhalb des in der Programmierumgebung befindlichen Postdienstes liegen. Der Kommunikationsdienst stellt alle Hilfsmittel zur Verfügung, die zur Kommunikation nach außen benötigt werden, insbesondere die Verbindung zu anderen Rechnersystemen oder -netzen.

7.1.2   Anforderungen an Rechner und Betriebssystem

Programmierumgebungen werden vor allem in Verbindung mit größeren Software-Entwicklungs-Projekten gesehen, wenngleich die Unterstützung für einzelne, kleinere und autarke Entwicklungen grundsätzlich gewahrt bleiben sollte. Ihre volle Leistungsfähigkeit bzgl. der Entwicklungsunterstützung entfalten Programmierumgebungen aber erst innerhalb größerer Projekte, bei denen Aspekte wie z. B. die Kommunikation zwischen den einzelnen Entwicklern oder die Verwaltung von Code (evtl. noch verschiedener Versionen und Freigaben), Daten (u. a.

Projektdaten, Testdaten) und Abläufen (z. B. bei der Integration) wesentliche Rollen spielen.

Daraus geht bereits implizit hervor, daß als Basis ein Rechnersystem notwendig ist, das einen adäquaten *Leistungsumfang* besitzt. Dabei ist unter adäquat nicht unbedingt ein Großrechner mit ausgesprochen hoher zentraler Verarbeitungsleistung zu verstehen, sondern die notwendige Rechnerleistung kann - wenn sie entsprechend organisiert ist - auch als Summe von entsprechend niedrigeren Leistungen einzelner kleinerer Rechner zustandekommen. Notwendig ist ja vor allem die Unterstützung des Entwicklers am Arbeitsplatz.

Steht als Basis ein Großrechner zur Verfügung, so ist i. a. die Basisanforderung nach passender Leistung bereits durch dessen CPU-Leistung gedeckt. In diesem Falle sind jedoch weitere Kriterien zu beachten, die sich leistungsbeeinflussend auswirken können. Die Rechenleistung, die ein einzelner Arbeitsplatz erhält, ergibt sich nämlich nicht aus dem Quotienten der im System angebotenen Gesamtleistung durch die Anzahl der Benutzer, sondern wird einerseits durch Organisation des Rechnersystems selbst und andererseits auch durch die Anwendung verschiedener Komponenten beeinflußt.

In erster Linie ist es hier das *Betriebssystem*, das u. U. zu Leistungseinbußen beim einzelnen Arbeitsplatz der Programmierumgebung führen kann. Das für die Programmierumgebung zur Verfügung stehende Betriebssystem sollte zudem den folgenden funktionellen Mindestanforderungen genügen:

-   Kommunikationsfähigkeit
    (zur Realisierung des Post- und Kommunikationsdienstes)
-   Dateiorganisation, den Anforderungen einer Programmierumgebung
    entsprechend (zur Realisierung des Dateidienstes)
-   konsistente, ergonomisch günstige Benutzerschnittstelle
    (zur Unterstützung des Software-Entwicklers)
-   Sicherheit und Schutz von Daten
    (zur Realisierung des Freigabedienstes)

Der Druckdienst wurde bisher noch nicht behandelt; dies ist Aufgabe der Peripherie.

7.1.3   Anforderungen an die Peripherie

Obwohl in immer weiter zunehmendem Maße - nicht zuletzt durch die zunehmenden Fähigkeiten der einzelnen Bediengeräte bedingt - die Elektronik in Bereiche der *Papierperipherie* dringt, kann doch auf sie auch in mittelfristiger Zukunft nicht verzichtet werden.

Für die Zwecke einer Programmierumgebung sind deren bestimmte Merkmale von besonderer Bedeutung:

-    Grafikfähigkeit,
-    Konsistente Bedienbarkeit, möglichst am Arbeitsplatz,
-    Qualität und
-    Quantität der anfallenden Dokumente

Fortschrittliche Software-Entwicklung basiert einerseits häufig auf grafischen oder wenigstens grafisch unterstützbaren Methoden und kann andererseits mit grafischer Dokumentation gut visualisiert werden. Grafikmöglichkeiten sollte also jede moderne Software-Entwicklungsumgebung bieten.

Entwicklungsmethoden sollten durch Hilfsmittel einer darauf abgestimmten Programmierumgebung unterstützt werden. Dabei ist es wesentlich, daß - für optimale Benutzerfreundlichkeit, die auch zum Erreichen hoher Software-Qualität notwendig ist - sowohl Darstellung, als auch Ein- und Ausgabegeräte die gleichen Symbole darstellen können. Jede Umsetzung ist - abgesehen von der erhöhten Komplexität der Bedienung - fehleranfällig und sollte, falls die Geräte dies zulassen, vermieden werden.

Software-Entwicklung im Großen birgt auch eine Reihe von Problemen bzgl. der Kapazität von Speichermedien. Hierunter ist nicht primär der interne Speicher eines Rechners zu verstehen, sondern vielmehr die Gesamtkapazität des *peripheren Speichers* in dem der Programmierumgebung zugrundeliegenden Rechnersystem. Diese Kapazität und die Art der Organisation ist mitentscheidend für die Effektivität der Programmierumgebung. Dies gilt natürlich vor allem in dem Ausmaß, in dem größere Projekte realisiert werden sollen, da dabei nicht so sehr der Aspekt der Unterstützung des einzelnen Programmierers, sondern vielmehr der Aspekt der Unterstützung der gesamten Entwicklungsmannschaft im Vordergrund steht.

Anfallende Daten - egal ob sie Programmtext, Dokumentation, Schriftstücke oder andere Dokumente während des Projektablaufs sind - müssen gespeichert, verwaltet, wiederaufgefunden oder auch modifiziert werden können. Dazu ist es notwendig, über eine ausreichende Gesamtspeicherkapazität im System und über die entsprechenden Verwaltungsmechanismen zu verfügen.

Schließlich sind für den einzelnen Programmierer noch *lokale Ressourcen*, oder zumindestens solche von Bedeutung, die auf den lokalen, eigenen Arbeitsbereich zugeschnitten sind oder zugeschnitten werden können. In extremer Ausprägung wird eine Lokalisierung durch Dezentralisierung der gesamten Systemintelligenz (an ein vernetztes Sytem von Arbeitsplatzrechnern, siehe 7.2) erreicht, wobei dem einzelnen Programmierer sowohl *lokale Intelligenz* (durch den Prozessor des Arbeitsplatzes), *lokale Speicher* (durch dessen internen und externen Speicher) und evtl. sogar *lokale Ausgabemöglichkeiten* zur Verfügung gestellt werden können.

Grundsätzlich ist es jedoch nötig, daß im Verlauf der Entwicklung entstehende Dokumente (z. B. Zwischen- und Arbeitsversionen oder -unterlagen) 'personifizierbar' sein müssen, damit sie nicht unkontrolliert im System, d. h. dem zu entwickelnden Produkt, verstreut werden. Dies ist ein unbedingtes Muß, wenn nicht nur ein Produkt, sondern mehrere Versionen davon erstellt werden, was üblicherweise der Fall ist (allein bereits durch Wartungsverpflichtungen). Dem Programmierer müssen also Arbeitsmittel zur Verfügung gestellt werden, die es ihm erlauben, seine eigenen, temporären Daten im System unterzubringen und zu verwalten.

7.2   Programmierumgebungen auf Rechnern

7.2.1   Großrechner

In der Vergangenheit wurden die meisten größeren Software-Projekte an Großrechnern entwickelt. Der Grund dafür ist außer der hohen - und früher sogar zusätzlich - der alleinigen Verfügbarkeit dieser Rechner vor allem in der Tatsache zu suchen, daß Großrechner sowohl von der Rechenleistung, als auch von der Kapazität ihrer internen und möglichen externen Speicher, sowie ihrer Peripheriemöglichkeiten die Grundvoraussetzungen für die Installation einer Programmierumgebung bieten.

Als Ressourcen sind verfügbar:

- Hohe Rechenleistung, aufteilbar auf viele Benutzer;
- Verwaltung dieser Rechenleistung und der anderen Ressourcen durch ein allgemein verfügbares, nicht spezifisch auf einen Zweck zugeschnittenes (dediziertes) Betriebssystem;
- Hohe Speicherkapazität, sowohl im internen, als auch im externen Speichermedium;
- Verschiedenste Peripherie, ebenfalls durch das Betriebssystem verwaltet.

Diese Grundvoraussetzungen bilden eine Basis, auf der eine Programmierumgebung aufgesetzt werden kann. Wegen der langen 'Lebenserwartung', der großen Komplexität und des enormen Investitionsaufwandes solcher großer Rechnersysteme samt zugehöriger Betriebssoftware ist jedoch nicht immer gewährleistet, daß diese Systeme grundsätzlich den Stand der Technik widerspiegeln. Häufig ist es sogar der Fall, daß aufgrund der großen notwendigen Stabilität solchen Systemen ein derart hoher Grad an Konformität, Normiertheit und auch Inflexibilität eigen ist, der ihre an sich große Eignung zur Basis für eine Programmierumgebung zunichte machen kann.

Beispielsweise seien hier große Time-Sharing-Betriebssysteme genannt, die lange Jahre im erfolgreichen Einsatz sind, jedoch verschiedenen Anforderungen, wie z.B. nach einem hierarchischen, evtl. sogar objektorientiertem Dateisystem (als geeigneter Basis für den Dateidienst in einer Programmierumgebung), nicht genügen. Alternativen zu den vorgegebenen Möglichkeiten sind nur schwer in das System integrierbar, häufig genug nicht ohne Beeinträchtigung des laufenden Betriebs.

Hier ist ein weiteres Problem beim Einsatz von Programmierumgebungen auf Standard-Rechnersystemen zu suchen: Es wird im Normalfall nicht das gesamte Rechnersystem für den Einsatz in einer Programmierumgebung zur Verfügung stehen, sondern es muß grundsätzlich auf den weiteren laufenden Rechenzentrumsbetrieb Rücksicht genommen werden. Dies mag bei den meisten Anwendungen keine wesentliche Rolle spielen, ist jedoch vor allem dann ein Nachteil, wenn man an die potentielle Instabilität eines zu entwickelnden Systems denkt (Systemabsturz). Hier kann ein einfacher Fehler zu Produktions- oder auch Entwicklungsausfällen führen, was natürlich mit einer Zunahme der Kosten verbunden ist.

7.2.2   'Persönliche Rechner'

Im Gegensatz zu den bisher vornehmlich behandelten Ansätzen, Großrechner für die Installation von Programmierumgebungen heranzuziehen, gehen moderne Ansätze vor allem den Weg, für jeden Entwickler seinen eigenen, also persönlichen Rechner zur Verfügung zu stellen. Dieser Weg konnte erst wegen folgender Gegebenheiten realisiert werden:

- Die *Hardware-Preise* sind während der letzten Jahre stetig gesunken und haben mittlerweile ein Niveau erreicht, mit dem es möglich ist, genauso kostengünstig wie an Großrechnern Rechenleistung anzubieten, die jedoch direkt vom Benutzer verwendbar und manipulierbar ist.

- Die *Leistungsfähigkeit der Hardware* hat in dramatischem Maße ebenfalls während der letzten Jahre zugenommen. Während noch Mitte der 70er Jahre die sog. Personal-Computer in den Bereich der Utopie verbannt waren, sind heute diese sogenannten PCs bereits zum alltäglichen Arbeitsmittel auch für Nicht-Spezialisten geworden. Gleichzeitig hat jedoch auch die relative und absolute Leistungsfähigkeit der Prozessoren drastisch zugenommen, sodaß heute Rechner mit Leistungen von 1 MOPS (Millionen Operationen pro Sekunde) am Arbeitsplatz verfügbar sind. Diese enorme Rechenleistung ist die Basis für den professionellen Einsatz solcher Arbeitsplatzrechner.

- Zusätzlich bedarf jedoch die Software-Entwicklung - wie bereits erwähnt - der *Kommunikation* zwischen den einzelnen Entwicklern. Bei einem Ansatz mit persönlichen Rechnern könnten hier Probleme auftreten. Mittlerweile gibt es jedoch Möglichkeiten, diese einzelnen Arbeitsplatzrechner mittels eines Rechnernetzes zu einem Gesamtsystem zusammenzuschalten, wobei der Austausch von Daten, Programmen und anderen Informationen zwischen den einzelnen Stationen realisiert ist.

- Die *Rechnerperipherie* ist - gegenüber herkömmlichen, älteren Geräten nicht nur von der Quantität der Leistungen, sondern vor allem auch bzgl. der Qualität der angebotenen Dienste stark angestiegen. Beispielsweise seien hier die hochauflösenden Bildschirme genannt, die zusammen mit der Bedienung durch die sog. 'Maus' erst die heutige hohe Benutzerfreundlichkeit von Anwendersoftware ermöglichen. Diesen dialogorientierten Geräten zur Seite stehen die Ausgabegeräte, bei denen ebenfalls zu hoher

Leistungsfähigkeit eine starke Steigerung auch bei der Qualität der Ausgabe ersichtlich ist.

7.2.3   Aufbau eines Arbeitsplatzrechners

Ein Arbeitsplatzrechner der Art, wie er für Programmierumgebungen eingesetzt werden kann, ist nicht direkt mit sog. Personal-Computern vergleichbar. Während Personal Computer vor allem für nicht- oder nur semi-professionellen Einsatz gedacht sind, müssen Arbeitsplatzrechner anderen Ansprüchen genügen.

Dies geht allein schon aus der ihnen eigenen *Leistung* hervor. Viele dieser Rechner sind mit speziell auf eine Programmiersprache hin entwickelten Prozessoren ausgestattet, wodurch die Verarbeitungsgeschwindigkeit zusätzlich erhöht wird, da die einzelnen Maschinenbefehle mehr semantischen Inhalt besitzen, als konventionelle Befehle. Von der reinen Leistung, gemessen in MOPS (Mega Operationen **pro** Sekunde) her vergleichbare Rechner, bieten bei Sprachorientierung also größere Leistung, die direkt dem Benutzer zugute kommt und nicht durch ein komplexes Betriebssystem wieder teilweise 'vergeudet' wird. Die meisten dieser genannten Prozessoren wurden auf der Basis von PASCAL oder einer der auf PASCAL aufbauenden Sprachen entwickelt. Genannt seien hier Rechner, wie STAR (XEROX Corp.) bzw. EMS 5800 (Siemens) [7.1], die auf der Sprache MESA aufbauen, oder PERQ (Three Rivers Computer bzw. ICL [7.2]), der auf PASCAL basiert. Die genannten Rechner dürfen von ihrem Aufbau her als typisch für diese neue Generation von Arbeitsplatzrechnern angesehen werden. Ihre Rechenleistung beträgt annähernd 1 MOPS, sodaß auch komplexe Software (wie z. B. das Bürosystem EMS 5800 Office) mit guter Geschwindigkeit darauf realisert werden konnte.

Der Speicherausbau von Arbeitsplatzrechnern beträgt fast grundsätzlich mindestens 1 MB, wobei Minimalversionen mit einem Speicherausbau ab 512 KB angeboten werden. Die Grenze der Ausbaufähigkeit wird erst bei mehreren MB erreicht. Als Sekundärspeicher dient üblicherweise eine Festplatte (Kapazität zwischen 10 und 50 MB), sowie mindestens ein Floppy-Disk-Laufwerk.

Ein zweites Kriterium für diese Rechner stellt der *hochauflösende Bildschirm* dar. Hier hat sich ein gewisser Standard mit ca. 700 x 1000 Punkten, sog. Pixels (**picture elements**) eingebürgert. Da viele Applikationen auf Textverarbeitung basieren, ist die konventionelle horizontale Anordnung oft gegen eine vertikale

Anordnung vertauscht. Bei horizontal gelagertem Bildschirm ergibt sich die Möglichkeit, zwei DIN A 4 - Seiten nebeneinander auf dem Bildschirm darzustellen.

Eine ideale Konfiguration für einen solchen Arbeitsplatzrechner wird in Bild 7.2/1 dargestellt.

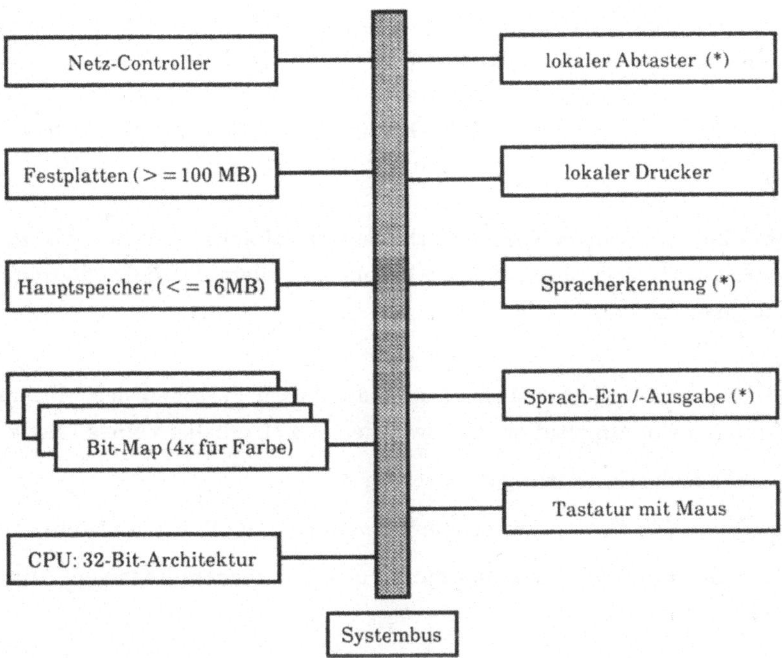

Bild 7.2/1: Ideale Konfiguration für einen Arbeitplatzrechner

Die dort genannten und mit (*) versehenen Geräte sind momentan noch nicht Stand der Technik, obwohl Abtastgeräte bereits zur Verfügung stehen. Es ist jedoch in absehbarer Zeit damit zu rechnen, daß alle der angeführten Geräte allgemein verfügbar und die angegebenen Parameter (z. B. 32-Bit Architektur für die CPU) für die jeweiligen Ausbaustufen und Geräte realistisch sind.

7.2.4   Netze von Arbeitsplatzrechnern

Das dritte, den meisten der modernen Rechner eigene Kriterium, ist deren *Netzfähigkeit*, als Basis für die elektronische Kommunikation. Hier wird der Stand der Technik durch den Industriestandard des Ethernet geprägt, das mit einer Übertragungsgeschwindigkeit von 10^7 Bits / s aufwarten kann. An ein solches Netz können außerordentlich viele (mehrere hundert) Arbeitsplatzrechner angeschlossen werden, die eindeutig im Netz adressierbar sind. Zudem ist die Kopplung von Netzen über sog. gateways möglich, sodaß der elektronische Informationsfluß auch über sehr weite Strecken (z. B. Europa - USA) bereits von Schreibtisch zu Schreibtisch möglich ist und sich bei gemeinsamen Projekten bereits sehr bewährt hat.

Die Kommunikation in einem Netz von Arbeitsplatzrechnern (innerhalb eines sog. lokalen Netzes, LAN: **local area network**) dient vor allem der Befriedigung der folgenden Bedürfnisse [7.3]:

- Erhöhter Kommunikationsbedarf und -austausch zwischen den einzelnen Abteilungen einer Institution bzw. zwischen den Mitgliedern eines Teams

- Zunehmende Spezialisierung von Rechnern

- Kostenreduktion durch gemeinsame Verwendung von Betriebsmitteln

- Funktionsverbund zur Leistungssteigerung bei rechenintensiven Anwendungen

Ein solches LAN läßt sich am besten durch die folgenden Kriterien beschreiben [7.3]:

- System zur Kommunikation zwischen unabhängigen Geräten
- Beschränkte geografische Ausdehnung (z. B. auf ein Gebäude)
- Kommunikationskanal mit mittlerer oder hoher Datenrate
- Konsistent niedrige Fehlerrate
- Unter der Kontrolle einer einzigen Organisation stehend

Eine alternative Definition findet sich in [7.4].

Bild 7.2/2 zeigt eine typische Konfiguration mehrerer Arbeitsplatzstationen mit den zugehörigen Diensten (die in diesem Fall auf dedizierte Rechner gelegt sind) und der Kopplung zu einem weiteren Netz, an das auch ein Rechenzentrum angeschlossen ist.

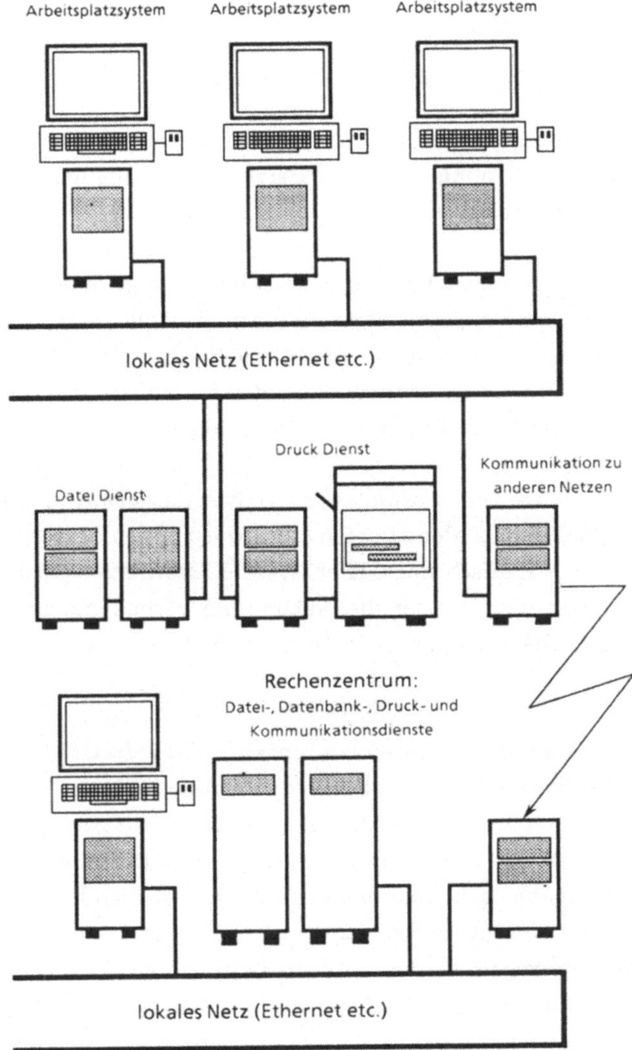

Bild 7.2/2: Verteiltes System von Arbeitsplatzrechnern

Es erfüllt damit, zusammen mit den Eigenschaften der Arbeitsplatzstationen (die für die lokale Unterstützung benötigt werden) die wesentlichsten Gesichtspunkte,

die von einer Programmierumgebung an Rechner gestellt werden. Dadurch birgt
die Realisierung von Programmierumgebungen auf

- lokalen,
- hochleistungsfähigen,
- vernetzten

Arbeitsplatzrechnern gegenüber der konventionellen Lösung am Großrechner sowohl eine Menge an Vorteilen, als auch eine Reihe bisher unrealisierbarer Möglichkeiten, aber auch an Problemen.

Schwierigkeiten gibt es grundsätzlich mit der Realisierung globaler Ressourcen,
wie es z. B. teure, langsame Peripherie darstellt. Es muß möglich sein, alle Dienste
eines Großrechners in Anspruch zu nehmen, wobei jedoch ein gewisses Umdenken
erforderlich sein kann. Dies ist insbesondere bei den verschiedenen Diensten der
Fall, wenn man von der herkömmlichen Arbeitsweise abgeht.

Beim *Kommunikations-* und beim *Postdienst* muß davon ausgegangen werden, daß
es nicht genügt, einfach in globalen Dateien seine Information abzulegen, wie es
z.B. beim Großrechner realistisch wäre. Hier ist jeder Informationsaustausch mit
einem Versand der Information über die Netzleitung verbunden. Insbesondere
muß also eine zentrale Dienstleistung vorhanden sein, die diesen Datentransport
realisiert.

Hier ist die hohe Verwandtschaft zu einem zentralen *Dateidienst* offensichtlich.
Dieser Dateidienst ist dazu nötig, sowohl die Organisation im Netz zu realisieren,
als auch die Organisation der Speicherung globaler Daten zu gewährleisten. Zu
diesen globalen Daten zählen nun nicht nur beispielsweise Projektdaten, sondern
auch persönliche Daten, die nach einer Sitzung auf den zentralen Dateidienst ausgelagert werden, damit sie den im System verwendeten Sicherungs- und Sicher-
heitsmechanismen unterzogen werden können. Beispielsweise ist dies auch die
Grundvoraussetzung für die hohe Ausfallsicherheit des Gesamtsystems. Wenn
man davon ausgeht, daß von jeder ans Netz angeschlossenen Arbeitsplatzstation
aus der zentrale Dateidienst erreichbar ist, so kann man - sofern eine spezifische
Arbeitsplatzstation ausfällt - ohne weiteres auf eine andere, freie Station auswei-
chen. Dieser erreichbare hohe Grad an Ausfallsicherheit ist ein weiteres Argu-
ment für die *Effektivität* dieses Ansatzes.

7.2.5   Peripherie an Arbeitsplatzrechnern

Als weiterer zentraler Dienst muß der *Druckdienst* genannt werden. Wenngleich heute bereits kleine, äußerst preisgünstige Kleindrucker auf dem Markt sind, so ist es im Sinn erreichbarer hoher Druckqualität doch von Vorteil, sich einer hochleistungsfähigen und qualitativ hochwertigen (z.B. voll grafikfähigen) Druckstation zu bedienen. Da nun sowohl der Anfall an Dokumenten bei Programmierumgebungen an Netzen von Arbeitsplatzstationen recht gering ist (wegen der schnellen Kommunikationsmöglichkeit per elektronischer Post), als auch die Anforderungen an die Qualität sprunghaft angestiegen sind (siehe Anforderungen, wie z. B. Grafik), wird in den meisten Fällen auf adäquate Drucker gesetzt. Der momentane Stand der Technik wird durch Laserdrucker repräsentiert, die weniger auf Höchstleistung bzgl. der Druckquantität, sondern mehr auf Höchstleistung in der Druckqualität ausgelegt sind (beispielsweise wurden die Originalunterlagen für dieses Buch mit einem solchen Drucker an einem Arbeitsplatzrechnersystem erzeugt).

Für größere Datenmengen sind Drucker auf dem Markt (z. B. Laserdrucker für Hochgeschwindigkeitsausgabe), die in einem Rechenzentrum zur Verfügung gestellt werden können. Schließlich seien noch grafikfähige Nadel- oder Tintenstrahldrucker erwähnt, die zwar nicht extrem hohen Anforderungen an Qualität oder Leistungsfähigkeit entsprechen, jedoch aufgrund ihres außerordentlich guten Preis-/Leistungsverhältnisses als Drucker 'vor Ort' direkt am Arbeitsplatz die Aufgabe übernehmen können, kleinere Datenmengen auszugeben.

Neben der genannten Problematik der Qualität ist bei größeren Projekten auch die schnelle Verfügbarkeit der vielen entstehenden Dokumente für den Projekterfolg von entscheidender Bedeutung. Es gibt also die Möglichkeiten, entweder spezialisierte Ausgabegeräte für jede eigene Art von Dokumenten zu verwenden, oder auf ein einziges, sehr leistungsfähiges Gerät mit entsprechenden Grafikmöglichkeiten zu setzen. Im ersten Fall kann die Kombination eines herkömmlichen Schnelldruckers in einem Rechenzentrum mit einer Reihe hochauflösender kleinen und lokalen Druckern das Problem lösen; der zweite Fall zielt auf die Verwendung eines hochleistungsfähigen Druckers in einem Rechenzentrum hin, der zusätzlich zu seiner hohen Ausgabegeschwindigkeit auch qualitativ befriedigende Resultate beim Druck von Grafik bringt.

7.2.6 Einbettung von Programmierumgebungen in Rechnerstrukturen

Die Unterschiede der beiden Ansätze zur Realisierung einer Programmierumgebung an einem Großrechner auf der dazugehörigen Basissoftware zur Lösung mit vernetzten Arbeitsplatzrechnern sind offensichtlich.

Während man beim Ansatz mit Hilfe eines Großrechners auf *zentrale* Ressourcen und deren relativ einfaches Management per Software (im Betriebssystem) setzt, wird beim modernen Ansatz davon ausgegangen, soweit wie möglich *dezentrale* Ressourcen das Design der Programmierumgebung maßgeblich beeinflussen zu lassen. Die dabei anfallenden Probleme bzgl. der Verwaltung grundsätzlich systemzentraler Ressourcen (und auch Daten) werden durch die entsprechenden Dienste gelöst, die teils zentral (z. B. beim Dateidienst), teils dezentral (z. B. bei einzelnen Verarbeitungsfunktionen) realisiert sind.

Bei Programmierumgebungen auf Großrechnern ist *ein* zentraler Rechner für alle Verarbeitungsfunktionen zuständig. Auf diesem Rechner ist ein Mehrbenutzer-Betriebssystem installiert, das zur Verwaltung der möglichen Ressourcen (CPU, Speicher, Ein-/Ausgabesystem, Peripherie, Zeit, etc.) dient. Auf diesem Betriebssystem ist als Programmsystem die Programmierumgebung realisiert, die aus der Sicht des Betriebssystems ein normales Anwenderprogrammpaket darstellt. Sie kann sich demnach aller Dienste des Betriebssystems bedienen. Dazu zählen u. a. üblicherweise alle Betriebssystemaufrufe, die der Kommunikation zwischen einzelnen Prozessen und der Verwaltung dienen. Ein Großteil der benötigten Dienste kann damit auf die grundlegenden Mechanismen des Betriebssystems direkt abgebildet werden. Dies hat grundsätzlich den Vorteil, daß die darauf realisierte Programmierumgebung konsistent mit anderen Programmsystemen zusammenarbeiten kann. Dies betrifft z. B. in ganz entscheidendem Maße die Verwaltung von Daten.

Die Programmierumgebung stützt sich dabei auf das vorliegende Dateisystem, evtl. sogar auf ein Datei-Management-System. Während der Programmierarbeit anfallende Dateien sind demnach gewöhnliche Systemdateien, die mit weiteren Standard-Hilfsprogrammen bearbeitbar sind. Dies ist z. B. dann von Vorteil, wenn man bedenkt, daß ein Großteil der Arbeiten auf Textbe- und Textverarbeitung entfällt. Hier kann bei der Realisierung einer Programmierumgebung auf die im System vorhandenen Hilfsmittel, wie z. B. Editoren, zurückgegriffen werden.

Diese Konsistenz kann sich jedoch auch zum Nachteil der Programmierumgebung auswirken. Es ist nämlich auch zu bedenken, daß die Arbeiten bei der Programmierung durchaus strukturierbar sind und nicht die in einem allgemein verwendbaren System notwendige und hilfreiche Allgemeingültigkeit besitzen müssen, diese sogar häufig nicht gewünscht wird. Dies wird klar, wenn man an Funktionen wie z. B. syntaxorientiertes Editieren oder die Verwaltung von Versionen und Freigaben eines Produktes denkt. Hier ist die Statik, mit der ein Standardbetriebssystem eine Programmierumgebung prägt, sogar hinderlich für deren Funktionalität.

Für Funktionen speziell aus der Datenverwaltung ist nämlich ein hierarchisches Dateiverwaltungssystem von großem Vorteil. Damit können Bezüge zwischen den einzelnen Daten oder Dateien relativ einfach durch Zusammenfassung dargestellt werden. Ein einfaches Beispiel soll dies erläutern.

Gesucht wird nach einer Struktur, mit der die Verwaltung von Quelltext, Übersetzungsprotokoll, Code und Testdaten eines Programmes realisiert wird. Dies kann einfach durch einen Baum dargestellt werden:

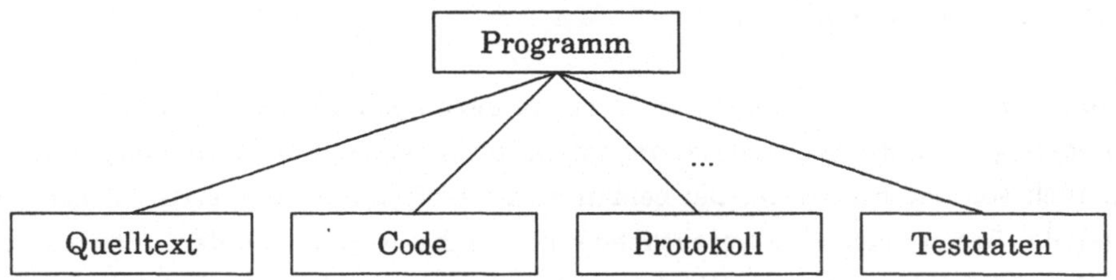

Bild 7.2/3: Zusammenhang zwischen Dateien eines Programms

Aus diesem Bild geht klar hervor, daß der Vaterknoten eine Zusammenfassung der einzelnen Elemente dieses Systems darstellt. Würde man versuchen, diese Struktur in einem nicht-hierarchischen Dateisystem nachzubilden, so müßte man auf dem Standardsystem entweder Konventionen einführen (z. B. Namenskonventionen, die schwer automatisch überprüfbar und erzeugbar sind) oder durch entsprechende Hilfsmittel diese hierarchische Struktur auf dem Originalsystem nachbilden. Bei einer Nachbildung des Systems kann dann die Kompatibilitätsfrage entscheidende Bedeutung erlangen, insbesondere wenn man bedenkt, daß jede

Änderung dieser zentralen Schnittstelle zu Änderungen im Zielsystem führen
muß.

Einfacher ist die Lösung dieser Problematik, wenn man grundsätzlich von der
durch den Großrechner aufgezwungenen Struktur zu einem Netz von Arbeitsplatzrechnern übergeht. Auch hier ist zumindestens im lokalen Betrieb sicherzustellen,
daß die Dateistruktur den Bedürfnissen der Programmierumgebung genügt. Man
denke dabei nur an die Verwendung von UNIX oder einem UNIX-Derivat als Betriebssystem für den einzelnen Arbeitsplatzrechner. Das Problem evtl. auftreten-
der Inkonsistenzen ist zudem hier von geringerer Brisanz, da ein dezentral für Pro-
grammierzwecke eingesetzter Rechner in einem Netz eben nur *eine* Funktion
realisieren muß und weitere Anwendungsfälle eher unberücksichtigt bleiben können. Hier kann also grundsätzlich die Kompatibilitätsfrage mit geringerer Priori-
tät betrachtet werden, als bei der Lösung mit Großrechnern.

Weiterhin ist es relativ leicht, auf einem derart spezialisierten System auch Spe-
zialsoftware zu installieren, da dadurch der allgemeine Betrieb nicht behindert
wird, sondern sogar effektiver gestaltet werden kann. Der Grund dafür liegt u. a.
wieder in der geringen Notwendigkeit, Kompatibilität zu bestehenden anderen
Systemen zu benötigen.

Grundsätzlich muß sich also eine Programmierumgebung der Struktur des zugrundeliegenden Rechnersystems anpassen, sowohl von der Software aus gesehen,
als auch von der Hardware. Bei beiden möglichen, entgegengesetzten Ansätzen
spielt das Basissystem eine wesentliche Rolle für die Struktur der darauf ablaufenden Programmierumgebung. Die dezentrale Lösung erfordert für die Realisierung
übergreifender Aufgaben innerhalb eines Projekts besondere Maßnahmen; die
zentrale Lösung krankt häufig genug an den Unzulänglichkeiten der bestehenden
Basissoftware.

Im Idealfall wird eine moderne Programmierumgebung deshalb beide Aspekte in
sich vereinen müssen, damit sie hohe Akzeptanz auch beim Anwender erreicht: die
Kombination von dedizierten (oder dedizierbaren) Arbeitsplatzrechnern mit den
Möglichkeiten eines im Hintergrund als Hilfsmittel verwendbaren Großrechners
in einem Rechenzentrum mit dessen Verwaltungshilfen insbesondere für große
Datenmengen, erscheint für die mittelfristige Zukunft als am ehesten erfolgs-
versprechend.

Verantwortlich für die Akzeptanz ist in hohem Maße die Benutzerschnittstelle. Dabei ist nicht nur die Schnittstelle zu den einzelnen Funktionen einer Programmierumgebung zu verstehen (im Sinne etwa einer 'intelligenten' Schnittstelle), sondern vielmehr auch die von der Applikation unabhängige Umgebung, die durch die Hardware und ergonomische Gesichtspunkte gegeben ist.

Bedenkt man, daß mit modernen Arbeitsplatzrechnern die Basis für einfache Handhabung geschaffen wird, sodaß sich auch die Dienstprogramme der Programmierumgebung darauf abstützen können, so ist die Kombination von vernetzten, persönlichen Rechnern untereinander mit zentralen Diensten, evtl. an einem Großrechner der Weg, der in Zukunft beschritten werden muß.

Die Erfahrungen mit bereits existierenden und praktisch erprobten Programmierumgebungen dieser Struktur [7.5] zeigen die Korrektheit dieser Aussage.

Literaturverzeichnis

[7.1]   EMS 5800 Office: Benutzerhandbuch. Siemens AG, München

[7.2]   Perq: User Manual. Three Rivers Corp., Pittsburgh

[7.3]   Spaniol, O.: Lokale Netze: Alternativen, Kopplung, Marktchancen, Akzeptanz. MICROCOMPUTING II, Teubner Verlag, Stuttgart

[7.4]   Burr, W. E.: An Overview of the Proposed American National Standard for Local Distributed Data Interfaces. CACM 26(1983)8, pp554

[7.5]   Schmidt, E. E.: Controlling Large Software Development In a Distributed Environment. Report Number CSL-82-7. XEROX Corp., Palo Alto Research Centers

8 Entwicklungsumgebungen - Status quo und Perspektiven

M. Leppert, B. Stork

Die Erstellung großer Software (SW)-Systeme ist ein komplexer Prozeß.

Um diesen Prozeß besser in den Griff zu bekommen, wurden in der Vergangenheit eine Menge von Methoden und Tools entwickelt und bereitgestellt, die die SW-Entwickler und Entwerfer unterstützen sollen.

Man begann mit Tools für die eigentliche Implementierung (Codierung & Test), die sich für kleinere Aufgaben auch zunächst als durchaus ausreichend erwiesen haben - einmal abgesehen von den nicht immer übereinstimmenden Vorstellungen der Anwender eines Produkts und deren Entwicklern.

Mit zunehmendem Angebot an verfügbarer Hardware (HW) (größere Rechner, größere Speicher, Rechnerverbunde) stieg auch der Bedarf nach größeren SW-Produkten (Übersetzer, Betriebssysteme, Informationssysteme, etc.) - Produkte nicht für eine spezielle Problemlösung, sondern für eine ganze Klasse von Problemlösungen -, die in ihrer Komplexität nicht mehr von einer Person bzw. einem kleinem Team bewältigt werden konnten, wenn man nicht Jahrzehnte oder länger auf die Fertigstellung eines Produkts warten wollte, das dann aber bereits wieder überholt sein würde.

Das führte zwangsläufig einmal zu einer Zerlegung des zu erstellenden Produkts in mehrere Teilprodukte, die von je einem Team (Person) realisiert werden konnten (Modularisierung von SW-Systemen [8.14, 8.5]). Dabei traten Probleme der Schnittstellendefinition mehr in den Vordergrund und damit eine Betonung der Spezifikationsphase.

Zum anderen wurde der SW-Entwicklungsprozeß selbst einer Analyse unterzogen, die in dem "software life cycle" gipfelte, der die SW-Erstellung als eine Sequenz von Phasen beschreibt, wie sie bereits in Kap. 1 vorgestellt wurden.

Untersuchungen von SW-Entwicklungsprozessen großer SW-Systeme (z.B. von B.Boehm [8.4]) zeigten, daß die reine Codierung von Programmen nur ca. 10% -

20% des Gesamtaufwands ausmacht, und daß die relativen Kosten zur Fehlerbehebung mit fortschreitender Phase ansteigen (vgl. Bild 8.1).

Desweiteren ergaben Untersuchungen, daß die gravierendsten Fehler während der Entwurfsphase und nicht während der Codierungsphase gemacht werden, gravierend deshalb, weil Entwurfsfehler in den meisten Fällen größere Auswirkungen auf die Umgebung haben (und damit i.a. auf mehrere SW-Einheiten) als reine Codierungsfehler (vgl. Bild 8.2).

Das führte zu einer verstärkten Methoden- und Toolentwicklung für die Entwurfsphasen.

Desweiteren fiel auf, daß immer mehr Aufwand in die Wartung von SW-Produkten gesteckt werden mußte (bis zu 67% des Gesamtaufwands), was zu der Forderung nach geeigneten Mitteln zur Versionsverwaltung und Änderungskontrolle führte, die bereits zu Beginn mit einzuplanen sind.

Man ist sich heute weitgehend einig, daß eine Unterstützung des gesamten SW-Entwicklungsprozesses notwendig ist, daß diese eine möglichst große Klasse von zu erstellenden SW-Produkten abdecken soll, daß möglichst frühzeitig Widersprüche zu den Anforderungen an das zu erstellende System aufgedeckt werden und daß zur Verwaltung aller anfallenden Dokumente (Dokumentation, Source, Objectcode etc.) und deren Beziehungen zueinander eine Informationsbank (Projektbibliothek) nötig ist. Eine solche Umgebung nennt man *SW-Entwicklungsumgebung (SEU)*; wir sehen sie als ein Rahmengerüst für spezielle Methoden in den einzelnen Phasen und insbesondere für spezielle *Programmierumgebungen (PU's)*, die ja eine Sammlung von programmiersprachenabhängigen Werkzeugen für die Phase Implementierung & Test darstellen. Man wird sich also in Zukunft auch Gedanken darüber machen müssen, wie PU's über wohldefinierte Schnittstellen in SEU's integriert werden können.

Welche Ansätze dazu heute existieren und wie die Entwicklung voraussichtlich weitergehen wird, soll im folgenden dargestellt werden.

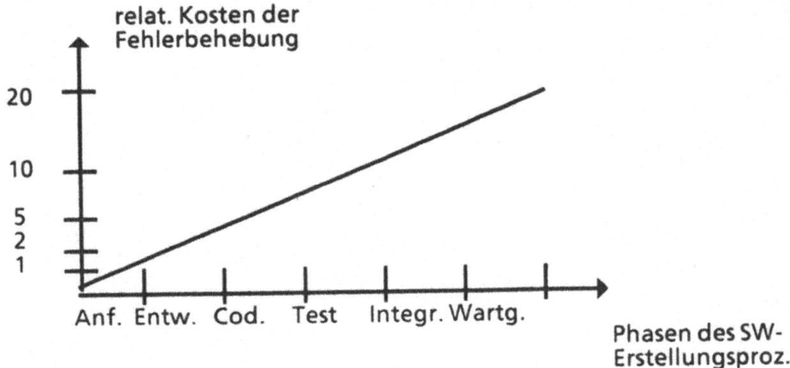

Bild 8.1 : Kostenverlauf

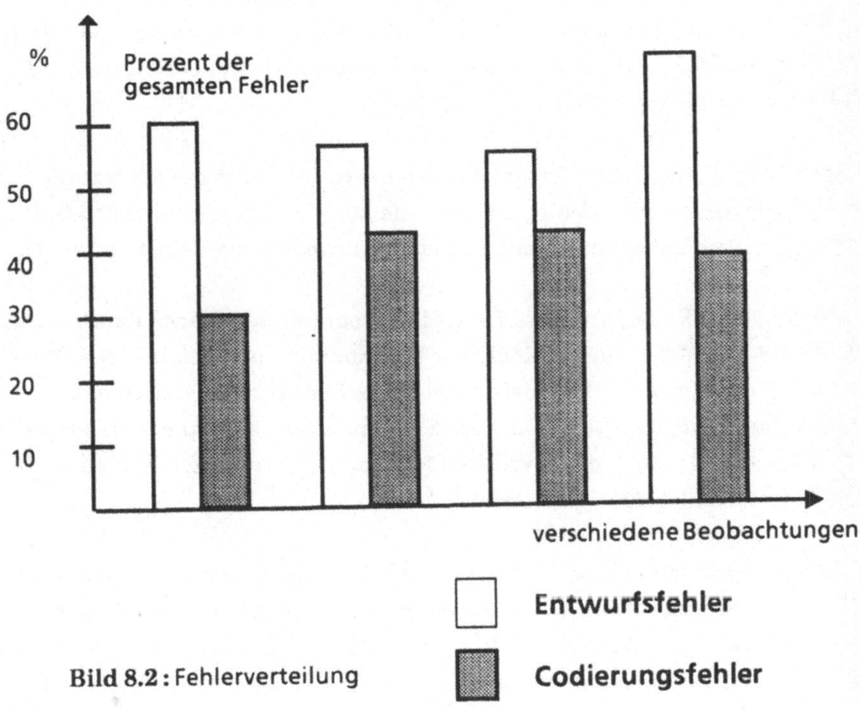

Bild 8.2 : Fehlerverteilung

8.1   Existierende Ansätze

Nach H. Balzert [8.3] lassen sich die bereits existierenden oder in Entwicklung befindlichen SEU's wie folgt klassifizieren:

- sprachorientiert
- methodenorientiert
- allgemeingültig

(vgl. auch Kap. 1).

8.1.1   Sprachorientierter Ansatz

Der sprachorientierte Ansatz entspricht der oben genannten Programmierumgebung und umfaßt die in Kap. 3 und 4 genannten Werkzeuge. Er baut auf einer speziellen Programmiersprache auf (z.B. Ada), deren Anwendung und Einsatz durch eine Umgebung unterstützt wird; unterstützt wird dabei vorwiegend die Phase Implementierung & Test.

Als Vorteil für einen solchen Ansatz ist zu nennen, daß benötigte Werkzeuge (z.B. Editoren, Testwerkzeuge) sich optimal an die zur Verfügung stehenden Sprachkonzepte anpassen lassen und damit eine einheitliche Sichtweise gewährleisten.

Ein Nachteil besteht darin, daß man auf eine Programmiersprache fixiert ist, d.h. i.a. nicht SW-Einheiten unterschiedlicher Programmiersprachen in einem Projekt verwalten kann - obwohl dies manchmal wünschenswert ist, sei es daß bereits implementierte wiederzuverwendende SW-Einheiten aus anderen Projekten existieren, sei es daß sich die gewählte Programmiersprache für bestimmte HW-nahe Funktionen als ungeeignet erweist.

Ein weiterer, gravierenderer Nachteil ist darin zu sehen, daß die übrigen Phasen des Software-lifecycles (wie z.B. die Entwurfsphase) nur unzureichend unterstützt werden und damit keine Verknüpfungen zwischen z.B. Designunterlagen und entsprechenden Codemoduln hergestellt werden können und damit evtl. Rückwirkungen bei Codeänderungen nicht automatisch feststellbar sind.

Programmierumgebungen sind unseres Erachtens sinnvoll, wenn sie sich einbetten lassen in eine allgemeine Softwareentwicklungsumgebung. Hier wäre dann auch die Koexistenz mehrerer PU's in einer SEU denkbar.

Für den sprachorientierten Ansatz gibt es derzeit wohl die meisten Beispiele (vornehmlich im Hochschulbereich):

APSE,   Vorschlag für eine ADA-Umgebung [8.17]
CHIPSE,   Vorschlag für eine CHILL-Umgebung [8.15]
GANDALF,   eine APSE-Implementierung (vgl. Kap. 3)
INTERLISP, eine LISP-Umgebung [8.19]

8.1.2   Methodenorientierter Ansatz

Der methodenorientierte Ansatz ist in Kap. 1 als Variante des allgemeingültigen Ansatzes eingeführt worden, wurde aber in dem Tutorial nicht weiter behandelt. Der Vollständigkeit halber sei er hier noch einmal erwähnt.

Analog zu dem sprachorientierten Ansatz, bei dem eine Programmiersprache Ausgangspunkt für eine SW-Umgebung ist, steht hier eine Methode (z.B. eine spezielle Entwurfsmethode wie "structured design") im Vordergrund, auf die benötigte Werkzeuge optimal zugeschnitten sind bzw. sich zuschneiden lassen.

Ein solcher Ansatz deckt i.a. mehrere Phasen des SW-Entwicklungsprozesses ab (phasenübergreifend), kann aber durch die Entwicklung neuer Methoden in Frage gestellt werden.

Auch hier sehen wir eine methodenorientierte Umgebung als sinnvoll an, wenn sie sich in eine allgemeine SEU einbetten läßt.
Als Beispiele für den methodenorientierten Ansatz sind zu nennen:

AIDES für die Methode "structured design" [8.9]
CADES für die Methode "structural modelling" [8.9]
PROMOD für ein Methodensystem [8.10]

8.1.3 Allgemein gültiger Ansatz

Der allgemein gültige Ansatz entspricht der eingangs genannten Software-Entwicklungsumgebung (SEU), die alle Phasen des SW-Entwicklungsprozesses abdeckt, eine Einbettung vielfältiger Tools zuläßt, um unterschiedliche Methoden, Programmiersprachen und Projektmodelle anwenden zu können und alle anfallenden Dokumente und ihre Beziehungen untereinander in einer Informationsbank verwaltet (vgl. Kap.2).

Die Vorteile eines solchen Ansatzes liegen auf der Hand:

- er ist für eine große Klasse von Anwendungen geeignet
- er kann sich neuen Konzepten leicht anpassen.

Als nachteilig zu vermerken wäre, daß eine solche SEU eine Vielzahl von Möglichkeiten bereitstellt, die u.U. für kleinere Projekte als unnötiger "overhead" empfunden werden und die Entwicklungsrechner mit umfangreichen Betriebsmitteln erforderlich macht.

Als bereits existierende Vertreter dieses Ansatzes sind zu nennen:

PLASMA [8.9] (vgl. auch Kap. 2)
ARCTURUS [8.9]
TOM (vgl. Kap. 2)

Obwohl u.E. in Zukunft immer mehr der allgemein gültige Ansatz verfolgt werden wird, muß doch gesagt werden, daß es derzeit noch keine allgemeinen Richtlinien für die Erstellung solcher SEU-Systeme gibt. Insbesondere fehlen Beschreibungen der Wechselwirkungen zwischen Tools und organisatorischem Ablauf (welche Tools zu welchem Zeitpunkt und in welchem Zustand) und Werkzeuge zur Steuerung von Toolablauffolgen. Desweiteren sind Verteilungsaspekte bzgl. der zugrundeliegenden HW-Konfiguration (wobei das Spektrum vom host-target Ansatz bis hin zu miteinander kommunizierenden Arbeitsplatzstationen reicht) in den derzeitigen Ansätzen noch unberücksichtigt.

8.1.4   Rollenbezogene Tools

Alle drei genannten Ansätze haben - zumindest funktional - eine Menge gemeinsamer Werkzeuge, die sogenannten rollenbezogenen Tools.

Unter rollenbezogenen Tools verstehen wir Werkzeuge, die an eine bestimmte Organisationseinheit der SW-Entwicklung gebunden sind, nicht phasenbezogen eingesetzt werden, sondern i.a. während des gesamten SW-life cycle benötigt werden. Sie sind sozusagen diametral zu sehen zu den phasenbezogenen Tools (vgl. Bild 8.3).

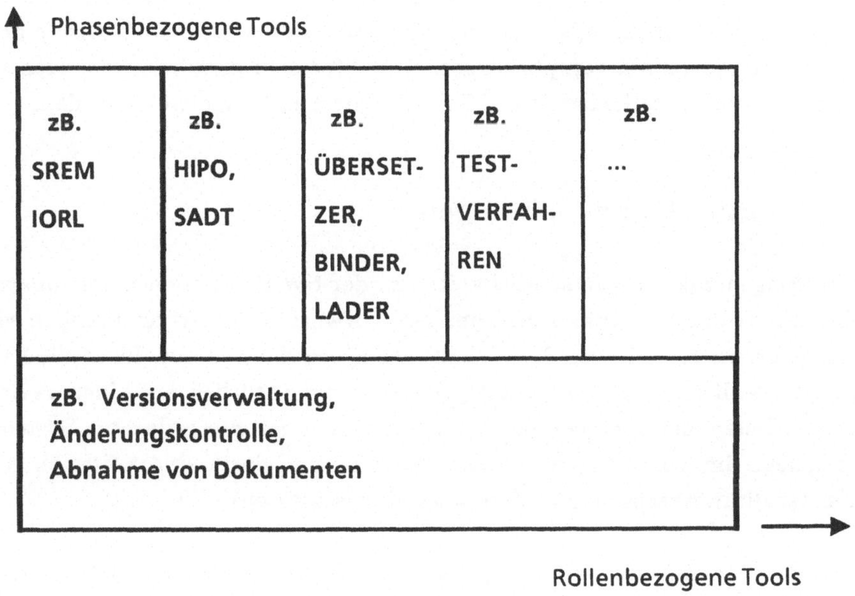

Phasenbezogene Tools

zB.	zB.	zB.	zB.	zB.
SREM	HIPO,	ÜBERSET-	TEST-	...
IORL	SADT	ZER,	VERFAH-	
		BINDER,	REN	
		LADER		

zB. Versionsverwaltung,
Änderungskontrolle,
Abnahme von Dokumenten

Rollenbezogene Tools

Bild 8.3 : Klassifizierung von Tools

In diese Kategorie fallen z.B. Werkzeuge für das Konfiguration Management (Versionsverwaltung, Änderungskontrolle), für die Qualitätssicherung (Abnahme von Dokumenten) sowie für das Projektmanagement (Projektplanung, Projektsteuerung).

Rollenbezogene Tools sind bei der Entwicklung von SEU`s von Anfang an mit einzuplanen, da sie die Objekte der Informationsbank sowie die Beziehungen zwischen Objekten weitgehend bestimmen.

Das heißt aber auch, daß rollenbezogene Tools nicht ohne weiteres auszutauschen sind, i.a. ist dies mit einer Reorganisation der zugrundeliegenden Datenbank verbunden. Desweiteren ist die projektspezifische Phasenorganisation (Festlegung der einzelnen Phasen bzw. Phasenergebnisse) maßgebend für die Strukturierung der Datenbank.

Unterschiedliche phasenorientierte Tools, die verschiedene Methoden innerhalb einer Phase unterstützen, haben auf die Phasenorganisation selbst keinen Einfluß und sind damit unabhängig von der Struktur der Datenbank. Um einen reibungslosen Austausch von phasenbezogenen Tools zu gewährleisten, müssen Schnittstellen zu den rollenbezogenen Tools definiert und eingehalten werden.

8.2   Entwicklungsrichtungen

Dem Aufzeigen zukünftiger Möglichkeiten in der SW-Produktion haftet unausweichlich das Odium der Praxisferne an. Der Vorwurf ist ebenso verständlich wie unnütz: beurteilt er doch vom Standpunkt der Einsetzbarkeit eine Idee - die halt noch nicht realisiert ist. Die Tautologie reflektiert natürlich auf einen realen Kern: die Kosten, die Entwicklung und Einsatz eines erst nur gedachten Systems verursachen - im Verhältnis zu seinem Nutzen (und darin sind Kriterien wie Kosten, Qualität, Akzeptanz gleichermaßen eingeschlossen).

Die im folgenden diskutierten Konzepte können also nur sehr eingeschränkt einer Kosten-/Nutzenbeurteilung unterworfen werden. Es handelt sich um vorläufige Entwicklungen oder gar nur wissenschaftliche Arbeiten, die Lösungen für definierte Problemfelder andeuten. Ihre Nützlichkeit und Praktikabilität kann nur motiviert werden dahingehend, daß sie einen Gedanken beitragen zur Beseitigung der realen Engpässe in der Softwareproduktion.

Primär wird es dabei ums Programmieren gehen. Es soll deutlich werden, daß sich an der Natur dieser Tätigkeit etwas geändert hat und noch ändern wird. Nimmt man den Begriff einmal losgelöst von der gebräuchlichen engen Bindung an Programmiersprachen wie Ada, PASCAL, FORTRAN etc., so ist Programmieren eine von ihrem Resultat her definierte Tätigkeit: auf einer oder mehreren Zielmaschinen soll ein Vorgang ablaufen, der ein definiertes Problem löst. Die Programmiertheorie als Disziplin innerhalb der Informatik sucht also nach Möglichkeiten, ein Problem in einer Weise zu formulieren, daß durch Transformationen letztendlich Anweisungen entstehen, die unmittelbar auf der Hardware ablauffähig sind.

Bloß wie sieht die Sprache oder sehen die Sprachen aus, die es dem Programmierer (der dabei immer mehr zum Analytiker wird) gestatten, auf einer bestimmten hohen Abstraktionsebene zu denken? Das Niveau muß möglichst die Begriffswelt der Anwendung annähern - und doch allgemein genug bleiben für unterschiedliche Problemkreise. Auf alle Fälle ist Programmierung mehr als Implementierung und Test: Hilfsmittel für die Unterstützung dieser Tätigkeit werden sich auf alle Phasen des Life Cycles erstrecken müssen.

8.2.1 Eine Axiomatik von Entwicklungsumgebungen

Softwareentwicklung ist ein Prozeß, der weder voll verstanden noch methodisch ausreichend durchdrungen ist. Unserer Meinung nach schälen sich jedoch in der laufenden Debatte einige Kerngedanken heraus, die zukünftige Entwicklungsumgebungen (SEU) charakterisieren [8.7, 8.13, 8.22].

Axiom 1   **Life Cycle**
Eine SEU deckt den gesamten Lebenszyklus eines Softwareprodukts ab.

Axiom 2   **Oberfläche**
Die Bedienoberfläche einer SEU paßt sich Denk- und Verhaltensweisen der Anwendung an.

Axiom 3   **Toolkonzept**
Die in einer SEU zur Verfügung gestellten Hilfsmittel/Tools sind methodisch, technisch und sprachlich streng integriert.

Axiom 4   **Datenbasis**
In einer SEU werden alle anfallenden Dokumente/Objekte in einer einheitlichen, analysierbaren Informationsbank verwaltet.

Axiom 5   **Arbeitsplatz**
Die SEU ist ein persönlicher, intelligenter Arbeitsplatzrechner.

Die Erörterung dieser Axiome wird im wesentlichen eine Darstellung ihrer mangelnden Befriedigung sein. Die daraus ableitbaren Entwicklungen sind in den späteren Abschnitten dargestellt, soweit sie die Axiome 2-4 betreffen. Zum Axiom 1, das einen eher methodischen Charakter hat, existiert bereits eine breite Überblicksliteratur (vgl. insbesondere [8.4] und Kap. 1 in diesem Band); die Arbeitsplatzproblematik beruht auf Hardware-Entwicklungen und wird im folgenden nur kurz gestreift (vgl. dazu auch Kap. 5 in diesem Band).

Life Cycle

Die Produktion von Software beginnt bei der Festlegung der Anforderungen an das zu entwickelnde Produkt und endet bei der Wartung (bzw. mündet zyklisch wieder in die vorhergehenden Phasen). Diese prinzipielle Einteilung (mit den bekannten Zwischenschritten), ist sicherlich immer gültig. Wo allerdings Schwerpunkte zu setzen sind und einzelne Phasen scheinbar ganz entfallen können, hängt von den Besonderheiten des jeweiligen Projekts ab (Größe, Anwendungsbereich, Erfahrungen der Entwickler). Denn daß ein Entwickler sich z.B. die Anforderungen an die Software nicht explizit bewußt macht, heißt nur, daß ihm unter Umständen Fehler im Entwurf oder der Implementierung unterlaufen können. Wer es sich leisten kann, dies in Kauf zu nehmen, kann einige Phasen unter der Hand bearbeiten .

Will man über intuitive Programmierung hinaus, wird man bei komplexeren Problemen neben der festen Phasenzuordnung allerdings auch um einige weitere Aufgaben nicht umhinkommen: das *Management des Projekts* im Sinne einer rationellen Verteilung und Steuerung aller anfallenden Tätigkeiten, die *Verwaltung von Konfigurationen* der Software oder ihrer Teile, eine vollständige *Dokumentation* und Maßnahmen zur *Qualitätssicherung*, um funktionelle und technische Mängel möglichst gleich zum Zeitpunkt ihres Entstehens zu korrigieren. Für eine weitergehende Erörterung des Nutzens dieses Modells sei auf die einschlägige Literatur verwiesen (vgl. Kap.1 und 2 dieses Bandes).

Oberfläche

Benutzerfreundlichkeit ist eigentlich eine sehr selbstverständliche Forderung:
warum auch sollte man die Entwicklungsarbeit nicht so einfach und unkompl-
iziert wie möglich machen? In dem Maße, in dem vorwiegend mit dem operationellen System gut vertraute Programmierer ersetzt/ergänzt werden durch Spezialisten des Anwendungsbereichs, wird allerdings auch eine ökonomische Notwendigkeit entstehen, die Arbeitsumgebung mehr von DV-technischen Ecken und
Kanten zu befreien.

Die Benutzer einer Entwicklungsumgebung können nicht die Feinheiten aller
ihnen zur Verfügung stehenden Hilfsmittel kennen. Sie müssen sich in einer
logisch höheren Ebene bewegen können, die in die Terminologie ihrer täglichen
Arbeit oder gar der Anwendung eingebettet ist. Grafik und Diagramme sind zwar
kein Instrument der Programmierung, aber für die Verständigung und zur Ver-
anschaulichung von Problemen sehr wirkungsvoll.

Die angewandten Tools sollten darüberhinaus robust sein, d.h. man ist in ihnen
nicht verloren, wenn man etwas falsch macht, sondern kriegt wenigstens einen
kleinen Hinweis, wie es weitergehen könnte. Help-Systeme sind auch sinnvoll, um
sich zwischen den verschiedenen Tools und Funktionen für eine geeignete entscheiden zu können.

Schließlich braucht der Benutzer in gewissem Maß eine Organisation seiner
Arbeit. Nicht nur der Manager hat Termine, auch der Entwickler macht sich
seinen persönlichen Vorgehensplan, bei dem er für manchen Routineprozeß einen
automatischen Anstoß oder gar die Abwicklung brauchen könnte.

Toolkonzept

Dem Anwender fehlt es heutzutage nicht an Tools - wohl aber an soliden und
brauchbaren Tools. Neben einem Mangel an Hilfsmitteln für bestimmte Tätigkeiten, die im Laufe der Software-Expansion zunehmend an Bedeutung gewinnen
(und das sind außer der Implementierung eigentlich alle Phasen des Life-Cycles)
lassen aber auch die Eigenschaften der Werkzeuge zu wünschen übrig. Sie stehen
in mehrerer Hinsicht vereinzelt nebeneinander. Zum einen sind sie nicht miteinander kombinierbar, weil ihre Schnittstellen unverträglich sind. Sie beruhen auf
unterschiedlichen Methoden, auch wenn sie demselben Zweck dienen. Sie sind auf

verschiedenste Hardwarearchitekturen zugeschnitten, nur in einzelnen Betriebssystemen ablauffähig. Und sie sind nicht anpaßbar an variierende Bedürfnisse, d.h. sie erledigen ihre Aufgaben nur unzulänglich und redundant.

Der Anwender kann seine Hilfsmittel nicht miteinander verbinden, um seinen Bedürfnissen gemäß mächtigere Einheiten zu bilden. Überdies wird die Entwicklungsmethode selbst und die Kontrolle der Abwicklung nicht durch Bereitstellung zusätzlicher Informationen unterstützt. Im Kapitel 8.2.3 wird hierauf näher eingegangen.

Datenbasis

Ein Großteil der neben den Sources und dem Code während eines Projekts anfallenden Daten wird erst gar nicht festgehalten oder geht im Laufe der Zeit verloren - kann also auch nicht mehr verwendet und ausgewertet werden.

Eine Informationsbank sichert solche Ergebnisse nicht nur, sondern erleichtert auch die Fixierung von Daten, die sonst nur in den Köpfen der Entwickler vorhanden sind. Sie sammelt und ordnet eine hochstrukturierte Menge von Fach- und Aufgabenwissen. Sie macht ein Anwendungsproblem und seine Produktlösung durchsichtig, indem sie die Wege, Methoden, Mittel und notwendigen Entscheidungen nachvollziehbar festhält.

Diese Datenbasis unterstützt die Entwicklungsbeteiligten, indem sie ihnen direkt oder indirekt über Tools jederzeit Zugriff gewährt auf notwendige Datenobjekte. Inwieweit Ableitungsmechanismen einsetzbar sind, wird später noch angedeutet werden. Auf jeden Fall ist sofortige Verfügbarkeit von Projektinformationen eine entscheidende Verbesserung der täglichen Arbeit.

Arbeitsplatz

Mainframe-Lösungen entsprechen den Anforderungen an einen Entwicklerarbeitsplatz in vielerlei Hinsicht nicht mehr. Zudem werden Arbeitsplatzrechner ökonomisch immer interessanter: der Fall der Hardwarekosten bringt sie in die Nähe von Großrechnern (bezogen auf viele Nutzer).

Vorteile eines privaten Rechners liegen in der Ausfallsicherheit (bei Systemzusammenbruch sind nicht gleich 50 Mann betroffen), der schnellen Verfügbarkeit
viel verwendeter Tools auch in Stoßzeiten und der Möglichkeit, sowohl Software
als auch Hardware experimentell einzusetzen ohne andere damit zu stören/belasten.

Für Arbeitsplatzrechner spricht nicht zuletzt die Vielfalt schon erhältlicher oder
noch in Entwicklung befindlicher Peripherie. Von der Maus über den Lichtgriffel,
vom Videoschirm über Grafik und sprachliche Ein-/Ausgabe-Schnittstellen reicht
das Spektrum komfortabler Instrumentierung - anstelle der unflexiblen Tastaturen. Die Arbeitsplätze werden untereinander vernetzt sein und bieten Kommunikationsmöglichkeiten, auch zu einem zentralen Rechner mit Kapazität für umfangreiche nicht-diskrete Aufgaben oder zur Verwaltung zentraler Datenbestände. Der Entwickler verfügt also primär über eine starke lokale Prozess- und
Datenkapazität, und darüberhinaus wird ihm zentrale Rechnerleistung zur Verfügung gestellt, die er sich mit anderen teilen kann.

8.2.2   Evolution von Programmiersprachen

Programmiersprachen im Sinne der High Level Languages (HLL) wie FORTRAN,
ALGOL, PASCAL sind das vorherrschende beschreibende Hilfsmittel des Softwareentwicklers. In ihnen schlagen sich, wenn auch langsam, viele akzeptierte
Konzepte der Softwaretheorie nieder - Begriffe wie strukturierte Programmierung, Datenabstraktion, Information Hiding prägen damit auch die Denkweise der
Programmierer.

Gebräuchliche HLLs sind allerdings fixiert auf drei Grundvoraussetzungen

-    sie kennen meistens nur zwei Phasen der Softwareentwicklung, die Implementierung und den Test; für die Lösung darüberhinausgehender Probleme bieten sie zwar manchmal Hilfsmittel an, die aber auf hierfür nicht
     adäquaten Konzepten und Konstrukten beruhen.

-    sie kennen nur eine bestimmte konkrete Rechnerarchitektur, die von -
     Neumann-Maschine, an der die Sprachelemente unmittelbar orientiert
     sind: es sind (mit gewissen Abstraktionsmöglichkeiten) nur die Maschinenabläufe beschreibbar.

-      sie kennen vornehmlich Sprachkonstrukte und Objekte der Datenverarbeitung, von möglichen Anwendungen wird weitgehend abstrahiert.

Neben der Weiterentwicklung von HLL im Sinne einer Integration neuer Konzepte wie z.B. Ada gibt es heutzutage eine Vielfalt von Sprachentwicklungen, die an den drei Grundfesten der HLL rühren. Deren Stoßrichtung sowie die aufgetauchten neuen Schwierigkeiten sollen im folgenden kurz dargestellt werden (vgl. Bild 8.4).

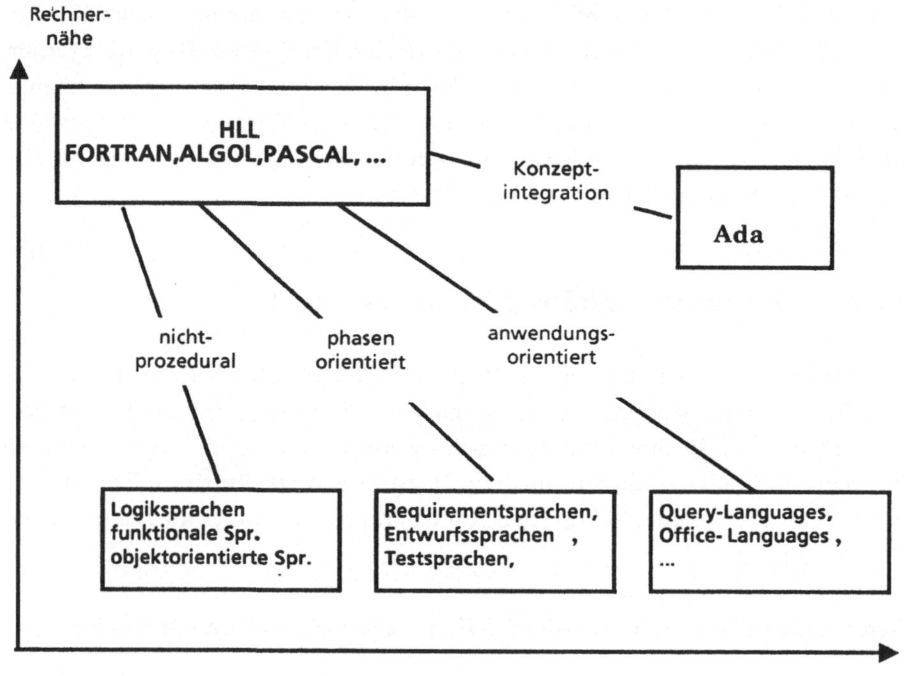

Bild 8.4 : Programmiersprachenentwicklung

Anwendungsorientierte Sprachen

Bei dem Versuch, sich bei der Darstellung von Problembereichen von neutralen Beschreibungsmitteln wegzuorientieren, wird die Bedeutung der Form oft unterschätzt. Kommunikation über Gegenstände, die nicht unmittelbar als Algorithmen gedacht werden können, geschieht praktisch durch eine ganze Reihe nicht-formaler Sprachmittel wie Diagramme, Tabellen, natürlichsprachlicher Analysen, Berichte, usf. Diese Dokumente können nicht einfach vergessen werden, da sie z. B. durch *grafische Elemente* viele Zusammenhänge des zu beschreibenden Gegenstands erfassen. Sie ersetzen nicht die Programmierung, halten aber bestimmte Aspekte der Programmkonstruktion übersichtlich fest. Der Ansatz der *SWB* (Software Workbench [8.8]) z.B. geht daher davon aus, dem Code grafische Dokumente beizuordnen - um sich auch mit solchen Entwicklern verständigen zu können, die die programmierte Lösung nicht kennen oder überhaupt nicht kennen müssen, denen aber etwa eine spezifizierte Schnittstelle nicht ausreicht. Grafik, Diagramme etc. sind deshalb sehr ausdrucksstarke Darstellungsmittel, weil sie auch von dv-technischen Konstrukten ein Stück weiter abstrahieren.

Mit einem solchen Kommunikationsinstrument ist natürlich für die Realisierung eines Softwaresystems für eine spezielle Anwendung noch nichts geleistet. Um Analyse- oder Abbildungsprozesse automatisieren zu können, ist eine formale Sprache erforderlich, deren Regeln einfach und fixierbar sind. Für zwei Anwendungsgebiete werden heutzutage Anstrengungen unternommen, problemorientierte Sprachkonstrukte zu schaffen:

- die Abfrage von Datenbanken und,
- die Darstellung von Bürovorgängen.

Datenbanksprachen wie SEQUEL oder Query-By-Example [8.23] gestatten so etwas wie Problemformulierung. Die gewünschte Information kann durch ihre Eigenschaften und Verknüpfung mit anderen Informationselementen beschrieben werden - es muß nicht der Weg definiert werden, wie zu den in der Datenbank organisierten Objekten gelangt werden kann.

Office Languages [8.11] sind in ihrer Entwicklung zwar auf dasselbe Ziel gerichtet, aber der weit höheren Komplexität des Anwendungsgebiets wegen noch nicht so weit fortgeschritten. Sie weisen allerdings exemplarisch den Weg, der beim Entwurf anwendungsspezifischer Sprachen gegangen werden muß. Das Anwendungsfeld muß überhaupt erst einmal begrifflich und technisch erfaßt sein, um hinreichend allgemeine und dennoch charakterisierende Sprachkonstrukte herauszulösen. Im Bürobereich sind dies zum Beispiel Datenobjekte wie Brief, Archiv, Ablage, Terminkalender und Vorgänge wie Verteiler, Terminkontrolle. Erst dann läßt sie sich in allgemeinere Strukturen (wie z.B. die normalen Kontrollstrukturen) einbetten und automatisieren.

Als Beispiel einer gelungenen (wenn auch nicht sehr mächtigen) Verbindung zwischen anwendungsorientierten Sprachelementen und einer sehr benutzernahen grafischen Form muß das System EMS 5800 DOCUMENT genannt werden. Ähnliche Wege sind auf anderen Gebieten denkbar, z.B. für die Bedienoberfläche einer Entwicklungsumgebung.

Phasenorientierte Sprachen

Systementwicklung beginnt mit der Erfassung der Anforderungen an das zu realisierende Produkt. Das entstehende Pflichenheft ist ein zentrales Dokument, weil einerseits alle Weiterentwicklung sich darauf abstützt und beruft - Fehler in dieser Phase also sehr weitreichende Folgen haben. Zum anderen, weil es mit dem Auftraggeber abgestimmt sein muß, der i.a. nur sehr vage und unvollständige Vorstellungen von den Requirements hat.

Die Entwicklung von *Sprachen für die Anforderungsanalyse* (vgl. [8.3]) ist noch sehr rudimentär. Allgemein geht man davon aus, Tätigkeiten und Daten in Hierarchien und Sequenzen zu beschreiben. Die Hierarchie bildet sowohl eine systematische Ordnung des Problems ab als auch die Schritte einer möglichen Verfeinerung. Die Darstellung projektbezogener Daten (Abwicklung, Kontrolle), von Mengengerüsten und dynamischen Parametern des konzipierten Systems erfolgt noch weitgehend ohne klare Konzepte. Sie sind daher analytischen Werkzeugen kaum zugänglich, was ihren Nutzen auf den Einsatz als Gliederungsschemata beschränkt. Bemerkenswert ist noch, daß fast alle Sprachen von grafischen Elementen ausgehen, in die sich textuelle einbetten lassen, wie z.B. Kontrollstrukturen. Auf der textuellen Ebene sind sie oft auch anpaßbar an spezifische Anwendungsgebiete.

Zukünftige Anforderungssprachen werden aufbauen müssen auf einer genaueren Analyse der der Phase zugrundeliegenden Prinzipien in Form eines über den bisherigen Daten/Tätigkeits-Rahmen hinausgehenden geschlossenen Modells. Erst auf einer solchen Basis können dann Analysen und Simulationen durchgeführt werden, die schon frühzeitig Hinweise auf Konsistenz und Praktikabilität der geplanten Produktfunktionen liefern.

Für die *Entwurfsphase* existiert im Unterschied zur Anforderungsanalyse eine wahre Methoden- und Verfahrensvielfalt. Die meisten Sprachen sind anwendungsneutral und unterstützen hierarchische Strukturierung der Software, sowie die gängigen Entwurfsprinzipien wie funktionale und Datenabstraktion, Information Hiding und Modularisierung. Sie weisen ein mehr oder weniger ausgefeiltes Modulkonzept auf. Nicht unterstützt wird, und darauf müssen Weiterentwicklungen konzentriert werden, die eigentliche Entwurfsmethodik: die Softwarearchitektur geschieht in programmiersprachähnlichen Konstrukten, sodaß der Entwurf wie eine Teilphase der Implementierung behandelt wird. Es fehlen durchgängige allgemeine Schnittstellenkonzepte (außer natürlich auf Modulebene), die Dokumentation (sowohl inline als auch als Zuordnung sonstiger Beschreibungsobjekte) wird nur am Rande berücksichtigt. Das Softwareprodukt wird im wesentlichen gesehen als eine Zusammenfassung von Moduln, übergeordnete Softwareteile, die eine ganz andere Semantik besitzen (z.B. Verteilung auf verschiedene Rechner), können nicht als selbständige, unabhängige Elemente beschrieben werden. Für die schrittweise Zerlegung fehlen entsprechende Darstellungsmittel, die einen analysierbaren Übergang ermöglichen.

Ein weit umfassenderer Problembereich liegt jedoch im automatisierbaren Übergang zwischen den beiden genannten Phasen. Während die Anforderungsdarstellung die funktionale Architektur des Softwareprodukts erfaßt, wird im Entwurf die operationale Struktur abgebildet, die durchaus verschieden voneinander sind. Um aber z.B. sicherzustellen, daß jeder geplanten Funktion ein oder mehrere Softwareelemente ensprechen, die sie realisieren, muß bereits zum Zeitpunkt des Systementwurfs dieser Zusammenhang hergestellt und überprüft werden können. Ähnliches gilt für spätere Änderungen: soweit sie Abwandlungen oder Ergänzungen des Pflichtenhefts bedeuten, müssen sie übertragbar sein auf die betroffenen Elemente der Software. Zwar wird es so schnell keine automatische Transformation von funktioneller in operationelle Struktur geben, aber die Durchschaubárkeit der Zusammenhänge und deren Verfolgung in beide Richtungen wird in Zukunft durch analytische Hilfsmittel unterstützt werden müssen, nicht zuletzt durch grafische Darstellungsformen. Ähnliche Überlegungen sind erforderlich für den Übergang vom Entwurf zur Implementierung. Die Umsetzung der Softwarestruktur in Algorithmen und Daten, die in sie eingebettet sind, erfordert zwar andere Techniken, muß aber homogen die Entwurfsdokumente verfeinern - die der jeweiligen Phase adäquaten Konzepte dürfen sich nicht widersprechen.

Nichtprozedurale Sprachen

Auf die Architektur von SEU haben nichtprozedurale Sprachen insoweit Einfluß, als sie problemorientierten Charakter haben und daher die Implementierung in vorhergehende Phasen zu verlagern gestatten bzw. eine Möglichkeit zur formalen Beschreibung von Anforderungen sind, also Realisierungsstrukturen nicht beinhalten. Aus diesem Grund soll kurz darauf eingegangen werden.

Die Programmiersprache *PROLOG* basiert auf der Prädikatenlogik erster Ordnung; der zugehörige Theoremprover wertet Ausdrücke dieser Sprache unter Bezugnahme auf eine Datenbasis aus, die alle Information des zu beschreibenden Systems enthalten muß. Der Inhalt dieser Datenbasis besteht also aus den einen Gegenstand charakterisierenden Aussagen und gültigen Schlußregeln. Dabei können Fakten und Regeln zu Prozeduren zusammengefaßt werden.

Die Anwendung des Interpreters besteht in der Eingabe von prädikatenlogischen Ausdrücken, die dieser beweist und entweder einen Wahrheitswert zurückliefert oder die Menge der Fakten, die den Ausdruck erfüllen.

PROLOG ist z.B. als Spezifikationssprache geeignet, weil sich einerseits alle Systemcharakteristika sehr einfach in Form von Fakten und Schlußregeln definieren lassen - und auf dieser Basis umfangreiche Auswertungen des spezifizierten Systems möglich sind. Allerdings wird es nicht ganz einfach sein, die Datenbasis konsistent und vollständig zu definieren.

Bei *funktionalen Programmiersprachen* [8.1] wird ein mathematisches Konzept zugrundegelegt: die Komposition von Funktionen. Diese Sprachen kennen keine Wertzuweisung an Variablen, sondern erlauben die Konstruktion beliebig komplexer, mehrargumentiger Funktionen aus elementaren. Die entstehenden Programme unterscheiden sich in zweierlei Hinsicht von konventionellen:

-   zum einen beschreiben sie nicht die schrittweiseVeränderung von Speicherinhalten, sondern eine einfache Ein-/Ausgabebeziehung $y = f(x)$,

\- zum anderen erlaubt der strenge Aufbau aus Teilfunktionen bis zu Primitiven hin eine natürliche Zerlegung, die durch parallele Prozesse abgearbeitet werden kann.

Bestechend ist die einfache Formulierbarkeit auch komplexer Abhängigkeiten; die Sprachen (von denen LISP als Vorläufer bezeichnet werden kann) sind allerdings nicht einfach zu erlernen und bislang noch nicht effizient genug realisiert.

Einen Schritt weiter noch lösen sich *objektorientierte Sprachen* (mit ihrem Vorläufer SMALLTALK [8.6]) von der Zugrundelegung einer von-Neumann - Architektur [8.18]). Die Programmentwicklung geschieht durch die Definition von Objekten. Unter einem Objekt kann man sich z.B. die Ausprägung eines abstrakten Datentyps vorstellen. Objekte können über Namen auf andere Objekte Bezug nehmen und Nachrichten austauschen. Außerdem besitzen sie eine interne Prozeßfähigkeit (etwa vergleichbar mit den Funktionen auf Datentypen), für die jedoch nur sie selbst verantwortlich sind. Es existieren zwischen den Objekten also keine Kontrollstrukturen und -mechanismen (wie z.B. bei Prozeduraufrufen). Programmabläufe werden initiiert durch das Senden einer Nachricht an ein Objekt, das entsprechend reagiert und weitere Objekte initiiert.

Geeignet sind solche Sprachen zur Isolierung und Verknüpfung funktional selbständiger Elemente: die Operationen warten auf Operanden und realisieren sich selbst durch Initiierung anderer selbständiger Operationen. Ablaufkontrolle ist damit keine zusätzliche Programmieraufgabe mehr. Die Entwicklung solcher Sprachen befindet sich allerdings noch im Anfangsstadium, ihre Sprachkonstrukte sind noch nicht einfach genug, um praktikabel eingesetzt werden zu können.

Die hier angedeuteten Entwicklungsrichtungen machen deutlich, daß Programmieren zu einer Tätigkeit wird, die nicht mehr das "wie" einer Problemlösung betont, sondern abstrahierend von speziellen Algorithmen und bestimmten Datenstrukturen sich konzentriert auf das "was" eines Problems (vgl. dazu auch [8.21]). Die Sprachen unterstützen unterschiedliche Problemkreise, aber in ähnlicher Art und Weise: der Realisierung ist man bereits sehr nahe, wenn man nur die Eigenheit des Gegenstandes exakt genug darstellen kann. Programmieren würde damit weit mehr eine analytische Durchdringung des Ausgangsproblems als bislang. Allerdings erzeugen die derzeitigen Systeme noch keinen effizient ablauffähigen Code, sodaß die konventionellen Tools zur Programmerstellung vorerst ihre Bedeutung beibehalten.

8.2.3 Konzepte für die Toolintegration

Herkömmliche Ansätze, einzelne Werkzeuge zu komplexeren Elementen zu verbinden, versuchen zumeist unmittelbar das Schnittstellenproblem zu lösen. Sie setzen jede einzelne Schnittstelle unmittelbar in alle erforderlichen anderen um. Oder sie greifen in die Programme ein, um den Datentransfer auf einem gleichstrukturierten Weg zu ermöglichen. Dieser Weg ist damit allerdings fixiert, weil nur Tools der gleichen Schnittstelle miteinander verknüpfbar sind: es gibt keinen allgemeinen Standard, sondern lediglich die Adaption spezieller Programme für spezielle Nachfolgeprogramme. Will man in einer solchen Kette ein anderes Tool einsetzen oder ein neu entwickeltes einfügen, muß im Normalfall ein Redesign der Schnittstellen erfolgen. Solche Konzepte sind also sehr starr und nur für langfristig fest verbundene Abwicklungsketten sinnvoll.

Toolkommunikation

Sieht man einmal von prinzipiellen methodischen Unverträglichkeiten ab, so scheint es aufgrund der Toolvielfalt und der daraus ableitbaren riesigen Anzahl von Zusammenstellungen sinnvoll, für die Kommunikation ein abstraktes Standardmedium *außerhalb* der Tools zu benutzen. In der Programmiersprache LISP wurden mit der Verwendung der uniformen S-expressions als Grundelement aller definierbaren Ausdrücke gute Erfahrungen gemacht. Analog verwenden funktionale Sprachen nur einen einzigen, modifizierbaren Datentyp, die Liste.

Die Benutzung eines einfachen, gemeinsamen Typs von Datenobjekten erscheint uns als eine vielversprechende Methode der standardisierten Toolverbindung. Tools kommunizieren nicht direkt miteinander, müssen also auch nicht prinzipiell durch einen Eingriff in ihr Innenleben jeweils adaptiert werden, sondern über ein gemeinsames Input-/Output-Objekt.

Die etwa bei UNIX [8.12] verwendeten eigenschaftslosen Files gehen in diese Richtung, sind aber für komplexere Anwendungen zu unflexibel. Die Zwischenschaltung einer Datenbank gestattet einerseits die Benutzung gleichförmiger Datenobjekte, andererseits aber über das Verwaltungssystem eine interne Strukturierung (Zusammenfassung zu Gruppen, Auflösung in Teilobjekte) sowie die Beibehaltung von speziellen Objekteigenschaften, die ansonsten verloren wären. Die Tools holen sich ihre Datenobjekte aus der Datenbank und liefern sie wieder dorthin ab: das ist der allgemeine Mechanismus der Toolkommunikation. Sind sie auf bestimmte Eigenschaften der Objekte angewiesen, so liegt die Prüfung außerhalb des Tools im besonderen Zugriff unter Berücksichtigung der abgespeicherten Objekteigenschaften sowie ihrer internen Strukturauflösung.

Damit ist das Schnittstellenproblem zwar noch nicht gelöst, aber durch die Isolation vom Tool handhabbar gemacht. Die Anpassung von Tools geschieht über von den Tools getrennte Transformationen von Datenstrukturen: die Adaption eines neuen Tools erfordert nicht ein Redesign aller betroffenen anderen, sondern die Erstellung entsprechender Abbildungen (wenn nicht gar bereits vorhandene einsetzbar sind).

Über die Flexibilität dieses Konzepts hinaus, entfällt in großem Maß bisher notwendige Redundanz: jedes Datenobjekt existiert nur einmal, die diversen Inkarnationen bloß unterschiedlicher Struktur für jede spezielle Verwendung sind überflüssig.

Toolstruktur

Das geschilderte Konzept ist zwar prinzipiell tauglich zur Verknüpfung auch völlig unterschiedlicher Tools, entfaltet aber erst seine volle Wirksamkeit, wenn es bei der Entwicklung neuer oder der Verbesserung alter Werkzeuge berücksichtigt wird. Ein Teil der in den Abbildungen liegenden Intelligenz wird nämlich dann überflüssig, wenn die Werkzeuge selbst von Anfang an auf die Ausgabe und Eingabe möglichst einfacher Datenstrukturen hin konzipiert werden. Dafür sehen wir derzeit zwei Ansatzpunkte:

-       die Reduzierung der funktionalen Komplexität
-       die Abtrennung von Zusatzfunktionen, die nicht elementarer Bestandteil
        der eigentlichen Funktionalität des Tools sind.

Einfache Tools mit wenigen, klar festgelegten Funktionen reduzieren, so erstaunlich das auf den ersten Blick klingen mag, den Gesamtumfang der Werkzeuge und ihrer Umgebung. Normalerweise wird bei der Entwicklung ein Höchstmaß an Funktionen in ein Werkzeug gesteckt, um es für ein möglichst breites Spektrum von Anwendungen und Verarbeitungswünschen verfügbar zu machen. Mit einem Werkzeug will man alles lösen und braucht daher immer viele Werkzeuge, die in ihrem Kern alle dasselbe machen. So wird zum Beispiel immer ein schönes

Benutzerinterface mitentwickelt, daß die eigentlichen Funktionen nach außen trägt, aber nicht im Kern berührt.

Einfache, auf das wesentliche beschränkte Funktionen sind homogener in ihren Schnittstellen, weshalb die notwendigen Abbildungen sich verringern, obgleich die Toolanzahl wachsen mag. Sie sind es deshalb, weil sie von immer wieder neu hinzugefügtem Ballast befreit sind, der in einer einzigen wiederverwendbaren Funktion konzentriert wird.

Toolkombination

Auf der Basis einfacher Werkzeuge ergibt sich die flexible Möglichkeit, aber auch die Notwendigkeit, zur Kombination von funktional mächtigeren Einheiten. Dabei tauchen über die bislang erörterten zwei neue Probleme auf:

-       wie definiert man möglichst einfach Werkzeugketten und die dazugehörigen Abbildungsprozesse?
-       welche Kenntnis mutet man dabei dem Anwender über die elementaren Funktionen zu?

Die Aufspaltung in zwei Problemkreise läßt bereits deutlich werden, daß man nicht davon ausgehen kann, daß Benutzer mit unterschiedlichster DV-Kenntnis direkt die Anwender der Elementartools sind. Es erscheint uns daher notwendig, zwischen die Werkzeugebene und die Bedienoberfläche eine Serviceschicht zu legen, die von einem übergeordneten Benutzer (Administrator, Software Engineer) eingerichtet und gepflegt wird.

Ein Service ist die aufgabenorientierte Sammlung eigens zugeschnittener Werkzeugkombinationen. In ihm werden die elementaren Tools zu umfassenderen Einheiten zusammengefaßt. Sie sind daher im wesentlichen eine Definition der Ablaufstruktur und des Zusammenwirkens einzelner Toolfragmente. Keine fest gebundenen Codeobjekte machen einen Service aus, sondern eine Kontrollstruktur, die erst beim Ablauf die Referenzen auf die Codestücke bzw. Programme befriedigt. Dadurch wird gewährleistet, daß jedes benötigte Programm physikalisch auch nur einmal existiert. Der notwendige Ablaufmonitor muß die Verwendung von Codeelementen durch Interpretation der Kontrollstruktur des initiierten Serviceelements steuern, er löst eine abhängige Folge von Einzeltasks kontrolliert aus.

Der eigentliche Benutzer kennt nur die logisch höheren Serviceelemente, die aufgrund der Trennung in eine anwendungsorientierte Kommandosprache einbettbar sind. Dies erscheint uns als einzig sinnvolle und machbare Lösung des Integrationsproblems auf Benutzerebene: die Tools sind von einem Spezialisten bereits zu Einheiten zusammengefaßt, die für die Anwendung als relevant in Betracht kommen. In der Benutzersprache muß dann nicht das Gesamtproblem gelöst werden durch Auswahl aus einer unüberschaubaren Menge von Einzelfunktionen, sondern durch Verwendung weniger vorab definierter, angepaßter Elemente.

Ein Modell

In der Grafik (vgl. Bild 8.5) wird die Softwarearchitektur skizziert, die für eine Toolintegration notwendig wäre. Die Tool- und Serviceelemente sind ausgewählt im Hinblick auf die Verwendung in einer Entwicklungsumgebung.

Die Toolebene (Tools) stellt in diesem Konzept die Summe aller elementaren Tools dar, die lediglich gruppiert sind nach gewissen Aufgabenklassen. Über einen Definitionsmechanismus (Toolkombination) werden sie in Form von Kontrollstrukturen zu einzelnen Services kombiniert, die wiederum nach Typen von Funktionen gruppiert dargestellt sind. Erst darauf aufsetzend wird die eigentliche Bedienoberfläche generiert, die nur Serviceelemente kennt. Es ist zu beachten, daß einzelne Tools dabei auch unmittelbar mit Services identifizierbar bleiben.

Die technische Seite der Toolverknüpfung wird durch die Abbildungsprozesse und das für alle Tools gemeinsame Speichermedium für die Objekte realisiert. Der Übergang von einem Elementartool zum anderen erfolgt im Normalfall durch Ablage von Datenobjekten in der Datenbank.

Die Ablaufsteuerung realisiert die Verbindung aller drei Ebenen durch Interpretation der in der Benutzerebene formulierten Kommandos.

Tooleigenschaften

In einem vorausgehenden Abschnitt wurde darauf hingewiesen, daß Tools in gewissem Maß ihr Erscheinungsbild auf eine standardisierte Form hin ändern werden. Sie werden auch einige neue Eigenschaften erhalten, die aus ihrer Einbettung in Umgebungen erwachsen.

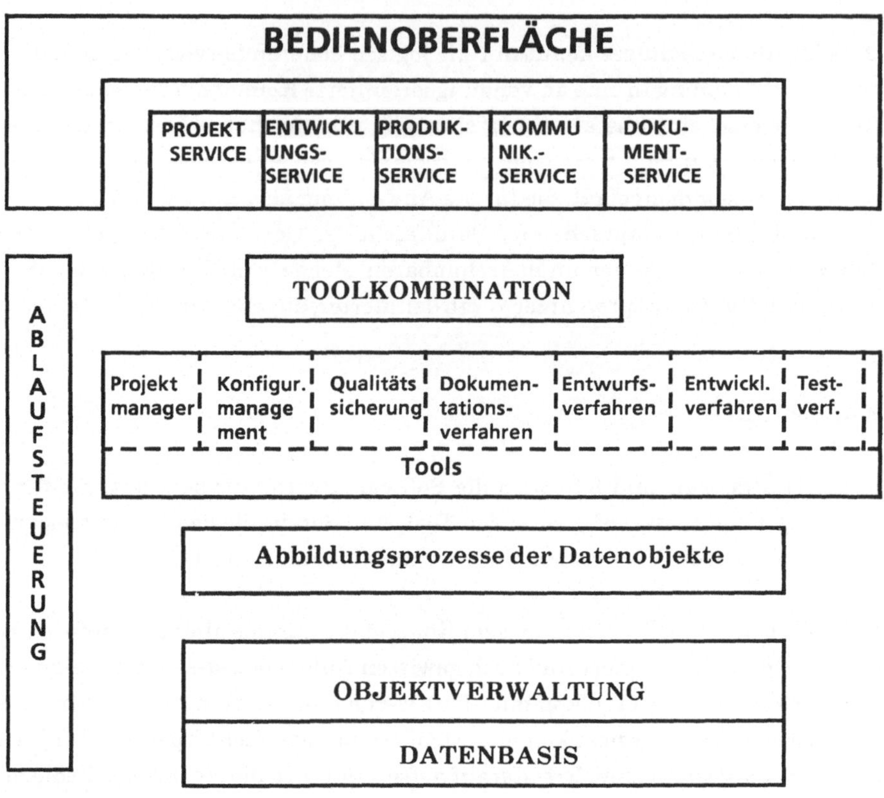

Bild 8.5: Toolintegration

Eine zentrale Anforderung besteht dabei in der Benutzerfreundlichkeit. Will man Tools handhabbarer machen, müssen sie robuster werden gegen alle möglichen Arten von Bedienungsfehlern. Sie erfordern eine gewisse "Gesprächigkeit", d.h. bei Bedarf muß dem Benutzer eine Fehlersituation, eine bestimmte Funktion, die Semantik von Ein-/Ausgaben oder mögliche Toolumgebungen erklärt werden. Die meisten Werkzeuge verkraften es z.B. nicht, wenn sie zu irgendeinem Zeitpunkt abgebrochen werden: sie hinterlassen einen undefinierten Zustand und geben dies nicht einmal bekannt. Wünschenswert wäre auch die Anpaßbarkeit der verwendeten Begriffe an den Sprachschatz der Anwendung oder die jeweilige Phase. Nicht zuletzt erhöhen Helpsysteme und computergestützte Tutorials die Akzeptanz.

Insbesondere aber müssen Tools zwei neue Arten von Information zugeordnet werden können. Einmal ist das die automatische Erfassung von Daten zur Unterstüzung der Projektabwicklung. Informationen über Zustand, Zeitpunkt, Aufwand und Zugriff auf andere Funktionen oder Datenobjekte (lesend oder ändernd) fallen bei der Benutzung eines Werkzeugs ab, stehen aber für übergeordnete Kontrollmechanismen nicht zur Verfügung.

Andererseits bilden Tools keine selbständigen Einheiten, sie sind durch ihren Kontext definiert. Sei es eine spezifische Phasenzugehörigkeit, eine Zugriffsberechtigung für bestimmte Benutzer (sowohl für Personen als auch für andere Tools), die Zulässigkeit als Prä- oder Postprozessor für sonstige Aufgaben oder die Beschränkung auf Eigenschaften verarbeiteter Datenobjekte - all dies sind Eigenschaften, die die dv-technische Kontrolle von Programmabläufen kontrollierbar und damit erst automatisierbar machen. Zukünftige Tools werden die Einbettung in eine Umgebung so unterstützen müsssen.

8.2.4 Von der Programmierung zur Problemanalyse

Zukünftige SEU werden für den Entwickler eine Reihe von Freiheiten enthalten, die ihn von Problemen der Implementierung entlasten. Diese Loslösung von den Notwendigkeiten einer maschinenorientierten Denkweise durch die Einführung nichtprozeduraler Beschreibungsmittel verändert das Aufgabengebiet des heutigen Systemprogrammierers schwerpunktmäßig hin auf analytische Tätigkeiten. Die Implementierung entfällt damit nicht, aber sie erhält einen anderen Charakter: sie wird zur Reorganisation eines ablauffähigen Systems durch Austausch und Neustrukturierung von Codeteilen oder der Einbettung effizienterer Algorithmen. Dadurch wird nicht die Funktionalität eines Systems berührt, sondern die verschiedenen Abstraktionsebenen, die sie befriedigen, bis hin zum Maschinencode.

Dieses Maß an Freiheit resultiert aus Konzepten, die das *Verhalten des zu entwickelnden Systems* und die *Sprache der Anwendungsklasse* beinhalten. Die Möglichkeit zu seiner Unterstützung unterstellt die Anpassungsfähigkeit von SEU.

Generierbarkeit

Damit ist einerseits die Zusammenstellung von Tools für die jeweils benötigten Aufgaben sowie die zugehörige Definition der Bedienoberfläche angesprochen.

Toolauswahl erfolgt in Bezug auf die Probleme der Anwendung bzw. der Charakteristika des zu entwickelnden Systems: Realzeitsoftware benötigt sicherlich andere Beschreibungsmittel als die Implementierung einer Lohnbuchhaltung.

Prinzipiell wird man eine adaptierte SEU nur effizient generieren können, wenn die Elementartools genügend einfach und auf wenige definierte Funktionen hin konzipiert sind. Die verwendeten Fragmente müssen insbesondere wiederverwendbar sein, d.h. in unterschiedlichem Zusammenhang einsetzbar sein. Dies gilt zum Beispiel heute schon für Parser, Editoren und Datenbankfunktionen. Die Kombination von Tools zu größeren funktionellen Blöcken geschieht dabei sinnvollerweise in zwei Schritten: im ersten werden funktionelle Blöcke definiert, die für die gegebene Aufgabe relevant sind (etwa im Sinne der Services des Modells von 8.2.3), danach erst wird definiert, wie sich diese aus elementaren Tools konstituieren. Damit erreicht man eine weitestgehende Flexibilität auch dann noch, wenn das Projekt schon läuft. Außerdem sind neu hinzukommende Tools über die unterste Ebene integrierbar, ohne daß sich für die Nutzer eine Änderung bemerkbar macht (z.B. beim Austausch eines Datenbankzugriffs gegen einen effizienteren oder beim Wechsel von Compilerversionen, etc.).

Die Anpassung an eine anwendungsbezogene Bedienoberfläche geschieht über die den Services überlagerte Sprachebene der SEU. Der Einsatz von Windowhandlern, Maskengeneratoren und ähnlichen Werkzeugen gestattet dabei die anwendungsbezogene Oberflächendefinition, deren Sprachelementen dann die einzelnen Services bzw. eine Kontrollstruktur der Services zugeordnet werden können. Eine solche Kombinierbarkeit von Tools, die dynamisch den Anforderungen angepaßt wird, reduziert erheblich den jeweils primär vorhandenen Umfang von ablauffähiger Software: der Rechner muß nur mit dem absolut notwendigen Code belastet werden.

Rapid Prototyping

Wir wollen zu diesem Punkt nicht in die über seine Zuordnung zum Life-Cycle-Modell geführte Diskussion eingreifen, sondern einige nützliche Merkmale herausstellen, die mit dem Begriff i.a. verbunden werden.

Das Bedürfnis nach der Bildung von Prototypen eines Systems schon vor der Implementierungsphase ist entstanden aus der mangelnden Kommunikation zwischen Auftraggebern und Entwicklern von Software. Statt der für einen Außenstehenden schwer lesbaren und überprüfbaren Dokumente wie Pflichtenheft und Systemspezifikation will man sich anhand eines operationellen Systems insbesondere über die notwendigen Funktionen und die Benutzeroberfläche verständigen können. Das so entstehende Modell dient dem Abgleich für den Systementwurf und wird anschließend nicht weiter verwendet.

Notwendig für ein solches Vorgehen sind allerdings Hilfsmittel, die eine einfache und schnelle Erstellung des ablauffähigen Modells gestatten. Neben der Idee einer umfangreichen, funktional mächtigen Toolbank, wie sie etwa in neueren UNIX-Systemen verfügbar ist, wird heute der Einsatz deklarativer Sprachen forciert. Ziel dabei ist es, ein operationales Modell in der Sprache des Anwendungsbereichs zu entwickeln, das schrittweise zum intendierten System hin verfeinert wird: Prototyping als eine Phase im Lifecycle der Entwicklung.

Die dabei erforderliche Abstraktion von Implementierungsfragen ermöglicht die Formulierung des funktionalen Verhaltens eines Systems: es werden die Mechanismen beschrieben, die an der Oberfläche sichtbar und dem späteren Benutzer zugänglich sind - getrennt von den sie realisierenden Algorithmen, Datenstrukturen und ihren jeweiligen Alternativen. Abstrahiert werden muß dabei auf drei Ebenen (vgl. [8.2]):

-   Effizienz,
    d.h. weil nur Verhalten relevant ist, muß man noch keine Aussagen darüber treffen, welche Mechanismen konkret dieses Verhalten bewirken oder wie die verwendeten Datenobjekte organisiert sind

-   Methoden,
    d.h. statt der Festlegung von Operationssequenzen und der verwendeten Objekte muß das Modell nichtdeterministisch sein, das intendierte Verhalten durch die Formulierung von Regeln eingeschränkt werden können

-   Daten,
    d.h. sowohl die Erzeugung von Daten als auch deren Struktur kann nicht Modellbestandteil sein, Datenzugriffe werden nur durch beschreibende Referenzen dargestellt, Formatumwandlung und historische Aufeinanderfolge von Datenversionen sind durch Abteilungsregeln zu repräsentieren.

Die Sprache GIST [8.2] beinhaltet eine Fülle dieser Konzepte, ist jedoch nicht effizient ablauffähig. Darüberhinaus ist sie ein allgemeiner Ansatz, der keine anwendungsbezogenen Sprachelemente beinhaltet. Mit GIST definierbare Prototypen sind allerdings nicht bloß analysierbar, sondern auch operational. Die Validierung des Systementwurfs ist damit realisierbar, die Rückkopplung zu Benutzeranforderungen wird unterstützt.

Aufsetzend auf solchen Sprachen wird man in Zukunft Schichten bis hin zum Code und entsprechende Abbildungsprozesse definieren müssen. Entwicklung wird dann ein vom Prototyp ausgehender Prozeß der schrittweisen Verfeinerung sein. Erleichtert wird damit auch die Wartung, denn sie kann durchgeführt werden als inkrementelles Redesign ohne den schwierig zu kontrollierenden Austausch von Softwareteilen auf Codeebene.

Wissensbasis

Die Verwaltung und Bereitstellung von Informationen zur Unterstüzung der Softwareerstellung ist zunächst eine Dokumentationsaufgabe. Während des Lebenszyklus eines Projekts müssen die in den einzelnen Phasen entstandenen Datenobjekte hochstrukturiert zugreifbar sein. Die zukünftig besonders zu berücksichtigenden Probleme liegen in der Dokumentation

- für die Wartung: zur Lokalisierung und Behebung von Fehlern oder bei Change Requests muß die angesammelte Information recherchierbar sein, um den zu ändernden Softwareteil samt Auswirkung auf seine Umgebung leicht zu identifizieren

- für die Produktmodifikation: die Historie der Änderungen muß nachvollziehbar bleiben und die notwendigen Tätigkeiten bei Änderungen müssen automatisierbar ablaufen

- für Designentscheidungen: heutzutage wird weder festgehalten, welche Gründe für eine bestimmte Entwurfsentscheidung auschlaggebend waren, noch welche Auswirkungen sie auf die System- oder Komponentenarchitektur haben. Der Verlust dieses Wissens macht ein späteres Redesign äußerst schwierig, weil seine Konsequenzen nicht überschaubar sind.

Darüberhinaus wird aber auch für die Bereitstellung projektübergreifenden Wissens zur Erhöhung der Entwicklungsproduktivität plädiert. Insbesondere für zwei Bereiche existieren Vorschläge [8.13]:

- das Wissen der Informatik bereitzustellen in Form von Methoden, Algorithmen oder gar ablauffähigen Funktionen. Es handelt sich hier um das Problem der Wissensstrukturierung, die das Auffinden geeigneter Mittel für die jeweiligen Probleme ermöglicht. Dem Entwickler wird vornehmlich ein strukturiertes Nachschlagewerk zur Verfügung gestellt, dem nur in Ausnahmefällen Code beigeordnet ist.

- die Projekterfahrungen nutzbar zu machen durch Aufbewahren früherer Entwürfe und die Analysierbarkeit von abgeschlossenen Projektdurchführungen. Dadurch werden gewisse Entwurfsteile oder Projektkomponenten, die auf spezielle Anwendungsbereiche zugeschnitten waren, wiederverwendbar gemacht.

Neben dem sehr hohen Speicherbedarf und der deshalb notwendigen Beschränkung auf "die wichtigsten" Informationen liegt eine zentrale Schwierigkeit in der Strukturierung dieses diffusen Wissens. Diese Problematik soll mit Expertensystemen gelöst werden können.

Expertensysteme

Neben der im vorigen Abschnitt skizzierten Problematik des „diffusen Wissens" existieren in der Softwaretechnologie vielfach auch keine geschlossenen Theorien oder gar Verfahren zur Lösung existierender Aufgaben. Um das existierende Wissen trotzdem handhabbar zu machen, wird der Einsatz von Expertensystemen propagiert.

Sie erlauben es dem Spezialisten eines Fachgebiets, mit Hilfe von Regeln und Inferenzmechanismen aus den in einer Wissensbasis gespeicherten Fakten Schlußfolgerungen zu ziehen für konkrete Probleme. Sie sind zwar weit davon entfernt, universelle Problemlöser zu sein, unterstützen aber den Denkprozeß durch die Bereitstellung gesicherter Modelle für logische Schlußfolgerungen.

Die wesentlichen Bestandteile eines Expertensystems sind (nach [8.20]):

- die Wissensbasis, in der das Faktenwissen sowie die bekannten Regeln eines Anwendungsgebiets in interpretierbarer Form zur Verfügung stehen

- ein Inferenzmechanismus, der die abgespeicherten Regeln auf die Fakten eines konkreten Problems anwendet und dadurch zu Aussagen kommt, die in der Wissensbasis nicht explizit enthalten sind

- eine Planungskomponente, mit der ein Ausgangsproblem zerlegt und in ein überschaubares Handlungsschema umgesetzt werden kann. Dabei wird jedem Arbeitsschritt ein bestimmtes Werkzeug (als Folge von Schlußregeln) zugeordnet, das ein Teilproblem löst.

- eine Erklärungskomponente, die dem Benutzer die einzelnen Inferenzschritte transparent macht und bereits dadurch Hinweise auf die Problemlösung zur Verfügung stellt.

Denkbar wäre der Einsatz solcher Systeme hauptsächlich in den frühen Entwicklungsphasen wie Anforderungsanalyse und Systementwurf sowie bei der Fehleranalyse. Außerdem können die Entwickler ihre jeweiligen Erfahrungen z.B. bei Entwurfsentscheidungen oder der Bewertung von Algorithmen in die Basis einbringen und für nachfolgende Projekte als wertvolles Know-How zur Verfügung stellen.

Literaturverzeichnis

8.1   J. Backus: Can Programming be Liberated from the von Neuman Style? CACM Vol. 21, No. 8, 1978

8.2   R..M. Balzer, N.M. Goldman, D.S. Wile: Operational Specification as the Basis for Rapid Prototyping. ACM SIGSOFT Eng. Notes Vol. 7, No. 5, 1982

8.3   H. Balzert: Die Entwicklung von Software-Systemen. Prinzipien, Methoden, Sprachen, Werkzeuge. BI Wissenschaftsverlag Mannheim 1982

8.4   B. Boehm: Software Engineering. IEEE Transactions on Computers. C-25 (12), 1976, pp. 1226-1240

8.5   E. Denert: Software-Modularisierung. Informatik Spektrum 2(4), 1979, pp. 204-218

8.6   A. Goldberg, D. Robson: SMALLTALK-80, The Language and its Implementation. Addison-Wesley Publishing Company, 1983

8.7   S. Gutz, A.I. Wassermann, M.J. Spier: Personal Development Systems for the Professional Programmer. IEEE Computer ,April 1981

8.8   Y. Matsumoto et. al.: SWB System: A Software Factory. In [8.9], S.345-350

8.9   H. Hünke (Hrsg.): Software Engineering Environments, Proceedings of the Syposium in Lahnstein 1980, North Holland Publishing Company, 1981

8.10   P. Hruschka: PROMOD - ein durchgängiges Projektmodell. Elektron. Rechenanlagen 25(1983), Heft 3, S. 129-138

8.11   M. Hammer, J.S. Kunin: Design Principles of an Office Specification Language. Proc. of NCC, AFIPS, 1980, S. 541-547

8.12   R. Mitze: The UNIX System as a Software Engineering Environment. In [8.9], S. 345-350

8.13   NBS Workshop Report on Programming Environments. ACM Software Engin. Notes Vol. 6, No. 4, 1981

8.14   D.L. Parnas: On the Criteria to be Used in Decomposing Systems to Modules, CACM, Vol.15 (1972), No.12

8.15   W. Sammer, H. Schwärtzel: CHILL eine moderne Programmiersprache für die Systemtechnik. Springer Verlag, 1982

8.16   I. M. Soi: On Creating a Reliable Programming Environment. Microelectron. Reliab. 22(4), 1982, pp. 711-716

8.17   „STONEMAN", Department of Defense: Requirements for Ada Programming Support Environments, Feb. 1980

8.18   H. Stoyan, H. Wedekind (Hrsg.): Objektorientierte Software- und Hardwarestrukturen. Stuttgart 1983

8.19   W. Teitelbaum, L. Masinter: The Interlisp Programming Environment. IEEE Computer, April 1981

8.20   W. Valder: Expertensysteme als Hilfsmittel in der Softwareproduktion. GMD Jahresberichte 1982

8.21   A.I. Wasserman, S. Gutz: The Future of Programming. CACM Vol. 25, No. 3, 1982

8.22   A. I. Wasserman: Software Development Methodologies and the User Software Engineering Methodology. IEEE 1982, pp. 891-893

8.23   M.M. Zloof: Query-By-Example. Proc. of NCC, AFIPS, 1975

Band 44: Organisation informationstechnik-gestützter öffentlicher Verwaltungen. Fachtagung, Speyer, Oktober 1980. Herausgegeben von H. Reinermann, H. Fiedler, K. Grimmer und K. Lenk. 1981.

Band 45: R. Marty, PISA – A Programming System for Interactive Production of Application Software. VII, 297 Seiten. 1981.

Band 46: F. Wolf, Organisation und Betrieb von Rechenzentren. Fachgespräch der GI, Erlangen, März 1981. VII, 244 Seiten. 1981.

Band 47: GWAI – 81 German Workshop on Artificial Intelligence. Bad Honnef, January 1981. Herausgegeben von J. H. Siekmann. XII, 317 Seiten. 1981.

Band 48: W. Wahlster, Natürlichsprachliche Argumentation in Dialogsystemen. KI-Verfahren zur Rekonstruktion und Erklärung approximativer Inferenzprozesse. XI, 194 Seiten. 1981.

Band 49: Modelle und Strukturen. DAG 11 Symposium, Hamburg, Oktober 1981. Herausgegeben von B. Radig. XII, 404 Seiten. 1981.

Band 50: GI – 11. Jahrestagung. Herausgegeben von W. Brauer. XIV, 617 Seiten. 1981.

Band 51: G. Pfeiffer, Erzeugung interaktiver Bildverarbeitungssysteme im Dialog. X, 154 Seiten. 1982.

Band 52: Application and Theory of Petri Nets. Proceedings, Strasbourg 1980, Bad Honnef 1981. Edited by C. Girault and W. Reisig. X, 337 pages. 1982.

Band 53: Programmiersprachen und Programmentwicklung. Fachtagung der GI, München, März 1982. Herausgegeben von H. Wössner. VIII, 237 Seiten. 1982.

Band 54: Fehlertolerierende Rechnersysteme. GI-Fachtagung, München, März 1982. Herausgegeben von E. Nett und H. Schwärtzel. VII, 322 Seiten. 1982.

Band 55: W. Kowalk, Verkehrsanalyse in endlichen Zeiträumen. VI, 181 Seiten. 1982.

Band 56: Simulationstechnik. Proceedings, 1982. Herausgegeben von M. Goller. VIII, 544 Seiten. 1982.

Band 57: GI – 12. Jahrestagung. Proceedings, 1982. Herausgegeben von J. Nehmer. IX, 732 Seiten. 1982.

Band 58: GWAI-82. 6th German Workshop on Artificial Intelligence. Bad Honnef, September 1982. Edited by W. Wahlster. VI, 246 pages. 1982.

Band 59: Künstliche Intelligenz. Frühjahrsschule Teisendorf, März 1982. Herausgegeben von W. Bibel und J. H. Siekmann. XIII, 383 Seiten. 1982.

Band 60: Kommunikation in Verteilten Systemen. Anwendungen und Betrieb. Proceedings, 1983. Herausgegeben von Sigram Schindler und Otto Spaniol. IX, 738 Seiten. 1983.

Band 61: Messung, Modellierung und Bewertung von Rechensystemen. 2. GI/NTG-Fachtagung, Stuttgart, Februar 1983. Herausgegeben von P. J. Kühn und K. M. Schulz. VII, 421 Seiten. 1983.

Band 62: Ein inhaltsadressierbares Speichersystem zur Unterstützung zeitkritischer Prozesse der Informationswiedergewinnung in Datenbanksystemen. Michael Malms. XII, 228 Seiten. 1983.

Band 63: H. Bender, Korrekte Zugriffe zu Verteilten Daten. VIII, 203 Seiten. 1983.

Band 64: F. Hoßfeld, Parallele Algorithmen. VIII, 232 Seiten. 1983.

Band 65: Geometrisches Modellieren. Proceedings, 1982. Herausgegeben von H. Nowacki und R. Gnatz. VII, 399 Seiten. 1983.

Band 66: Applications and Theory of Petri Nets. Proceedings, 1982. Edited by G. Rozenberg. VI, 315 pages. 1983.

Band 67: Data Networks with Satellites. GI/NTG Working Conference, Cologne, September 1982. Edited by J. Majus and O. Spaniol. VI, 251 pages. 1983.

Band 68: B. Kutzler, F. Lichtenberger, Bibliography on Abstract Data Types. V, 194 Seiten. 1983.

Band 69: Betrieb von DN-Systemen in der Zukunft. GI-Fachgespräch, Tübingen, März 1983. Herausgegeben von M. A. Graef. VIII, 343 Seiten. 1983.

Band 70: W. E. Fischer, Datenbanksystem für CAD-Arbeitsplätze. VII, 222 Seiten. 1983.

Band 71: First European Simulation Congress ESC 83. Proceedings, 1983. Edited by W. Ameling. XII, 653 pages. 1983.

Band 72: Sprachen für Datenbanken. GI-Jahrestagung, Hamburg, Oktober 1983. Herausgegeben von J. W. Schmidt. VII, 237 Seiten. 1983.

Band 73: GI - 13. Jahrestagung. Hamburg, Oktober 1983. Proceedings. Herausgegeben von J. Kupka. VIII, 502 Seiten. 1983.

Band 74: Requirements Engineering. Arbeitstagung der GI, 1983. Herausgegeben von G. Hommel und D. Krönig. VIII, 247 Seiten. 1983.

Band 75: K. R. Dittrich, Ein universelles Konzept zum flexiblen Informationsschutz in und mit Rechensystemen. VIII, 246 pages. 1983.

Band 76: GWAI-83. German Workshop on Artificial Intelligence. September 1983. Herausgegeben von B. Neumann. VI, 240 Seiten. 1983.

Band 77: Programmiersprachen und Programmentwicklung. 8. Fachtagung der GI, Zürich, März 1984. Herausgegeben von U. Ammann. VIII, 239 Seiten. 1984.

Band 78: Architektur und Betrieb von Rechensystemen. 8. GI-NTG-Fachtagung, Karlsruhe, März 1984. Herausgegeben von H. Wettstein. IX, 391 Seiten. 1984.

Band 79: Programmierumgebungen: Entwicklungswerkzeuge und Programmiersprachen. Herausgegeben von W. Sammer und W. Remmele. VIII, 236 Seiten. 1984.